期权交易
核心策略与技巧解析

王勇◎著

（第3版）

电子工业出版社
Publishing House of Electronics Industry
北京·BEIJING

内 容 简 介

本书是一本深入浅出地介绍期权策略的参考书，作者力求把概念讲清楚，把策略说透彻，不罗列模型，不堆砌公式，以指导实战为最终目的，技巧解读入木三分。全书内容包括基本策略积木、期权价差策略、牛市交易策略、熊市交易策略、大波动交易策略、小波动交易策略、期权套利策略、期权套期保值策略、波动率等。对于每一种策略，都通过举例分析了适用场景、风险收益特征、损益平衡点、优点与缺点、希腊字母特征、执行过程的注意事项，以及与其他策略的对比和转换，将策略全面细致地呈现出来。另外，本书还附有期权策略选择框架及常见策略简表，可帮助读者形成自己的期权交易系统。

本书适合从零基础开始学习期权的投资者，也适合有一定期权基础，并想全面提高期权交易能力的人士阅读。

图书在版编目（CIP）数据

期权交易：核心策略与技巧解析 / 王勇著. —3 版. —北京：电子工业出版社，2023.9
(2025.9 重印)（期权红宝书系列）

ISBN 978-7-121-46183-5

Ⅰ.①期… Ⅱ.①王… Ⅲ.①期权交易—基本知识 Ⅳ.①F830.91

中国国家版本馆 CIP 数据核字（2023）第 157295 号

责任编辑：黄爱萍
印　　刷：河北虎彩印刷有限公司
装　　订：河北虎彩印刷有限公司
出版发行：电子工业出版社
　　　　　北京市海淀区万寿路 173 信箱　邮编　100036
开　　本：787×980　1/16　印张：21　字数：408 千字
版　　次：2015 年 1 月第 1 版
　　　　　2023 年 9 月第 3 版
印　　次：2025 年 9 月第 6 次印刷
定　　价：99.00 元

前言：全面期权时代

本书第 1 版面世是在 2015 年 1 月，那时候我国还没有场内期权标的。2015 年 2 月 9 日，上证 50ETF 期权在上海证券交易所上市交易，这标志着我国场内期权市场的诞生。转眼到了 2023 年 2 月，8 年赶路云和月，期权市场稳向前。8 年里，期权市场从构想到现实，紧锣密鼓，奋楫扬帆。国内多个股票 ETF、多个股指，每个商品交易所的主要期货品种都有了对应的场内期权，这是全面期权时代的开始。期权工具在中国的发展已然改变并将继续深刻改变中国机构和个人的投资生活。

在没有期权的世界里

在没有期权的世界里，股票投资者的交易方法有限，买入并持有待涨是简单且唯一的操作方法，其损益图是一条简单的向右上方倾斜的直线。买入股票 ETF 后，如果 ETF 上涨，则有盈利；如果 ETF 下跌，则有亏损。在熊市周期里，股市整体下跌，投资者想从股市的波段上涨中赚到钱也不太容易，持币观望恐怕成了最好的选择。这时候很多投资者选择把资金投向了国债。如果投资者选择投资国债等固定收益产品，则其损益图是一条水平的直线，风险几乎没有，但也失去了博取更大收益的机会。

在有了期货工具之后，资本市场开始有了可以做空的工具，我国期货市场发展已多年，期货交易的 T+0、双向交易、杠杆性等特点受到了不少投资者的青睐。如果投资者选择做空某个期货合约，则其损益图是一条向右下方倾斜的直线。

当年沪深 300 指数期货上市后，股市下跌的风险得以有办法对冲。越来越多的投资者逐渐发现"通过对冲筛选出 Alpha 可以赚钱"。只要投资者能够判定股指与板块的相对强弱，就能够赚钱。虽然股票市场是整体下跌的，但若筛选一个股票组合与沪深 300 指数期货空头形成对冲，且这个股票组合在股市下跌的时候比沪深 300 指数跌得慢，而上涨的时候比沪深 300 指数涨得快，则总体的头寸就能够赚钱。

期权带给交易者前所未有的自由

交易从未如此自由！为什么？因为无论是股票、国债还是期货，其损益图都是线性的，而期权工具可以给投资者提供非线性的损益特征，期权买方与卖方的权利和义务不对等，收益风险结构不对称，正是这种特征给予了投资者前所未有的交易自由。

期权受到投资者追捧的最重要原因在于其种类繁多的交易策略。每个投资者都有自己的风险偏好，也有对未来走势不同的预测：或看涨，或看跌，或认为宽幅震荡，或认为小幅波动。在期权这一衍生品推出之前，投资者大多只能单纯地预测市场的走势，根据走势买入或卖出，直至获利或止损出局，而这种仅仅基于方向性的判断越来越无法满足投资者的需求，投资者渴望能有更精细化的处理，以及更多不同的选择。期权的诞生解决了这一难题，其多变的组合式操作策略为投资者带来了全新的体验，可以说每一个人都可以有其私人定制的交易策略。

除了众多的期权交易策略，期权这一全新的衍生工具还能给国内投资者带来多种好处：更好的风险管理、套利和投机功能，减少投资组合回报的波动性，稳定的现金收益。另外，期权还是进行产品设计的有力工具。

首先，说一说期权的风险管理功能。以规避下行风险为例，在传统情况下用期货给现货做套期保值，在锁定下行风险的情况下也丧失了获得市场上涨所带来潜在收益的可能性。用期权做套期保值的结果则完全不一样。比如，通过买入看跌期权做套期保值，锁定下行风险的同时保留了上涨的空间。另外，值得一提的是，即使是套期保值期权也有不同的交易策略，卖出看涨期权也是一种套期保值的方法，只是和买入看跌期权做套期保值所适用的情况有所差异。卖出看涨期权适合于市场中性或者小幅下跌的情形，而买入看跌期权则适合于市场大幅下跌的情况，市场大幅下跌后买入的看跌期权能够获得较好的补偿，所以说看跌期权类似于保险。

其次，期权具有套利和投机功能。期权合约众多，而且与其标的物关系密切，套利机会众多。在一般情况下，相关金融产品之间存在一定的数量关系，当某种产品的价格偏离这种数量关系时，就出现了套利关系，这时应买入价格被低估的金融产品，同时卖出价格被高估的金融产品来进行套利。投资者可选的策略不止期权策略，在由现货、期货、期权组成的立体化的市场里，策略可以很简单，也可以很复杂。期权的推出将极大地拓展相对价值交易的外延，这对对冲交易者来说是令人振奋的事情。

最后，在产品设计方面，期权能够发挥重大作用。通过使用期权，机构投资者可以根据客户对风险和收益的偏好来推出适合该投资者的结构化产品。常用的模式是将债券、股票等与期权结合起来，用债券预期获得的收益来购买期权，以便获得高额的潜在回报，而不会产生较大的损失。保本理财产品可以以"债券+期权"的形式被轻松地设计出来。国内的场外期权发展也较快，主要指数与个股的香草期权与雪球期权等奇异期权已然成为大众话题。

本书内容

关于期权，可写的内容有很多，而且可以写得很复杂，但笔者并不想把本书写成一本复杂的书。本书的定位是一本交易策略参考书，笔者力求把思路讲清楚，把策略说透彻，不罗列模型，不堆砌公式，以实战实用为目的，引导投资者熟悉期权胜景。

本书分基本策略积木、期权价差策略、牛市交易策略、熊市交易策略、大波动交易策略、小波动交易策略、期权套利策略、期权套期保值策略、波动率等板块，详细介绍每一种场景下可用的策略。本书还分析了每一种策略的适用场景、风险收益特征、损益平衡点、优点与缺点、希腊字母特征、执行过程的注意事项，以及与其他策略的关系，还会举例来演示该策略。书中末尾还附有策略简表，该策略简表是难得的出招图谱。

本书第 1 章介绍了期权的基础知识，给出了期权的概念与构成要素，让读者对期权有一个较准确的认识，介绍了期权相比其他投资工具的独特优势。另外，还介绍了期权的要素，说明了期权的价格构成和影响期权价格的主要因素，指出了分析期权价格的不同思路，以及主要的希腊字母的含义。第 1 章主要为无期权基础的人士补课之用，有相关基础的读者可快速浏览或略过。

第 2 章介绍了期权交易者能够选择的 6 个基本策略，这 6 个基本策略相当于期权策略世界的基本积木。

第 3 章至第 7 章分别介绍了期权价差策略、牛市交易策略、熊市交易策略、大波动交易策略，以及小波动交易策略等在多个场景下投资者可以选择的策略。看完这些内容后，读者应该会知道，期权有众多或简单或复杂的策略，在每一种行情中都可以有对应的策略。

第 8 章讲述了期权套利策略，熟悉期货的投资者对套利并不陌生，但传统的股票投资者对套利或许并不熟悉，实际上对冲是衍生品交易中重要的交易方式，本章从对冲交易谈起，介绍了套利的概念、期权交易中主要的套利方法，以及套利策略。

第 9 章介绍了期权套期保值策略，把期权视为一种避险工具的投资者会对这些内容比较感兴趣。本章从套期保值的定义出发，对比了期权套期保值与期货套期保值的异同，重点介绍了常用的期权套期保值策略及经验心得。

第 10 章介绍了期权波动率。本章介绍了波动率概念，解释了为什么波动率可以交易，并重点介绍了常见的波动率交易策略。

本书既有必要的基础讲解，又有期权交易策略的全面解读，一招一式，或单一或组合，或简单或复杂，都值得细细品味。如果广大投资者在读完本书后有所收获，并认为本书对参与期权实战交易有所助益，值得时常翻阅，则笔者深感欣慰。

修订背景

笔者在给众多投资者朋友进行期权培训时发现，投资者需要系统地了解常见场景下适用的期权策略及其操作要点，所以笔者想把对期权的理解及经验总结通过书籍的形式更广泛地传播给广大投资者。本次修订版改了一些文字错误，突出了策略的操作要点，删减了不常用的复杂策略，更详细地介绍了相关策略间的平滑转化，也更方便读者融会贯通。

在实践中，笔者常用"非线性"和"三维度"来概括期权的本质，对于每一个策略都一定要清楚"你主要赚的是什么钱、你的主要风险在哪里"。期权工具是帮我们表达观点的，期权交易策略的多样性使得我们可以在快涨、慢涨、横盘、慢跌、快跌等各种市场状态下都有办法赚钱。从维度的角度来讲，我们有办法不仅可以从"标的涨跌"这个维度上赚钱，还可以从时间和波动率两个维度上赚钱。如果有标的的快行情或者连续的一波行情，则用买方表达往往效果不错。但快行情是少的，机会不常有，裸买管住手。在具体实践中，"卖期权"也是一门好生意。如果我们的卖方是带方向的，容错性就会很不错。如果我们是 Delta 中性的卖方，则几乎可以"全天赚钱"。如果我们卖在隐含波动率的高点，一般就可以躺赢一段时间。一转身我们都成了"卖期权的生意人"。建议读者朋友在阅读本书的时候，时刻从"三维度"的角度来思考。

中国的衍生品市场飞速发展，当前仅是全面期权时代的开端，能够在这个征程上为期权的普及做一点工作，笔者深感荣幸。限于笔者的水平，书中难免有疏漏和错误的地方，恳请读者指正，笔者将随时在公众号（微信号：optionstrader）期待读者的反馈。

王　勇

2023 年 2 月　北京

目　　录

第 1 章

初识期权

投资者在进入期权世界之初,应该了解一下期权甚至其衍生产品的相关概念及基本特征,这样才能在交易的时候做到知其然且知其所以然,知己知彼,百战不殆。

所谓衍生产品(Derivative),是指从某种原生资产(Underlying Asset)派生出来的产品。衍生产品的主要类型有期货、期权、远期、互换等。所有的衍生产品都是一种合约,这些合约可以是标准化的,也可以是非标准化的。同作为标准化合约,期权与期货是不同类型的衍生产品,其标准化合约条款要素也是不一样的。标准化合约大多在交易所上市交易,与场外衍生产品形成有效互补。本书讨论的期权交易策略主要适用于场内交易的标准化期权合约。

1.1 什么是期权

开门见山,先给出期权的定义。期权(Options)又称为选择权,是买卖双方达成的一种合约,买方向卖方支付一定数量的金额(指权利金)后,拥有在未来特定的时间段内或未来某一特定的日期以事先约定好的价格向卖方购买或出售约定数量的特定标的的权力,但不具有必须买进或卖出的义务。

从上述期权的定义出发,我们可以根据期权买方的意愿把期权分为看涨期权和看跌期权。

　　看涨期权（Call Options）也叫买权（认购期权），是指期权的买方向期权的卖方支付一定数额的权利金后，即拥有在期权合约的有效期内，按事先约定的价格向期权卖方买入一定数量的期权合约规定的特定标的的权利，但不负有必须买进的义务。而期权卖方有义务在期权规定的有效期内，应期权买方的要求，以期权合约事先规定的价格卖出特定标的。

　　看跌期权（Put Options）也叫卖权（认沽期权），是指期权的买方向期权的卖方支付一定数额的权利金后，即拥有在期权合约的有效期内，按事先约定的价格向期权卖方卖出一定数量的标的的权利，但不负有必须卖出的义务。而期权卖方有义务在期权规定的有效期内，应期权买方的要求，以期权合约事先规定的价格买入特定标的。

1.2　期权合约的构成要素

　　从期权的概念我们可以看到，期权合约是一种标准化合约。所谓标准化合约，就是除期权合约的价格在市场上公开竞价形成外，合约的其他条款都是事先规定好的。以沪深 300 股指期权合约为例，其合约表的主要要素有：合约标的、合约乘数、合约类型、报价单位、最小变动价位、每日价格最大波动幅度、合约月份、行权价格间距、行权方式、交易时间、最后交易日、到期日、交割方式等。从交易者的角度看，合约条款是我们无法改变的，只能接受。但从交易策略的角度来看，我们面临从挂牌的诸多合约中选择合适交易对象合约的问题，其中，特别重要的三个要素是合约类型（看涨还是看跌）、执行价格与到期日。

1. 合约类型（看涨还是看跌）

　　交易看涨期权还是看跌期权？这是我们所面临的基本选择。在同一种市场预期下，我们可以通过看涨期权实现交易目的，也可以通过看跌期权实现交易目的。一种组合策略既可能用看涨期权来搭建，也可能用看跌期权来搭建。有时候殊途同归，有时候同中存异，大家可以在后续内容中细细体会。

2．执行价格

执行价格是指期权合约规定的期权买方行使权利时的买卖价格。同一期权品种的看涨期权可能有多个执行价格，对应着多个期权合约。同一期权品种的看跌期权同样也会有多个执行价格，对应着多个期权合约。执行价格确定后，在期权合约规定的期限内，无论标的价格怎样波动，只要期权的买方要求执行该期权，期权的卖方就都必须以合约规定的价格履行义务。执行价格的选择是一个重要的且可以有很多技巧的过程。本书在介绍交易策略时都会介绍执行价格的选择技巧。

3．到期日

期权是一种合约，任何合约都有一个到期日的问题。合约到期日是指期权合约必须履行的最后日期。欧式期权规定只有在合约到期日方可执行期权。美式期权规定在合约到期日之前的任何一个交易日（含合约到期日）都可执行期权。与到期日直接相关的是一个期权合约剩余到期时间的问题，即有效期问题。同一品种的期权合约在有效期的时间长短上不尽相同，在期权交易过程中，合约到期日的选择也是重要且可以有很多技巧的过程。

1.3　期权的分类

1．按买方行权时间规定划分：美式期权、欧式期权和百慕大期权

美式期权（American Options）是指期权买方在期权合约规定的有效期内，任何时候都可以行权的期权。美式期权给人一种自由的感觉。

欧式期权（European Options）是指期权买方只能在期权规定的到期日行权的期权。欧式期权给人一种传统、刻板的感觉。

百慕大期权（Bermuda Options）是一种可以在到期日前所规定的一系列时间行权的期权。百慕大期权的行权时间宽松度介于美式期权与欧式期权之间。

2．按标的资产类别划分：股票期权、股指期权、商品期权以及外汇期权等

基于标的资产类别的不同，期权可以分为股票期权、股指期权、利率期权、外汇期权、商品期权等，其中商品期权大多为期货期权。

1.4　期权为何如此迷人

期权是一种迷人的投资工具，下面先概述期权的一些特点，读者在读完本书后应该会有一种豁然开朗的感觉。

1．双向交易

多年以来，中国的个股市场缺乏一个做空的机制，在牛市中，大家皆大欢喜，但遇到大熊市，个股投资者却无可奈何。在个股期权上市后，一切都变得更加自由，因为可以做空了。做空是一种交易方向的选择，所有不看好某种资产的策略下的操作都可以称为做空。如果预期某个股票价格将要下跌，则投资者可以选择买入看跌期权，还可以选择卖出看涨期权，在股票下跌的过程中获得收益。

2．杠杆效应

有了期权之后，除能做空之外，个股、股指也将由此迎来以小博大的时代，期权给了投资者一种"小成本，大收益"的可能。

为什么会有杠杆效应？期权的杠杆并不来自像期货交易那样的保证金制度。杠杆效应指期权合约价格波动的百分比相对于标的资产价格变动的百分比具有相当大的放大作用，从期权买方的角度看，杠杆效应主要来自定金机制，仅支付较少权利金就能撬动较大货值的标的资产。

例如，2022 年 12 月 2 日，上证 50ETF 期权 12 月合约还有 26 天到期，认购@2700 的价格是 0.0288，当日 50ETF 收盘价是 2.617。名义杠杆为 2.617/0.0288≈90.87，实际杠杆有没有这么大呢？并没有。实际杠杆还要考虑到该合约的 Delta，实际杠杆≈90.87*0.33≈29.99。另外要注意的是期权合约的名义杠杆与实际杠杆都不是固定不变的，不同月份、不同执行价格的期权实际杠杆有明显差异。需要提醒投资者注意的是，杠杆效应是一把双刃剑，投资者既可能因此大幅获利，也可能因此遭受巨大损失。

3. 权利与义务不对等

期权合约的买方在向卖方支付一定数额的权利金后，便取得了在约定的期限内以约定的价格向卖方购买或出售一定数量的标的资产的权利，卖方具有必须履约的义务，即卖方获得权利金后，便具有向买方出售或购买标的资产的义务，当买方要求执行期权时，卖方必须履约。当然，期权买方不一定要选择到期执行期权，也可以放弃行权，还可以在到期之前卖掉。卖方为了避免到期履约的义务，可以在到期之前买入进行对冲。

4. 收益和风险不对等

当标的资产的市场价格向有利于买方变动时，买方可能获得巨大收益，卖方则会遭受巨大损失；而当标的资产的市场价格向不利于买方变动时，买方可以放弃行权，买方的最大损失（即卖方的最大收益）等于权利金。所以，在期权交易中，买方的最大损失为权利金，潜在收益巨大；卖方的最大收益为权利金，潜在损失巨大。

5. 独特的非线性损益结构

期权交易的非线性盈亏状态与股票、期货等线性交易的盈亏状态有本质区别。在读完本书第 2 章内容，了解了期权的基本交易策略后，读者会清楚地理解，期权交易者的损益并不随标的资产的价格变化而呈线性变化，到期最大损益图是折线图，而不是直线图。正是期权的非线性损益结构，使其在风险管理、组合投资等方面具有明显的优势。通过不同期权之间、期权与股票、债券、期货等其他投资工具的组合，投资者可以构造出不同风险收益特征的投资组合，甚至可以实现风险收益特征的"私人定制"。

1.5 期权交易与期货、权证交易的对比

中国已经形成了较为成熟的期货市场，曾经也推出过权证工具，那么期权、期货和权证有什么区别呢？期权与期货在双向交易、杠杆效应等方面有相似之处。

表 1-1 给出了期权与期货的区别。

表 1-1　期权与期货的区别

名　称	期　权	期　货
权利和义务	买方享有权利，无义务；卖方只承担履约的义务	买卖双方权利与义务对等
权利金	买方支付给卖方	无"权利金"这一要素
保证金制度	卖方需要缴纳保证金，买方无须缴纳保证金	买卖双方都需缴纳保证金
风险特征	买方与卖方都有一定风险，且双方风险不对等	买卖双方风险是对等的
套期保值的作用与效果不同	期权也能套期保值，对买方来说，即使放弃行权，也只损失保险费，对其购买资金保了值；对卖方来说，要么按原价出售标的，要么得到保险费	期货的套期保值不是对期货，而是对期货合约的标的进行保值，由于期货和现货价格的运动方向会最终趋同，故套期保值能实现锁定价格的效果
盈亏的特点不同	期权交易是非线性盈亏状态，买方的收益随市场价格的波动而波动，其最大亏损只限于购买期权的权利金；卖方的亏损随着市场价格的波动而波动，最大收益（即买方的最大损失）等于权利金	期货的交易呈线性盈亏状态，交易双方则都面临着无限的盈利和亏损

认股权证是一种类似于个股期权的衍生权益类产品，它规定持有者在有效期内按特定价格购买一定数量的股票的权利。认股权证一般向公众发行，有效期较长，它实质上就是一种认购期权（看涨期权）。表 1-2 给出了期权与权证的区别。

表 1-2　期权与权证的区别

名　称	期　权	认股权证
产品提供方	交易所设计，标准化合约	由上市公司或投资银行设计发行，相对个性化的合约
交易机制	双向交易机制	没有卖空机制
产品供给机制	标准化合约，供给机制顺畅	供给数量通常由发行人决定，同时容易受到标的资产规模、发行制度等多方面因素的制约
风控制度	采用当日无负债结算、中央清算等期货市场风控制度	采用证券市场风控制度
风险管理的功能与普及程度	能够实现精细化风险管理，在全球市场的发展比权证更普遍和均衡	无法实现精细化风险管理，仅在亚洲和欧洲的个别市场较为活跃

1.6　期权价格的构成

有期权买卖，就会有期权的价格，通常将期权的价格称为"权利金"或者"期权费"。权利金是期权交易过程中唯一的变量，期权合约上的其他要素（如合约标的、执行价格、合约月份、交易时间、到期日、交割方式等）都是在合约中事先规定好的，是标准化的，而期权的价格是由交易者在交易所撮合交易产生的。

期权价格主要由内涵价值和时间价值两部分组成。

1．内涵价值（Intrinsic Value）

内涵价值是指买方立即行权时可获取的总利润。根据期权执行价格与其标的实时价格的关系，可把期权分为实值期权、虚值期权和平值期权，它们之间的区别如表 1-3 所示。

表 1-3　实值期权、虚值期权与平值期权的区别

名　　称	看 涨 期 权	看 跌 期 权
实值期权	期权执行价格<标的实时价格	期权执行价格>标的实时价格
虚值期权	期权执行价格>标的实时价格	期权执行价格<标的实时价格
平值期权	期权执行价格=标的实时价格	期权执行价格=标的实时价格

（1）实值期权

当看涨期权的执行价格低于标的实时价格时，或者当看跌期权的执行价格高于标的实时价格时，该期权为实值期权。当期权为实值期权时，内涵价值为正。

（2）虚值期权

当看涨期权的执行价格高于标的实时价格时，或者当看跌期权的执行价格低于标的实时价格时，该期权为虚值期权。当期权为虚值期权时，内涵价值为零。

（3）平值期权

当看涨期权的执行价格等于标的实时价格时，或者当看跌期权的执行价格等于标的实时价格时，该期权为平值期权。当期权为平值期权时，内涵价值为零。

2．时间价值

期权价格除去期权的内涵价值，剩下的那一部分就是期权的时间价值。期权距到期日时间越长，其标的价格发生大幅度变动的可能性越大，期权买方执行期权获利的机会也越大。与较短期的期权相比，期权买方对较长时间的期权应付出更高的

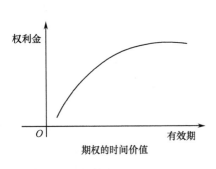

图 1-1　期权的时间价值

权利金。

值得注意的是，权利金与到期时间的关系如图 1-1 所示，并非简单的倍数关系，而是一种非线性的关系。期权的时间价值随到期日的临近而加快减少，当期权到期时，时间价值为零。笔者认为，期权的时间价值反映了期权有效期内的时间风险和价格波动风险，假如事先确信权利会被执行或确信不会被执行，则期权的时间价值就为零。

3．实值期权、虚值期权和平值期权的价格差别

实值期权、虚值期权和平值期权的价格区别如表 1-4 所示。虚值期权和平值期权的内涵价值为零，到期时期权的时间价值为零。

表 1-4　实值期权、虚值期权和平值期权的价格差别

名　　称	期权价格（未到期）	期权价格（到期）
实值期权	内涵价值+时间价值	内涵价值
虚值期权	时间价值	零
平值期权	时间价值	零

1.7　期权价格的影响因素

期权价格的影响因素主要有六个，分别是标的资产市场价格、期权的执行价格、期权的有效期、标的资产的波动率、无风险利率和标的资产的收益率，这几个因素通过影响期权的内涵价值和时间价值来影响期权价格。

1．标的资产市场价格与期权的执行价格

看涨期权在被执行时，其收益等于标的资产市场价格与执行价格之差。因此，标的资产的价格越高、执行价格越低，看涨期权的价格就越高。

看跌期权在被执行时，其收益等于执行价格与标的资产市场价格的差额。因此，

标的资产的价格越低、执行价格越高，看跌期权的价格就越高。

标的资产价格与期权执行价格对期权价格的影响结果分别归纳在表 1-5 和表 1-6 中。

表 1-5 标的资产价格与期权价格关系

期 权 类 型	标的资产价格	期 权 价 格
看涨期权	上涨↑	上涨↑
	下跌↓	下跌↓
看跌期权	上涨↑	下跌↓
	下跌↓	上涨↑

表 1-6 执行价格与期权价格关系

期 权 类 型	执 行 价 格	期 权 价 格
看涨期权	越高↑	越低↓
	越低↓	越高↑
看跌期权	越高↑	越高↑
	越低↓	越低↓

2．期权的有效期

对美式期权而言，它可以在有效期内的任何时间执行，因此其有效期越长，该期权就越有可能变成实值，而且有效期长的期权包含了有效期短的期权的所有执行机会。因此，有效期越长，期权价格越高。

对欧式期权而言，它只能在合约到期时执行，有效期长的期权不一定包含有效期短的期权的所有执行机会。这使得欧式期权的有效期与期权价格之间的关系显得较为复杂。不过，在一般情况下，期权有效期越长，标的资产价格的不确定性就越大，空头亏损的风险也越大。因此，即便是欧式期权，在其他条件不变的情况下，有效期越长，其期权价格也越高，即期权的边际时间价值为正值。

虽然说期权的边际时间价值为正值，但我们应该特别注意：随着剩余到期时间的延长，期权时间价值的增幅是递减的，这被称为期权的边际时间价值递减规律。反过来讲，对于到期日确定的期权而言，在其他条件不变时，随着到期日的临近，期权的时间价值是加速衰减的。时间流逝一周的过程中，剩余期限长的期权的时间价值，其减小幅度将小于剩余期限短的期权时间价值的减小幅度，对这些内容的理解都可以转化为实用的期权交易技巧。期权有效期与期权价格的关系如表1-7所示。

表1-7 期权有效期与期权价格的关系

期 权 类 型	期 权 有 效 期	期 权 价 格
看涨期权	越长↑	越高↑
	越短↓	越低↓
看跌期权	越长↑	越高↑
	越短↓	越低↓

3．标的资产价格的波动率

标的资产价格的波动率是衡量标的资产价格变动不确定性的指标，是影响期权价格极其重要的因素。怎么理解呢？在其他因素不变的条件下，标的资产价格波动率的增大增加了期权变为实值期权的可能性，所以，为该期权所付的权利金也应相应地增加。由于期权多头的最大亏损额仅限于权利金，而最大收益则取决于执行期权时标的资产价格与执行价格的差额。因此，波动率越大，对期权多头越有利，期权价格也应越高。我们在分析期货等衍生产品的价格时，标的资产价格是一个重要的维度。在期权的世界里，我们必须再增加两个维度，一个是上文提到的时间维度，另一个便是波动率维度。

标的资产价格波动率与期权价格的关系如表1-8所示。

表1-8 标的资产价格波动率与期权价格的关系

期 权 类 型	标的资产价格波动率	期 权 价 格
看涨期权	越大↑	越高↑
	越小↓	越低↓
看跌期权	越大↑	越高↑
	越小↓	越低↓

4．无风险利率

无风险利率对期权价格的影响不是很直接，短期内对期权价格的影响也不大。可以从两个方面的效应来分析，一方面，无风险利率上升会使期权标的资产的预期收益率上升；另一方面，无风险利率的上升会使得期权持有者未来收益的现值相应减少，这两种效应都会使看跌期权的价格下降。

对看涨期权而言，第一种效应将使看涨期权的价格上升，第二种效应将使看涨期权的价格下降。看涨期权的价格究竟是上升还是下降，取决于两种效应的比较。通常情况下，第一种效应的影响将起主导作用，即随着无风险利率的上升，看涨期权的价格也是上升的。

无风险利率与期权的价格关系如表 1-9 所示。

表 1-9　无风险利率与期权的价格关系

期 权 类 型	利　　率	期 权 价 格
看涨期权	上升↑	上升↑
	下降↓	下降↓
看跌期权	上升↑	下降↓
	下降↓	上升↑

5．标的资产收益

标的资产分红付息等将降低标的资产的价格，如果期权执行价格不变，则会引起看涨期权价格的下降，以及看跌期权价格的上升。

1.8　交易期权就像开飞机

笔者在讲述期权的时候经常做一个比喻：在不理解希腊字母的情况下进行期权交易，就好像新手在完全看不懂飞机仪表盘的情况下开飞机。交易期权而不懂希腊字母，亏损的概率会很大。

我们前面讲到，期权的价格受标的价格、标的波动率、到期日、行权价格以及无风险利率等因素影响，量化各类风险对期权风险管理和投资决策有重要意义。由 Black-Scholes 模型（即期权定价模型）衍生出的希腊字母体系正是这样一套风险管理工具，而这些希腊字母就类似于飞机仪表盘上的各种指标，期权交易者可以将期权交易过程转化为对希腊字母的管理。常见希腊字母的含义如表 1-10 所示。

表 1-10　常见希腊字母的含义

希腊字母	名　称	表征的风险因素	定　义
Δ	Delta	标的资产价格变化	期权价格变化/标的资产价格变化
Γ	Gamma	标的资产价格变化	标的资产价格变化
Θ	Theta	期权有效期的变化	期权价格变化/期权有效期的变化
ν	Vega	标的资产价格波动率的变化	期权价格变化/标的资产价格波动率的变化
ρ	Rho	利率变化	期权价格变化/利率变化

　　通过计算监测期权头寸的希腊字母，可估算出包括期权在内的总头寸价值因标的价格、期权有效期、标的波动率和无风险利率的变化而造成的损益，合理分解并准确定性/定量希腊字母是交易者进行策略选择的基本功。表 1-11 给出了基本头寸的希腊字母。相信当读者习惯于通过希腊字母解读策略的时候，会有一种自由驾驶的感觉。

表 1-11　基本头寸的希腊字母

头　寸	Delta 值	Gamma 值	Theta 值	Vega 值
期货/股票多头（Long）	+1	0	0	0
期货/股票空头（Short）	−1	0	0	0
买入看涨（Long Call）	+（0 到 1）	+	−	+
买入看跌（Long Put）	−（−1 到 0）	+	−	+
卖出看涨（Short Call）	−（0 到−1）	−	+	−
卖出看跌（Short Put）	+（1 到 0）	−	+	−

1.9　期权非线性与三维度

　　多年以来，笔者在讲述期权时经常用"非线性""三维度"这两个词来概括期权的本质，建议读者在学习后面章节的期权策略时常从这两个词来思考。

　　关于"非线性"，我们从期权的概念中很明显可以看到权利和义务的不对称，买方有权利而没有义务，卖方有义务而没有权利，这才导致了在交易中其风险和收益的不对称，这种不对称在期货的世界里是没有的，却是期权交易里的基本特征。另外，期权头寸的盈亏与在标的上捕捉多少涨跌幅没有简单的比例关系，比如同样是买认购捕捉到了标的 10%的涨幅，能赚多少钱？这个过程可能会赚很多倍，也可能几乎赚不到钱，所有这些现象都可以从"三维度"得到解释。

　　"三维度"在期权交易里处于"小王"的位置，无论是 ETF 期权、指数期权还是商品期权，都可以从方向、时间、隐含波动率这三个维度来完全地解构期权 T 型报价上的一切现象。我们买入期权（Long）是盼望其增值，我们卖出期权（Short）是盼望其贬值。清晰地解释合约的增值和贬值是交易员最大的基本功。期权盘面上会经常出现单纯从方向上无法解释的现象，这个时候我们往往可以从隐含波动率和时间这两个维度找到原因。

第 2 章

2

基本策略积木

笔者在给投资者讲述期权交易策略的时候,时常把策略的构建过程比喻成一个搭积木的游戏。在金融衍生品的世界里,股票、债券、期货、期权都是基本的金融工具,投资者可以用来组合成自己想要的产品。具体到交易策略层面,买入标的资产、卖出标的资产、买入看涨期权、卖出看涨期权、买入看跌期权、卖出看跌期权等都是最基本的策略积木。玩家可以用积木组合来建房子,也可以用来拼火车。交易者同样可以用基本策略积木来构建或激进或保守、或看涨或看跌或看横盘的各种策略。策略的灵活多样,甚至使私人定制从此成为可能,这要求策略制定者首先要熟悉策略积木。期权时代的交易策略可以很复杂,也可以很简单,本章介绍的基本策略是期权交易的基本策略积木。

2.1 买入与卖出标的资产(Long/Short Underlying Asset)

在介绍买入看涨期权、卖出看涨期权、买入看跌期权、卖出看跌期权这四大基本期权交易策略之前,我们先通过损益图熟悉一下标的资产的基本策略,这些策略与期权策略的组合非常常见。

我们用横轴来表示标的资产价格，用纵轴来表示一个头寸的损益，也就是风险收益。

1. 买入短期国债（Treasury Bill）

如果买入一个短期国债，并持有到期，其收益是固定的，其损益图是一条水平直线，如图2-1所示。不要小看这个简单的损益图，利用简单的"债券+期权"的方式可以设计保本理财产品。

2. 买入股票/期货（Long Stock/Futures）

股票与期货作为基本的交易工具，买入与卖出这些标的是经典的策略。股票投资者最熟悉的策略莫过于买入股票并持有，假设投资者以30美元/股的价格买入YAHOO股票，图2-2是买入股票后的损益图。当股价上涨时，潜在获利是无限的，而当股票价格下跌时，该头寸会遭遇损失，最坏的情况是曾经以30美元/股买入的股票变得一文不值。如果买入的是期货合约，那么损益图的形状与图2-2是类似的，只是与股票相比期货增加了杠杆效应。

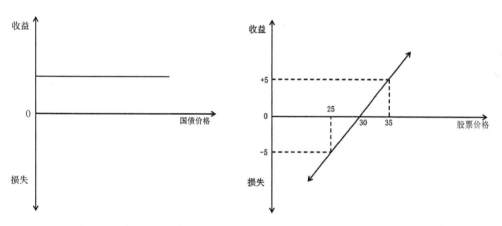

图2-1 买入短期国债的到期收益   图2-2 买入股票/期货的到期收益

3. 卖出股票/期货（Short Stock/Futures）

尽管中国传统的股票投资者对做空的操作有可能还不是很熟悉，但从此刻起一定要理解并善于运用做空的操作。假设投资者以30美元/股的价格先卖出YAHOO

股票时，便建立了一个空头头寸，如果此后该股票价格下跌，则该投资者有所获利，若股票价格上涨，则该投资者会遭遇亏损。自融资融券业务登录 A 股市场后，A 股市场投资者便有了一个做空的工具，尽管投资者在融券时存在诸多不便，但做空已然成为股票市场的一个基本策略。如果卖出的是期货合约，则损益图的形状与图 2-3 是类似的，只是与股票相比期货增加了杠杆效应。

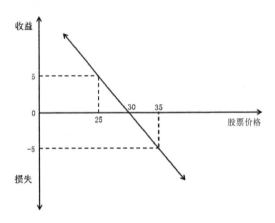

图 2-3　卖出股票/期货的到期收益

2.2　买入看涨期权（Long Call）

在众多的期权策略里，买入看涨期权（Long Call）是与买入股票（Long Stock）最相近的一种策略，所以也是大部分投资者开始期权交易时的首选策略。在尝试使用更复杂的买入价差策略及卖出期权策略前，投资者应该了解买入看涨期权策略的特性。

根据看涨期权的执行价格与标的资产当前价格的关系，我们可以把看涨期权分为实值、平值与虚值期权。实值、平值与虚值期权的选择对交易策略而言具有重要意义，读者在后文中应该会体会到这一点。表 2-1 所示为看涨期权的价值状况，表中列出了看涨期权行权价格和标的资产价格的关系。

表 2-1　看涨期权的价值状况

标的资产价格与看涨期权行权价格关系	价值状况
标的资产价格＞看涨期权行权价格	实值
标的资产价格＝看涨期权行权价格	平值
标的资产价格＜看涨期权行权价格	虚值

1．头寸组成

该策略是一个基础积木级别策略，该策略的组成很简单，由单一买入看涨期权组成。在此基础上可以搭建其他更复杂的策略。

2．该策略的到期损益

买入看涨期权策略的到期损益如图 2-4 所示。为了熟练掌握期权交易策略，读者应该首先对四大基本期权策略的损益图的形状有一个深刻的理解，之后在了解其他策略时才能轻车熟路。

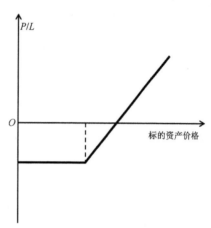

图 2-4　买入看涨期权策略的到期损益

3．适用场景

- 对标的资产价格短期看涨，因为买入的看涨期权的时间价值会随时间流逝而贬值，所以只有投资者预期标的资产价格在短期内就能快速上涨的时候才适合买入看涨期权，如此才能在期权到期前获利。

- 可在想要利用期权的杠杆效应时使用。

4．该策略的风险收益特征

最大风险：损失掉权利金。

最大收益：只要标的资产价格上升，理论上，最大收益就没有上限。

5．该策略的损益平衡点

损益平衡点的公式如下：

$$损益平衡点=执行价格+看涨期权权利金$$

6. 怎样买入看涨期权

在决定要买入看涨期权后，应该选择什么执行价格的期权呢？交易新手往往会买入平值期权，有经验的投资者在挑选看涨期权时会考虑到 Delta 的影响。

方法 1：如果交易者预期标的资产价格能够快速大幅上涨并超过某点位，则可以选择买入以该点位为执行价格的虚值看涨期权，因为虚值期权会相对比较便宜，起到的杠杆效应大。

方法 2：如果交易者预期标的资产价格仅仅会小幅上涨，为了实现利润最大化，则可以选择买入实值的看涨期权，因为实值的看涨期权的 Delta 值较大，接近于 1，标的资产价格涨多少，期权价格基本上就能涨多少。

7. 该策略的主要 Greek 图示

表 2-2 说明了标的资产价格变化时该策略各希腊字母的取值情况。图 2-5 也展示了该策略主要希腊字母的取值情况，主要参数为：标的股票价格为 44 元/股，剩余期限为 0.5 年，波动率为 20%，无风险收益率为 3.5%，股息收益率为 2%。

表 2-2　买入看涨期权策略各希腊字母的取值情况

希腊字母	下　跌	平　值	上　升
Delta	+	++	+++
Gamma	++	+++	++
Theta	−	− −	−
Vega	+	++	+

注：+++表示明显为正，++表示为正值，+表示略微偏正，− −表示为负值，−表示略微偏负。

Delta：看涨期权的 Delta 值为正，而且随标的资产价格上升且逐步增长到+1。越是实值的期权，标的资产价格变化对期权价值的影响越大；越是虚值的期权，标的资产价格变化对期权价值的影响越小。

Gamma：买入看涨期权策略拥有正的 Gamma 值，该值在平值期权时最高，尤其在期权接近到期日的时候。

Theta：期权的买方拥有负值的 Theta，在其他条件不变的情况下，随着时间的流逝，期权的时间价值会减少。随着到期日的临近，平值期权的 Theta 值单调递减至负无穷大。也就是说，期权的时间价值随着到期日的临近会加速衰减。这给我们的借鉴意义是：不要轻易买入临近到期的期权，尤其是尽量不要买进到期时间少于1个月的期权。

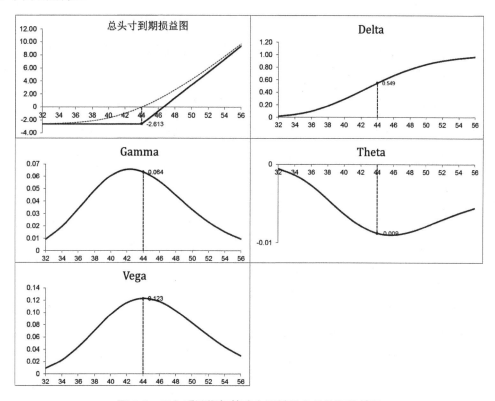

图 2-5 买入看涨期权策略主要希腊字母的取值情况

Vega：该策略的 Vega 值是正的，说明标的资产隐含波动率的上升对该策略有正面影响。实际上，要是买入了期权，不管买入的是看涨期权还是看跌期权，都会盼望着标的资产隐含波动率上升，因为隐含波动率的上升使买入的期权在到期前变成实值期权的可能性增大；反之，如果隐含波动率下降，将对买入的期权头寸不利。这给我们的借鉴意义是：不要买入隐含波动率过高的期权。

8. 该策略的优点

- 即使标的资产价格没有上涨，反而下跌了，损失也有限。
- 针对不同的交易，交易者有不同的风险偏好和组合管理策略，交易者可选择不同执行价格（从而有不同的 Delta）的看涨期权来满足其偏好。

- 可以出色地替代股票等标的资产。与直接买入股票相比，交易者用相对少的资金就可以撬动同等数量的股票。
- 这是一个最基本的期权策略之一，交易者可以通过买入/卖出更多的期权来转换成其他的交易策略。
- 相对简单，与其他复杂的策略相比，该策略不需要精确的计算。
- 因为仅需要买入一种期权，与其他更复杂的策略相比，更节省手续费。
- 买入期权不需要缴纳保证金。

9. 该策略的缺点

- 若你把全部资金用来买入看涨期权，一旦标的资产价格下跌，且在到期时还是虚值期权，那么交易者有可能损失掉全部权利金。
- 时间的流逝对买方不利。随着期权临近到期日，其时间价值将逐渐变小，直至衰减为零。

10. 该策略在到期前的调整方法

- 如果预期标的资产价格上涨的脚步会减缓，甚至在某价位遇到了显著的压力，则交易者可以卖出一定数量的虚值看涨期权，从而把总头寸变成了牛市价差组合，这样可以获得一部分额外的收益，还可以对冲掉标的资产价格回撤时的风险。
- 如果交易者想要保护其已经获得的利润，则可以构建一个 Delta 中性的对冲组合。
- 如果标的资产价格上下波动剧烈，则交易者可以对应买入一定数量的看跌期权，把总头寸从买入看涨变成买入跨式，这样在到期时不论标的资产价格是上涨还是下跌，总头寸均能盈利。

11. 该策略在到期时的选择

- 执行期权。如果到期时看涨期权是实值期权，则交易者可以选择执行期权。对股票期权而言，交易者若希望持有股票并期待分红，则可以选择执行期权。

- 卖掉看涨期权。这是大多数交易者的选择，也是兑现利润的简单方法。

- 向前展期。如果交易者认为标的资产价格还有上涨空间，则可以进行展期操作。期权在临近到期时，时间价值损耗会加速，为了避免这一点，我们可以卖掉将要到期的看涨期权，同时买入随后一个月才到期的看涨期权。

2.3 裸卖出看涨期权（Naked Short Call）

卖出看涨期权是指卖出者获得权利金，若买入看涨期权者执行合约，卖出方必须以特定的价格向期权买入方卖出一定数量的某种特定资产。看涨期权卖出方往往预期市场价格将下跌。

裸卖出看涨期权也叫卖出非持保看涨期权，是指在卖出看涨期权的同时，并不持有该标的资产的多头头寸。裸卖出看涨期权的到期损益如图 2-6 所示。

裸卖出看涨期权是较复杂的熊市策略，即使标的资产价格没有下跌，而是保持停滞不动，甚至稍微上涨，交易者也能从该策略中盈利。在该策略中，随着标的资产价格的下跌，你可以通过 Delta 效应获利。除此之外，时间价值衰减对你也有利，时间是期权买入者的敌人，却是期权卖出者的朋友。

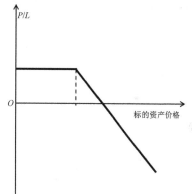

图 2-6　裸卖出看涨期权策略的到期损益

裸卖出看涨期权是一种贷方期权，在建立该头寸时，你就收到了净权利金。如果在被行权时你无法履约，则会使你的经纪商面临一定的风险，所以这种策略需要缴纳履约保证金。

1. 适用场景

1）为取得权利金收入而卖出看涨期权。当交易者预期标的资产价格下跌时，可以使用裸卖出看涨期权的策略，这种价格下跌并不一定像买入看跌期权那样要求剧烈地下跌，只要能够在到期时下跌到使该执行价格的看涨期权变成虚值期权就可以。

> 例子：假设股票 ABCD 当前价是 44 元/股，你以 0.80 元/股的价格卖出 10 手 1 月到期执行价格为 44 元/股的看涨期权。如果股票 ABCD 到期收于 43.95 元/股，则 0.80 元/股的权利金就稳妥地变成了你的利润。

如果预期标的资产价格会快速剧烈地下跌，则最好选择买入看跌期权，因为裸卖出看涨期权的收益是有限的。在上面的例子中，无论标的资产价格下跌到多少，最大收益都是 0.80 元/股。

2）为改善持仓而卖出看涨期权。如果投资者已经买进标的（期货或股票等），则卖出看涨期权获得的权利金等于降低了买价。如果标的资产价格上涨，则投资者更愿意将标的卖出；如果标的资产价格不变，投资者会庆幸期权没有损失；如果标的资产价格下跌，则为所获得的权利金提供了一层保护。

卖出看涨期权可以选择不同的有效期、执行价格，选择适当的入市时机，则获利丰厚。从国外实际的交易情况看，卖出看涨期权的收益率并不低，甚至高于买方。对于资金有限的投资者，应避免卖出无对应标的的头寸的看涨期权（Uncovered Call Options）。

2. 怎样使用该策略

构建一个裸卖出看涨期权策略的关键点是选择合适的执行价格。如果预期标的资产价格在期权到期前能够跌破某价位，则可在该价位附近选择执行价格。该怎样选择到期日呢？如果有把握，则最好选择离当前最近的到期日，因为这样可以少留时间，以免标的资产价格反弹使期权变成实值期权。

> 例子：假设股票 ABCD 的当前价格是 44 元/股，如果预期股票价格能够跌到 43 元/股，则可以卖出执行价格为 43 元/股的看涨期权。如果认为股票价格仅仅会很小幅度地下跌，则应该卖出执行价格为 44 元/股的看涨期权。

你所卖出的看涨期权越是实值期权，得到的权利金越多，但是若该期权变成虚值期权，则要求标的资产价格下跌幅度很大。

假设股票 ABCD 的当前价格是 44 元/股，卖出不同执行价格的看涨期权，效果是不一样的，我们可以通过表 2-3 来看一下。

表 2-3　卖出不同执行价格看涨期权的效果对比

股票 ABCD 的执行价格 （元/股）	股票 ABCD 的期权价格 （元/股）	股票 ABCD 下跌多少 才能盈利（元/股）	到期时股票 ABCD 对应 期权的盈利（元/股）
45	0.10	0	0.10
44	0.80	0.01	0.80
43	1.80	1.01	0.81

3. 该策略的风险收益特征

潜在最大收益：有限，限于所收到的权利金。

潜在最大亏损：无限，如果标的资产价格在上破损益平衡点后继续上涨，则该策略会亏损，涨得越高，亏损越大。所以该策略在标的资产价格上行时应该设置一个止损点。

4. 该策略到期收益的计算方法

到期时，你所卖出的看涨期权是虚值的，那么在策略构建之初你收到的全部权利金成了你的利润。

若到期时你所卖出的看涨期权是实值的，则该期权的买方会行权，此时你的损益=收到的权利金-（标的到期价格-执行价格）。

> 接着上面的例子：以 0.8 元/股的价格卖出 1 手 1 月到期执行价格为 44 元/股的看涨期权，若到期时股票价格上涨到了 44.5 元/股，则收益为 0.80-(44.5-44)=0.3（元/股）。如果到期时股票价格上涨到了 46 元/股，则收益为 0.80-(46-44)=-1.2（元/股）。

5. 该策略的损益平衡点

该策略的损益平衡点公式如下。

$$损益平衡点=执行价格+收到的权利金$$

> 在上面的例子中，损益平衡点为 44+0.80=44.80（元/股），期权到期时，只要股票价格不超过 44.80 元/股，则该策略就会有所收益。

6. 该策略的主要 Greek 图示

表 2-4 说明了标的资产价格变化时该策略各希腊字母的取值情况。图 2-7 也展示了该策略主要希腊字母的取值情况，主要参数为：标的股票价格为 44 元/股，剩余期限为 0.5 年，波动率为 20%，无风险收益率为 3.5%，股息收益率为 2%。

表 2-4　裸卖出看涨期权策略各希腊字母的取值情况

希 腊 字 母	下　　跌	平　　值	上　　升
Delta	－	－ －	－ － －
Gamma	－ －	－ － －	－ －
Theta	＋	＋＋	＋
Vega	－	－ －	－

注：++表示为正值，+表示略微偏正，－－－表示明显为负，－－表示为负值，－表示略微偏负。

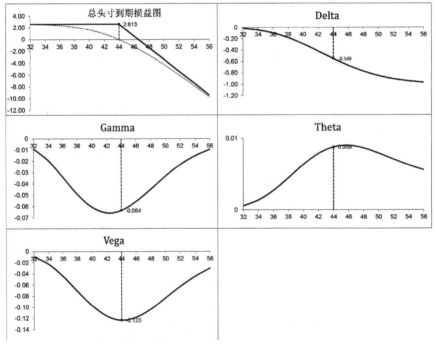

图 2-7　裸卖出看涨期权策略主要希腊字母的取值情况

Delta：卖出看涨期权策略的 Delta 值是负的，若标的资产价格上升，Delta 值从接近于 0 逐步下降到-1，则卖出期权也进入实值。

Gamma：在卖出期权时，Gamma 值是负的，其绝对值在平值期权时最高，尤其在期权接近到期日时。

Theta：随着卖出的期权失去时间价值，头寸的价值在增长。对于卖出期权的策略，Theta 值是正的，时间的流逝对交易者有利。

Vega：如果隐含波动率上升，头寸价值下降。标的资产价格越接近履约价格，剩余时间越多，Vega 值越高。给我们的借鉴意义是：在卖出期权时一定要对其隐含波动率的相对大小做到心中有数，如果隐含波动率偏高，那么我们甚至从隐含波动率下降的过程中就能盈利不少。

7. 该策略的优点

- 该策略是贷方策略，卖出期权时的净收入能够用来缓冲风险。
- 作为简单的策略，不需要精确计算就能运用。
- 该策略仅涉及一种期权，相较复杂的策略而言，手续费较便宜。
- 即使标的资产价格完全横着走，你也可以从该策略中获利。
- 这是最基本、最灵活的交易策略之一，在期权到期之前，交易者可以通过买入或卖出更多的期权将该策略转型为其他策略，以适应对市场看法的改变。
- 与买入看跌期权相比，如果标的资产价格没有下跌，反而小幅上涨，则该策略能够为交易者权益提供一定程度的保护，因为在卖出时已经有权利金的收入。

8. 该策略的缺点

- 潜在收益有限，在标的资产价格大幅下跌时，交易者有可能会错失大幅获利的机会。
- 如果标的资产价格剧烈上涨，交易者会遭受巨大损失。
- 该策略是贷方策略，需要缴纳保证金。
- 需要缴纳的保证金可能数量不少，与买入看跌期权策略相比，交易者所能撬动的头寸不够多。

9. 该策略在到期前的调整方法

- 如果在到期日之前标的资产价格已经下跌了不少，以至于看涨期权几乎不值钱了，则看涨期权卖方可以对冲平仓，以兑现已获利润，而不必持有至到期。

- 如果标的资产价格在快速下挫之后将要反弹，则交易者可以把裸卖出看涨期权策略转换为看涨期权牛市价差策略。怎么转换呢？在原有头寸上再买入平值的看涨期权即可，如此，即使在反弹的过程中也能有所斩获。

- 如果事后发现标的资产价格没有下跌，而是窄幅波动，则交易者可以把该策略转换为卖出跨式期权。怎么转换呢？在原有头寸上再卖出相同数量的虚值看跌期权即可。

10. 该策略在到期时的选择

在将要到期时，如果看涨期权是虚值的，则可以放任其到期，如果看涨期权是实值的，则交易者可以选择买入平仓。

11. 卖出虚值看涨期权

卖出虚值看涨期权本质上是裸卖出看涨期权，只不过其卖出的是虚值的看跌期权。卖出虚值看涨期权是一个有意思的交易方法，与卖出实值/平值看涨期权相比的优势如下：

- 如果标的资产价格上涨或保持横盘，则会盈利。

- 如果你被行权，则能够以比直接买入标的资产更低的价格购得该资产。

2.4 买入看跌期权（Long Put）

如果想要从标的资产价格下跌过程中赚钱，就需要有做空机制，目前中国国内股票做空机制还不甚完善。期货交易中有很完善的做空机制，但期货交易需要保证金，而且期货作为一种线性的工具，如果期货合约价格上涨，则期货空头头寸的潜在损失是无限的。

看跌期权又称为卖权选择权、卖权，是指期权的购买者拥有在期权合约有效期内按执行价格卖出一定数量标的的权利，但不负担必须卖出的义务。买入看跌期权策略对投资者来说是一种思想上的解放，该策略可以投资于标的资产价格下跌的过程，有潜在无限的收益，而风险却有限。买入看跌期权策略的到期损益如图2-8所示。

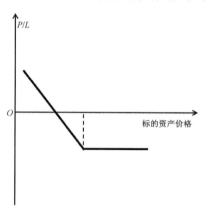

图2-8 买入看跌期权的到期损益

不同看空策略的对比如表2-5所示，从表2-5可以看出，如果交易者对标的资产价格看空，那么买入看跌期权能够达到很好的风险与收益的平衡。

表2-5 不同看空策略的对比

方　法	保　证　金	最　大　亏　损	最　大　收　益
买入看跌期权	不需要	低	最高
股票空头	是	高	低
期货空头	是	最高	高

根据看跌期权的执行价格与当前标的资产价格的关系，我们也可以把期权分为实值、平值与虚值期权，这称为期权的价值状况，如表2-6所示。价值状况选择对交易策略而言具有重要的意义，读者在后文中应该会感觉到这一点。

表2-6 看跌期权的价值状况

标的资产价格与看跌期权行权价格关系	价值状况
标的资产价格<看跌期权行权价格	实值
标的资产价格=看跌期权行权价格	平值
标的资产价格>看跌期权行权价格	虚值

买入看跌期权作为一种基本的期权策略积木，这个策略积木的使用极其灵活，主要有以下适用场景。

1）确信标的资产价格将出现大幅度的下跌。我们曾经在表 2-5 中做过对比，在价格下挫的过程中，买入看跌期权是相对最直接、最安全、最划算的交易策略。

2）与已持有的股票等标的资产形成对冲，对冲标的资产价格下跌的风险。买入看跌期权不仅是一个好的杠杆性策略，也是一个优秀的对冲策略，在这种场景下可以把买入看跌期权比喻为买入一份保险。本书中介绍的"配对看跌期权""买入保护性看跌期权"等策略都是基于这种场景的。

1. 应该怎样买入看跌期权

如果决定要买入看跌期权，那么投资者一定绕不开两个问题：选择哪个到期月份的看跌期权？选择哪个执行价格的看跌期权？根据笔者的理解，同样是买入看跌期权，选择不同的到期月份与执行价格，其效果相差很大。

我们先来看怎么选择执行价格。新手往往会在预期标的资产价格下跌时买入平值的看跌期权。比如，在沪深 300 指数为 2200 点时，买入执行价格为 2200 点的看跌期权。再比如，假设股票 ABCD 当前价格为 44 元/股，新手往往选择买入执行价格为 44 元/股的看跌期权。

老手在买入看跌期权的时候往往要考虑到头寸的 Delta，笔者在第 1 章特地铺垫性地介绍了一些希腊字母的概念，这些希腊字母在具体的交易策略中影响甚大，读者应该先深入理解单个策略积木的希腊字母特征，然后才能在较复杂的策略中驾轻就熟。

老手方法一：如果交易者预期标的资产价格会有一个快速剧烈的下跌，且有信心一定跌破某价位，则可以买入虚值的看跌期权。也就是说，对其选择的执行价格能够被跌破要有信心。

> 例子：假设股票 ABCD 当前价为 44 元/股，交易者预期其会快速跌至 40 元/股，则可以选择买入执行价格为 42 元/股的看跌期权。

> 在这个例子中，需要 ABCD 到期时跌至 42 元/股之下才能够有盈利的可能，如果在期权到期时没有跌至 42 元/股之下，则该看跌期权会变得一文不值。如果在到期之前，期权 ABCD 执行价格下跌了，但并没有跌破 42 元/股，该交易者仍然有盈利的可能，这是受 Delta 影响的缘故。

老手方法二：如果交易者预期标的资产价格会小幅下跌，并想从中获利，则可以选择买入实值的看跌期权，因为实值的看跌期权比平值的看跌期权拥有绝对值更大的 Delta 值。

> 举例：假设某股票 ABCD 当前价格为 44 元/股，交易者认为该股票会小幅下跌，则其可以买入执行价格为 45 元/股的看跌期权。

具体到要买入实值的程度为多大（执行价格是 45 元/股还是 46 元/股？）的看跌期权呢？交易者可以随自己的需要而定。实值看跌期权的执行价格越高，其就越是深度实值的，相应地，其 Delta 绝对值就会越大。在这种方法中，需要保证该期权的 Delta 值在 -1 和 -0.99 之间。这种策略的风险并不大，即使该标的股票价格"横着走"，直至到期，期权到期时也会剩下一部分实值。当然，这种策略相对于买入虚值看跌期权策略而言，杠杆较小。

假设股票 ABCD 从 44 元/股跌到 40 元/股，则三种方法的效果如表 2-7 所示。

表 2-7　买入不同价值状况看跌期权策略效果对比

方法	价格（元/股）	Delta	到期前收益率	到期时收益率	若到期时 ABCD 收于 44 元/股，则该策略亏损	风险等级	收益等级
新手策略	0.80	-0.5	250%	400%	-100%	2	2
老手方法1	0.10	-0.159	636%	1900%	-100%	1	1
老手方法2	1.80	-0.862	191.55%	177.77%	-44.40%	3	3

从表 2-7 可以一目了然地看出，无论选择买入平值、虚值还是实值的看跌期权，都会比仅做空获利更多。如果仅在 44 元/股价位做空 ABCD，至 ABCD 跌至 40 元/股时，仅能获得 9% 的收益，买入看跌期权的杠杆效应明显。

2. 该策略的风险收益特征

最大收益：无上限。严格地说，标的资产的价格最多只能跌到零，理论上，买入看跌期权的最大收益也是有限的，但相比买入期权所付出的权利金，这个理论上有限的收益往往是一个巨大的数字。我们也习惯于把它称为"无限"。这样做的目的是能够更明晰地刻画不同期权的风险收益特征。

最大亏损：有限，如果到期时我们买入的看跌期权是虚值的，就不会行权，那么我们在策略构建之初所付出的权利金将全部损失掉，这也是我们的最大损失。

3．该策略到期收益的计算方法

假如我们把买入的看跌期权持有到期，如果期权是平值或虚值的，我们就会放弃行权，如果是实值的（标的资产价格小于执行价格），我们就会行权。

> 接着上面的例子：我们以 0.80 元/股的价格买入了 10 手 1 月份到期执行价格为 44 元/股的看跌期权，若到期时股票价格跌到了 40 元/股，则该策略的总收益=执行价格-标的资产价格-付出的权利金=44-40-0.80=3.20（元/股）。

4．该策略的损益平衡点

关注一个策略的损益平衡点是以执行一个策略是亏钱还是赚钱为准的，这里一般关注到期损益平衡点。所谓到期损益平衡点，是指我们持有期权，直至其到期，标的资产价格在哪个点时我们的策略不亏钱，也不赚钱。该策略损益平衡点公式如下。

$$损益平衡点=执行价格-权利金$$

5．该策略的主要 Greek 图示

表 2-8 说明了标的资产价格变化时该策略各希腊字母的取值情况。图 2-9 也展示了该策略主要希腊字母的取值情况，主要参数为：标的股票价格为 44 元/股，剩余期限为 0.5 年，波动率为 20%，无风险收益率为 3.5%，股息收益率为 2%。

表 2-8　买入看跌期权策略各希腊字母的取值情况

希腊字母	下　降	平　值	上　升
Delta	－ － －	－ －	－
Gamma	++	+++	++
Theta	－	－ －	－
Vega	+	++	+

注：+++表示明显为正，++表示为正值，+表示略微偏正，－ － －表示明显为负，－ －表示为负值，－表示略微偏负。

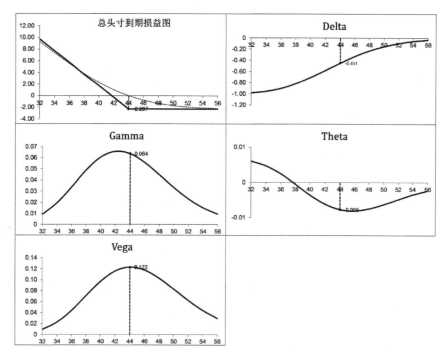

图 2-9 买入看跌期权策略主要希腊字母的取值情况

Delta：看跌期权的 Delta 值是负的，而且随标的资产价格下降逐步降低到-1。越是实值的期权，标的资产价格变化对期权价值的影响越大；越是虚值的期权，标的资产价格变化对期权价值的影响越小。

Gamma：买入看跌期权策略拥有正的 Gamma 值，该值在平值期权时最高，尤其在期权接近到期日的时候。

Theta：期权的买方拥有负的 Theta 值，在其他条件不变的情况下，随着时间的流逝所买入的看跌期权的时间价值会减少，尽量不要买入剩余到期时间少于 1 个月的期权。

Vega：该策略的 Vega 值是正的，说明标的资产价格隐含波动率的上升对该策略有正面影响。实际上，要是买入了期权，不管买入的是看涨期权还是看跌期权，都会盼望着标的资产隐含波动率上升，因为隐含波动率的上升使买入的期权在到期前变成实值期权的可能性增大。反过来，如果隐含波动率下降，将对买入的期权头寸不利。这给我们的借鉴意义是：不要买入隐含波动率过高的期权。

6. 该策略的优点

- 如果标的资产价格没有下跌，反而上升，则该策略的损失是有限的。这个特点的一个好处是可以让交易者小赌一把，而不用受到需多大止损等困扰，这一点是使用期货等工具所不能比的。

- 不同风险偏好及持有不同组合策略的交易者可以选择不同的执行价格和不同 Delta 的看跌期权，以达到其交易目的。

- 这是最基本的交易策略之一，交易者可以通过买入或卖出更多的期权从该策略转型为其他策略。

- 作为简单的策略，不需要精确计算就能运用。

- 该策略仅涉及一种期权，相较复杂的策略而言，手续费较便宜。

- 该策略不需要缴纳保证金，理论上，任何新手都可以快速上手运用。

7. 该策略的缺点

- 有可能亏掉全部权利金。如果在买入看跌期权后，标的资产价格不但没有下跌，反而上涨了，并且到期时还是虚值期权，则交易者会亏掉全部的权利金。

- 遭受时间损耗。如果交易者在买入看跌期权时就打算持有至到期，可以不考虑时间损耗。但如果不打算持有至到期，则一定要记住买入期权的时间价值每天都在损耗。

8. 该策略在到期前的调整方法

- 如果认为标的资产价格下跌的节奏变慢或在某价位遇到支撑，则交易者可以再卖出对应数量的看跌期权，这样就把原策略改造成了看跌期权熊市价差。这样的好处有两个，一个是获得了一部分额外的收益，另一个是可以对冲掉标的资产价格反弹的风险。

- 如果交易者想要保护其头寸中已有的获利,则可以构建一个 Delta 中性的对冲头寸。

- 如果标的资产价格没有一路下跌，而是上下大幅波动，那么这时候交易者可以买入对应数量的看涨期权，从而把该策略从买入看跌期权转变成为买入跨式期权，这样无论标的资产价格是大幅上涨还是大幅下跌，交易者都可获利。

9. 该策略在到期时的选择

- 到期行权。如果到期时所持有的看跌期权仍是实值的，则交易者可以选择行权。当然，能够行权的前提是你已持有标的资产（如股票），这样行权，你可以在比市场价更高的价位出售持有的标的（如股票）。

- 卖出该看跌期权。这是大多数交易者的选择，仅仅兑现已获利润即可。

- 展期。如果交易者继续看空标的资产，则可以选择展期。卖掉将要到期的看跌期权，同时买入随后一个月到期的看跌期权。

2.5 裸卖出看跌期权（Naked Short Put）

若买入看跌期权者执行合约，则卖出方必须以特定价格向期权买入方卖出一定数量的某种特定资产。当投资者预期标的资产价格上涨时，其往往会卖出看跌期权。裸卖出看跌期权是指在卖出看跌期权的同时，并不持有该标的资产的空头头寸。裸卖出看跌期权策略的到期损益如图 2-10 所示。

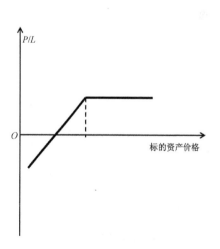

图 2-10 裸卖出看跌期权策略的到期损益

诸如裸卖出看跌期权这样的复杂期权策略，通常在标的资产价格"横着走"或者轻微下跌的时候也会有所收益，这是因为看跌期权的时间价值损耗对卖出者有利，看跌期权的时间价值损耗得越多，卖出者赚到的就越多。通过卖出看跌期权，交易者不仅可以从标的资产价格的上涨中赚钱，还可以从看跌期权时间价值的损耗中赚钱。时间价值的损耗是期权买入者的噩梦，却是期权卖出者的福音。从这个角度看，即便在卖出看跌期权后，标的资产价格并没有上涨，你也可以获利。

裸卖出看跌期权实际上很难做到真正的"裸"，因为你需要缴纳一定数量的保证金作为履约保证。一旦被行权，你就有在你所卖出的看跌期权的执行价格买入标的资产的义务，期货经纪商会要求期权交易者先有足够的履约保证金，才会允许其卖出看跌期权，这可以被看成使用现金担保看跌期权。

1. 适用场景

1）为了获得权利金而卖出看跌期权。当交易者预期标的资产价格会小幅上涨的时候可以采用该策略，这种上涨并不一定像买入看涨期权要求的那样剧烈地上涨，因为只要标的资产价格上涨至期权变成虚值期权时，看跌期权的卖出者就可从中获利。

> 举例：假设股票 ABCD 的当前价格是 44 元/股，你以 0.8 元/股的价格卖出了 10 手 1 月份到期执行价格为 44 元/股的看跌期权。即使到期时股票 ABCD 的价格上涨到了 44.5 元/股，你也可以盈利。

如果交易者预期标的资产价格会剧烈上涨，则最好采用买入看涨期权的策略，因为即使标的资产价格涨得再高，卖出看跌期权策略的收益也是有限的。

2）为获得标的而卖出看跌期权。一般来说，期权被执行都是对卖方不利的。但如果投资者想获得标的，则卖出适当的执行价格的看跌期权，一旦期权被执行，就可以按执行价格获得标的。如果期权未被执行，则权利金可降低现货的买进成本，套期保值也是如此。

2. 怎样使用该策略

该策略是期权交易的四个基本策略之一，也是基本的期权操作之一。裸卖出看跌期权策略该怎样选择执行价格与到期日呢？如果你认为标的资产价格在期权到期时至少能够上涨超过某价位，则可以选择卖出以该价位为执行价格的看跌期权。

在到期日选择方面，应该尽量选择距离当前最近的到期月份，这样标的资产价格更有可能没有时间再变成实值期权。

举例：假设股票 ABCD 的当前价格是 44 元/股，如果你预期股票价格能够上涨到 46 元/股，则可以卖出执行价格为 45 元/股的看跌期权，如果你认为股票价格仅仅会微幅上涨，则可以卖出执行价格为 44 元/股的看跌期权。

你所卖出的看跌期权越是实值的，能够得到的权利金就越多，但与此同时，标的股票价格需要上涨更多才能使你卖出的看跌期权变成虚值的。假设股票当前价为 44 元/股，如表 2-9 所示为裸卖出看跌期权策略示例，我们通过该表看一下选择卖出不同执行价格的期权的效果。

表 2-9　裸卖出看跌期权策略示例

执行价格 （元/股）	期权价格 （元/股）	ABCD 要取得最大收益 需要变动的幅度（元/股）	ABCD 到期为 44.01 元/股，该 策略的收益（元/股）
43	0.10	0	0.10
44	0.80	0.01	0.80
45	1.80	1.01	0.81

卖出虚值看跌期权是一个很有意思的策略，本书在第 4 章中会单独介绍。

3．该策略的风险收益特征

最大收益：有限，限于所收到的权利金。

最大亏损：无限，如果标的资产价格在跌破损益平衡点后继续下跌，则该策略会亏损，跌得越深，亏损越大。所以该策略在标的资产价格下行时应该设置一个止损点。

4．该策略到期收益的计算方法

到期时，若所卖出的看跌期权若是虚值的，那么你在策略构建之初收到的所有权利金就成了你的利润。

到期时，若所卖出的看跌期权是实值的，那么该期权的买方会行权。你的损益=收到的权利金-（执行价格-标的到期价）。

> 接着上面的例子：以 0.80 元/股的价格卖出 1 手 1 月份到期执行价格为 44 元/股的看跌期权，若到期时股票价格跌到 43.50 元/股，则收益为 0.80-(44-43.5)= 0.30（元/股）。如果到期时股票价格跌到 42 元/股，则收益为 0.80-(44-42)=-1.20（元/股）。

5. 该策略的损益平衡点

该策略的损益平衡点公式如下。

$$损益平衡点=执行价格-收到的权利金$$

6. 该策略的主要 Greek 图示

表 2-10 说明了标的资产价格变化时该策略各希腊字母的取值情况。图 2-11 也展示了该策略主要希腊字母的取值情况，主要参数为：标的股票价格为 44 元/股，剩余期限为 0.5 年，波动率为 20%，无风险收益率为 3.5%，股息收益率为 2%。

表 2-10　裸卖出看跌期权策略各希腊字母的取值情况

希腊字母	下　降	平　值	上　升
Delta	+++	++	+
Gamma	− −	− − −	− −
Theta	+	++	+
Vega	−	− −	−

注：+++表示明显为正，++表示为正值，+表示略微偏正，− − −表示明显为负，− −表示为负值，−表示略微偏负。

Delta：卖出看跌期权策略的 Delta 值是正的，随着标的资产价格的上升 Delta 值从 1 逐步下降到 0。

Gamma：在卖出期权时，Gamma 值是负的，其绝对值在平值期权时最高，尤其在期权接近到期日时。

Theta：随着卖出的期权失去时间价值，头寸的价值在增长。对于卖出期权的策略，Theta 值是正的，时间的流逝对交易者有利。

Vega：如果隐含波动率上升，头寸价值下降。标的资产价格越接近履约价格，剩余时间越多，Vega 值越高。给我们的借鉴意义是：在卖出期权时一定要对其隐含波动率的相对大小做到心中有数，如果隐含波动率偏高，那么我们甚至能从隐含波动率下降的过程中盈利不少。

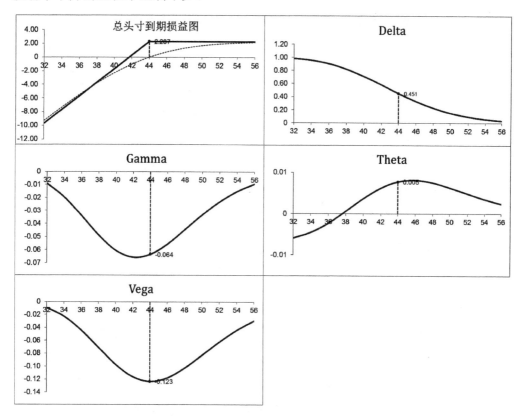

图 2-11　裸卖出看跌期权策略主要希腊字母的取值情况

7. 该策略的优点

- 该策略是期权贷方策略。

- 该策略比那些复杂的期权策略使用起来方便。

- 该策略仅涉及一种期权，相较复杂的策略而言，手续费较便宜。

- 即使标的资产价格横着不动，该策略也能盈利。

- 这是最基本、最灵活的交易策略之一，在期权到期之前，交易者可以通过买入或卖出更多的期权将该策略转型为其他策略，以适应对市场看法的改变。
- 与买入看涨期权相比，如果标的资产价格没有上涨，反而小幅下跌，则该策略能够为交易者权益提供一定程度的保护，因为在卖出时已经有权利金的收入。

8. 该策略的缺点

- 潜在收益有限，在标的资产价格大幅冲高时，交易者有可能会错失大幅获利的机会。
- 如果标的资产价格剧烈下挫，则交易者会遭受巨大损失。
- 该策略是贷方策略，需要缴纳保证金。
- 需要缴纳的保证金可能数量不少，与买入看涨期权策略相比，交易者所能撬动的头寸不够多。

9. 该策略在到期前的调整方法

- 因为在到期日之前标的资产价格已经上涨了不少，所以看跌期权几乎不值钱了，看跌期权卖方可以对冲平仓，以兑现已获利润，而不必持有至到期。
- 如果标的资产价格在快速上冲之后将要回落，那么交易者可以把裸卖出看跌期权策略转换为看跌期权熊市价差策略。怎么转换呢？在原有头寸上再买入平值的看跌期权即可，如此即可在回落的过程中也能有所斩获。
- 如果发现标的资产价格没有上涨，而是窄幅波动，那么交易者可以把该策略转换为卖出跨式期权。怎么转换呢？在原有头寸上再卖出相同数量的虚值看涨期权即可。

10. 该策略在到期时的选择

在将要到期时，如果看跌期权是虚值的，则可以放任其到期；如果将要到期时，看跌期权是实值的，则交易者可以选择买入平仓。

2.6 合成头寸（Synthetic Position）

本节将讲述合成头寸，即期权复制。所谓期权复制，是指用标的资产和（或）期权的组合来复制出另外的股票或期权头寸的风险收益特征。读者可以从期权头寸复制的角度来方便地理解套利，但期权复制的用处却远不止于套利。

在期权工具产生之初，只有看涨期权可以公开交易，交易者若是对标的资产看空，并且要限制标的资产价格上涨的风险，必须要自己制造出一个看跌期权才行，怎样制造呢？在买入看涨期权的同时卖出股票，就可以制造出一个组合，这个组合的风险收益特征与看跌期权是完全一样的。

> 假设股票 XYZ 的当前价格是 50 元/股，当前执行价格为 50 元/股的看涨期权与看跌期权价格均为 3 元/股。
>
> 假设 XYZ 股票在看涨/看跌期权到期时跌到了 40 元/股。
>
> 买入看跌期权：甲投资者买入 1 手看跌期权，到期收益是(10-3)×100=700（元）。
>
> 合成看跌期权：乙投资者买入 1 手看涨期权，同时卖空了一手（100 股）XYZ 股票。股票空头收益为 1000 元，看涨期权到期为虚值，损失掉所有的权利金为 300 元。总收益是 1000-300 =700（元）。
>
> 假设 XYZ 股票在看涨/看跌期权到期时上涨到了 60 元/股。
>
> 买入看跌期权：到期时看跌期权是虚值期权，损失掉全部权利金为 300 元。
>
> 合成看跌期权：股票空头损失为 1000 元，看涨期权到期为实值，看涨期权的收益是(10-3)×100=700（元），总收益是 700-1000=-300（元）。

从上面的例子可以看到，"买入看涨期权+股票空头"所合成的看跌期权与直接买入看跌期权的损益是完全相同的。

事实上，合成头寸在期权交易中是很常见的，本书介绍的一些策略本身就是期权合成头寸。比如，信托看涨期权策略（Fiduciary Call）本质上就是一种合成策略。深入理解合成头寸的概念有助于减少一些不必要的风险，这对每一个期权交易者来说是必备功课。

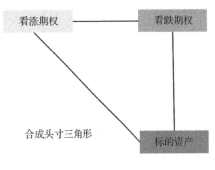

图 2-12　合成头寸三角形

1. 合成头寸三角形

图 2-12 简单表达了期权与标的资产之间的合成关系，三角形中的任何两个工具都可以合成第三个工具的风险收益特征。这种三角形的合成关系是由买卖权平价关系决定的。所谓买卖权平价关系，读者可先不必囿于其公式，只要记住所列的主要合成关系即可。

2. 基本的合成头寸

从合成头寸三角形可以总结出以下六种基本的合成头寸公式。

合成标的多头＝买入看涨期权＋卖出看跌期权

合成标的空头＝卖出看涨期权＋买入看跌期权

合成买入看涨期权＝标的多头＋买入看跌期权

合成卖出看涨期权＝标的空头＋卖出看跌期权

合成卖出看跌期权＝标的多头＋卖出看涨期权

合成买入看跌期权＝标的空头＋买入看涨期权

在上面的合成关系中，必须要做到执行价格与到期日相同、数量对等。还要注意这里使用的都是平值的期权。

3. 合成标的资产多头

下面以一只股票为例来看一个合成标的资产多头的例子。

我们买入一只股票时，其潜在风险与收益都是无限的，若股票价格横盘不动，则我们没有什么损失。一只合成的股票多头头寸完全具备上述特征。卖出看跌期权所得的权利金能够抵消买入看涨期权所花费的权利金，无限的潜在收益来自看涨期权多头，无限的潜在风险来自看跌期权空头，如图 2-13 所示。

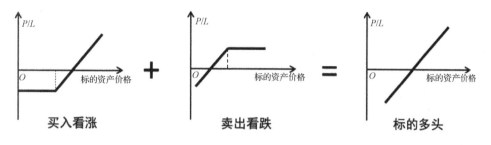

图2-13 合成标的资产多头

假设股票ABCD的当前价格是50元/股，其执行价格为50元/股的看涨期权与看跌期权的价格都是3元/股。

假设股票ABCD在期权到期时上涨到了60元/股，下面看一下直接买入股票与合成股票多头的损益情况。

直接买入股票：投资者甲直接买入1手（100股）股票，收益是(60-50)×100=1000（元）。

合成股票多头：投资者乙买入1手看涨期权的同时卖出1手看跌期权。看涨期权头寸收益为700元，看跌期权头寸为300元，总收益是700+300=1000（元）。

4. 合成标的资产空头

我们持有一只股票空头，其潜在风险与收益都是无限的，若股票价格横盘不动，则我们没有什么损失。一只合成的股票空头头寸完全具备上述特征。卖出看涨期权所得的权利金能够抵消买入看跌期权所花费的权利金，无限的潜在收益来自看跌期权多头，无限的潜在风险来自看涨期权空头，如图2-14所示。

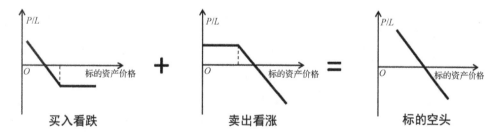

图2-14 合成标的资产空头

假设股票 ABCD 的当前价格是 50 元/股，其执行价格为 50 元/股的看涨期权与看跌期权的价格都是 3 元/股。

假设股票 ABCD 在期权到期时下跌到了 40 元/股，下面看一下直接做空股票与合成股票空头的损益情况。

直接做空股票：投资者甲直接卖出 1 手（100 股）股票，收益是 (50-40)×100=1000（元）。

合成股票空头：投资者乙买入 1 手看跌期权的同时卖出 1 手看涨期权。看跌期权头寸收益为 700 元，看涨期权头寸收益为 300 元，总收益是 (700+300)=1000（元）。

5. 合成买入看涨期权

有时候，我们也会通过标的资产现货多头与买入看跌期权合成买入看涨期权头寸，如图 2-15 所示。一些经典的策略实际上就是利用了这个思想，比如，本书后面将要介绍的"信托看涨期权策略"与"买入保护性看跌期权策略"。

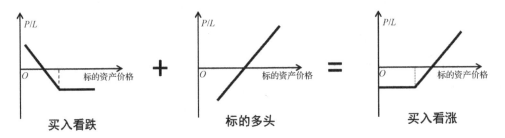

图 2-15　合成买入看涨期权

假设股票 ABCD 的当前价格是 50 元/股，其执行价格为 50 元/股的看涨期权与看跌期权的价格都是 3 元/股。

假设股票 ABCD 在期权到期时上涨到了 60 元/股，我们来看一下直接买入看涨期权与合成看涨期权多头的损益情况。

直接买入看涨期权：投资者甲直接买入 1 手（100 股）看涨期权，收益是 (10-3)×100=700（元）。

合成看涨期权多头：投资者乙买入 1 手股票的同时买入 1 手看跌期权。1 手股票收益为 1000 元，买入看跌期权损失掉的权利金为 300 元，总收益是 1000 -300=700（元）。

6．合成卖出看涨期权

假设股票 ABCD 的当前价格是 50 元/股，其执行价格为 50 元/股的看涨期权与看跌期权的价格都是 3 元/股。

假设股票 ABCD 在期权到期时下跌到了 40 元/股，我们来看一下直接卖出看涨期权与合成看涨期权空头的损益情况。

直接卖出看涨期权：投资者甲直接卖出 1 手看涨期权，该看涨期权到期是虚值的。总收益是所收到的权利金，即 300 元。

合成看涨期权空头，如图 2-16 所示：投资者乙卖出 1 手股票的同时卖出 1 手看跌期权。卖空 1 手股票收益为(50-40)×100=1000（元）。卖出 1 手看跌期权会被行权，亏损为 1000-300=700（元），总收益是 1000-700=300（元）。

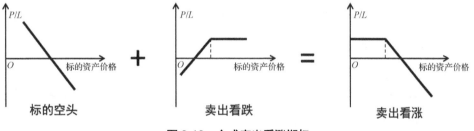

图 2-16　合成卖出看涨期权

7．合成卖出看跌期权

我们卖出看跌期权，标的资产价格上涨的潜在收益是有限的，而标的资产价格下跌时的风险是无限的。一个合成的看跌期权空头完全具有上述特征。股票价格下行时多头的潜在风险是无限的，股票价格上涨时，所卖出的看涨期权却限制了价格上行时的潜在收益，如图 2-17 所示。

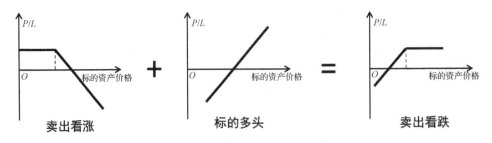

图 2-17　合成卖出看跌期权

假设股票 ABCD 的当前价格是 50 元/股，其执行价格为 50 元/股的看涨期权与看跌期权的价格都是 3 元/股。

假设股票 ABCD 在期权到期时上涨到了 60 元/股，我们来看一下直接卖出看跌期权与合成看跌期权空头的损益情况。

直接卖出看跌期权：投资者甲直接卖出 1 手（100 股）看跌期权，到期时看跌期权是虚值的，不会被行权，收益是所得权利金，即 300 元。

合成看跌期权空头：投资者乙买入 1 手股票的同时卖出 1 手看涨期权。1 手股票收益为 1000 元，卖出看涨期权到期会被行权，损失是 1000-300=700（元），总收益是 1000-700=300（元）。

8. 合成买入看跌期权

如果我们当前持有一个看涨期权多头，但预期标的资产价格会下行，想参与这波下行的行情，但又不想把看涨期权的头寸平掉，则可以通过卖出标的资产来合成买入看跌期权头寸，如图 2-18 所示。

假设股票 ABCD 的当前价格是 50 元/股，其执行价格为 50 元/股的看涨期权与看跌期权的价格都是 3 元/股。

假设股票 ABCD 在期权到期时下跌到了 40 元/股，我们来看一下直接买入看跌期权与合成看跌期权多头的损益情况。

直接买入看跌期权：投资者甲直接买入1手看跌期权，付出权利金为300元，该看跌期权到期时是实值的，投资者甲会行权，总收益是1000-300=700（元）。

合成看跌期权多头：投资者乙买入1手看涨期权的同时卖出1手股票。卖空1手股票收益为(50-40)×100=1000（元）。买入的看涨期权到期时是虚值的，损失掉全部的权利金300元，总收益是1000-300=700（元）。

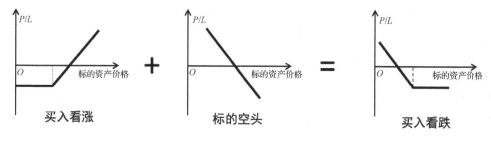

图2-18 合成买入看跌期权

9. 为什么使用合成头寸

当今的市场，期权工具已经很丰富，一些标的资产也有了做空机制，我们为什么要使用合成头寸呢？比如，在可以直接买入看涨期权的情况下，为什么还要使用其他工具来合成买入看涨期权？主要有三个方面的原因：行情预期反转但不想平掉头寸、策略的转换（合成头寸）更具有灵活性、更低的策略转换成本。

（1）行情预期反转但不想平掉头寸

如果你认为标的股票将小幅下跌，则可能会卖出看涨期权，如果之后发生了一些事情导致你推翻了自己的观点，认为标的资产价格将上行，那么你该怎么办？你可以平掉看涨期权空头头寸，然后卖出看跌期权。如果你不愿意平掉看涨期权空头头寸，那么该怎么办？一个办法是：在持有原有看涨期权空头头寸的同时，买入同等数量的标的资产，这样就合成了一个看跌期权空头。很多时候，我们对行情的预判发生改变时通过合成头寸可以在不平掉原有头寸的情况下方便地实现策略的转换。

（2）策略的转换（合成头寸）更具有灵活性

合成头寸可以让交易者在不对原有头寸进行大刀阔斧的改变的情况下就可以实现策略的转换，这使策略的转换"又快又便宜"。在上面的例子中，如果标的资产价格继续上涨，而且你预期其会持续上涨，就可以简单地把看涨期权空头头寸平掉，这样就把合成卖出看跌策略转换成了一个纯粹的标的资产多头，这种转换是很平滑甚至很舒服的。

（3）更低的策略转换成本

在上面的例子中，如果你不使用合成头寸，则其操作过程应该如下：

卖出看涨→把看涨期权买回平仓→卖出看跌→把看跌期权买回平仓→买入标的

如果使用合成头寸，则其操作过程是：

卖出看涨→买入股票→把看涨期权买回平仓

从交易成本的角度看，交易次数越少，手续费就越少，利用合成头寸在降低策略转换过程中的手续费方面具有优势。

灵活运用合成头寸不但可以帮助我们更好地对现有的头寸进行对冲、转换，还可以利用短期的定价失衡来实现套利，期权做市商尤其需要熟练掌握合成头寸的方法。

本节介绍的合成头寸关系是基于买卖权平价关系的，在第8章讲述期权套利策略时会详细讲述买卖权平价关系以及对应的套利策略，从合成头寸的角度来理解套利策略会更直观。

第 3 章

3

期权价差策略

在介绍了期权的基本策略积木之后，本章开始为读者介绍较高级的知识。很多时候，期权的交易新手急于投身期权交易，却不了解期权价差策略。花点时间认真学习一下期权价差策略是值得的，因为期权价差策略能够帮助投资者设计出更优化的策略。期权价差策略是期权交易中的一把利器，能够让你的期权策略更多样、更灵活。这里先表明一个观点：期权价差策略不等于套利。在期货交易中，做同品种的两个合约间的无风险套利往往需要关注两个月的价差水平，但在期权交易里，价差策略是一种较高级的交易手段，往往与节省成本、限制风险、波动率交易等主题相关，而与无风险套利没有直接关系。

3.1　期权价差概述（Options Spread）

尽管单独使用买入（或卖出）看涨/看跌期权策略已经能够适应多种行情下的市场，而且也足够有效、足够简单，但真正能够让交易者体会到期权魅力的策略是期权价差。在期权交易新手眼中，期权价差往往是复杂的"高级策略"，但笔者认为期权价差策略虽然高级，但并不复杂，投资者可以细细品味其魅力。我们在交易期权时，同一标的资产有不同到期月份、不同执行价格和不同方向的多种期权合约可供选择，把其中的至少两种期权简单地组合在一起便可能产生一些新的收益风险特征。这些新的收益风险特征包括增加盈利的方向、调整最大的收益点、调整损益平衡点、限制风险等。

1. 期权价差策略的定义

到底什么是期权价差策略呢？广义地讲，把同一标的的多种期权放在一起来实现某种具体的风险收益特征的策略，就算是期权价差策略。在第2章已经指出，在期权市场里有六种基本的策略模块，分别为：买入标的资产、卖出标的资产、买入看涨期权、卖出看涨期权、买入看跌期权、卖出看跌期权。在本书中，我们把标的与期权的结合也算作期权价差策略。大家最常见的一个期权价差策略应该是牛市看涨期权价差（Bull Call Spread）策略，在这个策略中，我们买入一个平值的看涨期权，价格是相对高的，还可以再卖出一份相同到期月份的虚值看涨期权，如此可以削减部分买入看涨期权所花费的权利金。

究竟有多少种期权价差策略呢？可以说有很多种，如图3-1所示。从期权类型上可分为看涨和看跌期权；从交易方向上可分为买入与卖出期权；从期权价值方面可以分为平值、实值/虚值、深度实值/虚值、浅实值/虚值期权；从到期日的选择上可以分为近期、远期期权；在头寸数量的配比上也有多种类型，估算下来，期权价差策略有不下百种，本书仅选择比较经典的策略来为大家解读。

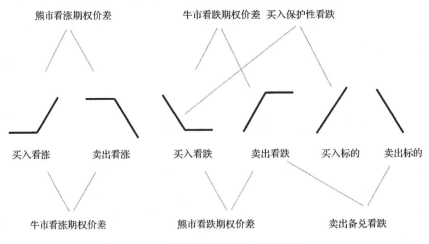

图3-1 期权价差策略组合示意图

2. 构建期权价差的目的

构建期权价差主要有两个目的，其一是限制风险，其二是降低成本。

裸卖出看涨期权等策略面临的潜在风险是无限的，在裸卖出看涨期权策略的基础上买入一个虚值的看涨期权，则可以给裸卖出看涨期权策略所面临的风险封顶，这样总体的头寸风险是有限的，这种价差称为熊市看涨期权价差。

构建期权价差的另一个非常重要的目的在于，在作为借方的时候降低成本，在作为贷方的时候减少保证金占用。比如，在买入平值的看涨期权时可以同时卖出一个相同到期日的虚值看涨期权，这样可以部分抵消买入看涨期权的成本。另外，根据交易所的保证金制度，期权组合头寸往往能节省一些保证金，主要原理是将卖方缴纳的权利金提取一部分作为保证金。以中金所的股指期权为例，对跨期组合等期权交易策略而言，有望降低 30%到 90%的保证金，有利于刺激套利者进场交易，激励投资者做策略交易。

3. 期权价差的运行机制

大家知道，期货多头的 Delta 值是 1，期货空头的 Delta 值是-1，而且做多与做空期货都需要保证金，这导致期货的不同组合效果有限。下面介绍一下期权价差运行的机制。期权价差之所以能实现前文提到的两大功能，主要有两个原因：其一，对于期权的买方而言，损失最多的是权利金，而潜在获利是无限的；其二，期权的卖方可以在时间价值的流逝中获利。

期权价差降低风险机制是通过买进一个期权的同时卖出另一个期权来实现的。例如，当股价下跌时，看涨期权多头的损失会在一定程度上被看涨期权空头的盈利所冲销。而盈利是否会超过亏损取决于两种看涨期权价格随股价变动的程度。假设两个期权都持有到期，同时，买进的看涨期权具有较低的执行价格，而卖出的看涨期权具有较高的执行价格。当股价上涨时，投资者将获利，因为这时低执行价格看涨期权多头产生的收益将大于高执行价格看涨期权空头产生的损失。而在熊市中，情况则恰恰相反。对于这种买进低执行价格看涨期权，同时卖出高执行价格看涨期权的策略，我们称为牛市差价期权策略。而买进高执行价格看涨期权的同时卖出低执行价格看涨期权称为熊市差价期权策略。

4．期权价差的分类

对期权价差分类的标准不止一个，可以按照期权头寸的相对关系分，也可以按照期权价差的资本属性分，还可以按照所使用的期权类型分。

1）根据期权头寸执行价格、到期日等要素的相对关系，可以把期权价差分成垂直价差、水平价差和对角价差。

垂直价差（Vertical Spread）是指有着不同执行价格但到期时间相同的期权组成的价差期权。之所以叫作"垂直"价差，是因为在期权的 T 型报价中，不同的执行价格是垂直排列的。垂直价差主要用来降低保证金的占用或者降低策略成本，还可以用来构造一个中性或大波动期权策略。牛市看涨期权价差（Bull Call Spread）是一个常见且简单的例子，牛市看涨期权价差是指买入一个平值的看涨期权，然后卖出一个虚值的看涨期权，从而降低了策略的成本。该策略可以理解为通过打折的方式买得了一个看涨期权。

垂直价差有牛市价差（Bull Spread）和熊市价差（Bear Spread）两种。牛市价差适用于投资者对市场行情温和看涨的场合，而熊市价差则适用于投资者对市场行情温和看跌的场合。无论是牛市价差，还是熊市价差，投资者都既可用看涨期权来操作，也可用看跌期权来操作。因此，基本的垂直价差可分为四种具体的策略，即：牛市看涨期权价差（Bull Call Spread）、牛市看跌期权价差（Bull Put Spread）、熊市看涨期权价差（Bear Call Spread）和熊市看跌期权价差（Bear Put Spread）。

水平价差（Horizontal Spread）由相同的标的资产、相同的执行价格，但不同到期日的期权组成。水平价差也常叫作日历价差（Calendar Spread）或时间价差（Time Spread）。水平价差经常用来对冲短期的价格大幅波动或者提高一个长期期权头寸盈利的可能性。

对角价差由相同的标的资产、不同的执行价格和不同到期日的期权组成。对角价差可以同时实现垂直价差与水平价差的好处。

期权价差根据到期日与执行价格的不同进行分类，如表 3-1 所示。

表 3-1 期权价差根据到期日与执行价格的分类

期权价差分类	到 期 日	执 行 价 格
垂直价差	相同	不同
水平价差	不同	相同
对角价差	不同	不同

2）按期权价差的资本属性分，可分为借方价差与贷方价差。

所谓期权头寸的资本属性，是指在构建期权头寸的时候是需要对外付出净权利金还是收到了净权利金。如果在构建期权价差时付出了净权利金，则称为借方价差；如果在构建期权价差时收到了净权利金，则称为贷方价差。

3）按所使用的期权类型分，可分为看涨期权价差与看跌期权价差。

当期权价差组合仅由看涨期权构成时，称为看涨期权价差；当期权价差组合仅由看跌期权构成时，称为看跌期权价差。像蝶式价差等策略可以仅由看涨期权组成，也可以仅由看跌期权组成。也就是说，同样是蝶式价差策略，有可能是看涨期权价差策略，也有可能是看跌期权价差策略。

常见的看涨期权价差有：牛市看涨期权价差（Bull Call Spread）、熊市看涨期权价差（Bear Call Spread）、看涨期权比率价差（Call Ratio Spread）、看涨期权蝶式价差（Call Butterfly Spread）、看涨期权秃鹰式价差（Call Condor Spread）、看涨期权时间价差（Call Time Spread）、看涨期权比率反向价差（Call Ratio Backspread）。

常见的看跌期权价差有：熊市看跌期权价差（Bear Put Spread）、牛市看跌期权价差（Bull Put Spread）、看跌期权比率价差（Put Ratio Spread）、看跌期权蝶式价差（Put Butterfly Spread）、看跌期权秃鹰式价差（Put Condor Spread）、看跌期权时间价差（Put Time Spread）、看跌期权比率反向价差（Put Ratio Backspread）。

5. 该策略的优点

- 用来构建中性的、灵活的期权策略。

- 减少资金成本。

- 减少保证金占用。

- 限制风险。

6. 该策略的缺点

- 损益平衡点、收益图表等计算相对复杂。

- 多腿意味着更多的手续费。

3.2 垂直价差（Vertical Spread）

3.1 节已经介绍过期权价差的概念，垂直价差要求由同一标的、同一期权类型（看涨/看跌）、相同到期日和不同执行价格的多个期权组合而成。垂直价差是由在常见的期权 T 型报价中执行价格是垂直排列的而得名，如图 3-2 所示。

C最新价	C买量	C买价	C卖价	C卖量	期货买差	执行价	期货卖差	P买价	P买量	P卖价	P卖量	P最新价
233.6	2	233.6	235.2	99	220.0	1950	-220.2	5.6	50	5.9	10	5.7
185.6	10	185.8	186.6	20	170.0	2000	-170.2	10.0	10	10.1	143	10.1
144.7	21	144.0	144.8	9	120.0	2050	-120.2	18.5	15	18.7	40	18.6
104.8	10	104.5	104.8	10	70.0	2100	-70.2	31.1	25	31.3	40	31.2
74.1	10	74.0	74.3	30	20.0	2150	-20.2	51.4	10	51.7	20	51.6
48.8	10	48.6	48.8	10	-30.0	2200	29.8	76.4	20	76.9	10	77.1
30.0	30	29.7	29.9	30	-80.0	2250	79.8	108.6	10	109.5	30	109.3
18.4	20	18.1	18.2	10	-130.0	2300	129.8	146.1	20	146.9	30	146.7
11.6	45	11.5	11.7	20	-180.0	2350	179.8	191.9	10	193.1	10	192.5

图 3-2　期权 T 型报价示意图

根据交易者对行情的预期，垂直价差可以分为牛市垂直价差与熊市垂直价差。牛市垂直价差适用于看涨的行情，主要的牛市垂直价差有牛市看涨期权价差（Bull Call Spread）与牛市看跌期权价差（Bull Put Spread）。熊市垂直价差适用于看跌的行情，主要的熊市垂直价差有熊市看涨期权价差（Bear Call Spread）与熊市看跌期权价差（Bear Put Spread）。

根据策略构建时是付出净权利金还是收到净权利金，可以把垂直价差分为借方价差与贷方价差。牛市看涨期权价差与熊市看跌期权价差都是典型的借方价差，牛市看跌期权价差与熊市看涨期权价差都是典型的贷方价差，如表 3-2 所示。

表 3-2　垂直价差的分类

名　称	借　方	贷　方
牛市行情	牛市看涨期权价差	牛市看跌期权价差
熊市行情	熊市看跌期权价差	熊市看涨期权价差

1. 构建垂直价差的目的

构建垂直价差的目的有以下两个。

1）降低买入看涨或看跌期权时的成本。

2）减少卖出看涨/看跌期权时的保证金占用。

垂直价差有很多，下面通过以下四个常见的垂直价差示例说明是怎么达到目的的。

牛市看涨期权价差是用看涨期权构建的牛市价差。通过卖出虚值看涨期权为买入平值的看涨期权降低成本。

> 假设股票 ABCD 的当前价格是 44 元/股，其 1 月份到期执行价格为 44 元/股的看涨期权价格是 1.50 元/股，其 1 月份到期执行价格为 46 元/股的看涨期权价格是 0.20 元/股。通过卖出执行价格为 46 元/股的看涨期权，整个头寸的成本为 1.50−0.20=1.30（元/股），要小于单独买入执行价格为 44 元/股看涨期权的成本。

熊市看跌期权价差是用看跌期权构建的熊市价差，通过卖出虚值的看跌期权来为买入平值看跌期权降低成本。

> 假设股票 ABCD 的当前价格是 44 元/股，其 1 月份到期执行价格为 44 元/股的看跌期权价格是 1.50 元/股，其 1 月份到期执行价格为 42 元/股的看跌期权价格是 0.20 元/股。通过卖出执行价格为 42 元/股的看跌期权，整个头寸的成本为 1.50−0.20=1.30(元/股)，要小于单独买入执行价格为 44 元/股看跌期权的成本。

牛市看跌期权价差是用看跌期权构建的牛市价差，通过买入虚值的看跌期权来为所卖出的平值看跌期权降低保证金占用，也限制了最大风险。

> 假设股票 ABCD 的当前价格是 44 元/股，其 1 月份到期执行价格为 44 元/股的看跌期权价格是 1.30 元/股，其 1 月份到期执行价格为 42 元/股的看跌期权价格是 0.30 元/股。通过买入执行价格为 42 元/股的看跌期权，总头寸所占用的

保证金要少于单独卖出执行价格为 44 元/股的看跌期权所占用的保证金。当然，同时也把其潜在最大收益从 1.30 元/股降到了 1.30-0.30=1.00（元/股）。

熊市看涨期权价差是用看涨期权构建的熊市价差，通过买入虚值的看涨期权来为所卖出的平值看涨期权降低保证金占用，也限制了最大风险。

假设股票 ABCD 的当前价格是 44 元/股，其 1 月份到期执行价格为 44 元/股的看涨期权价格是 1.30 元/股，其 1 月份到期执行价格为 46 元/股的看涨期权价格是 0.30 元/股。通过买入执行价格为 46 元/股的看涨期权，总头寸所占用的保证金要少于单独卖出执行价格为 44 元/股的看涨期权所占用的保证金。同时也把其潜在最大收益从 1.30 元/股降到了 1.30-0.30=1.00（元/股）。

2. 该策略的优点

- 借方垂直价差策略可以降低策略成本。
- 贷方垂直价差策略可以减少保证金占用。
- 对于借方垂直价差而言，因为成本减少，发生同等幅度的有利变动时，投资回报率要比单独买入期权更高。

3. 该策略的缺点

- 交易手续费要相对高一些。
- 贷方垂直价差相比只卖出期权，降低了潜在最大收益。
- 对于借方垂直价差而言，相对于只买入期权，把潜在无限的最大收益变成了有限收益。

3.3 时间价差（Time Spread）

所谓时间价差（也叫水平价差或日历价差）策略，是指把相同标的、相同执行价格和相同期权类型，但不同到期日的期权组合起来，以期从时间价值的损耗中获利的投资策略。之所以叫作时间价差，是因为随着时间的推移，头寸组合的价值是增加的。时间价差策略不仅能够从时间价值的短期流逝中获利，还保留了长期来看从标的资产价格大幅波动中获利的可能。

1. 为什么选择时间价差

如果为了从时间价值的流逝中获利，可以选择裸卖出看涨/看跌期权，或者更激进地卖出跨式期权（Short Straddle）。选择时间价差的好处主要有以下三个。

（1）降低或消除保证金占用

如果我们要裸卖出一个到期月份较近的期权，需要的保证金可能很多，如果我们再买入一个到期月份更远的期权（其他条件相同），就可以抵消一些近月期权空头保证金的占用。

（2）限制风险

所有的裸卖出期权都面临着潜在无上限的风险，一旦标的价格方向与你的预期相反，你的亏损会很大。如果你再买入一个到期月份更远的期权，这个期权多头会给上述风险设一个上限。

（3）从波动率中获利

在你持有一个时间价差策略的时候，你随时可以把期权空头头寸平掉，仅留下方向性的期权多头，从标的资产的方向性波动中获利。

2. 时间价差策略的机制

谈到时间价差的机制，必然要提到两个词——Theta 与 Vega。Theta 表示在其他因素不变的情况下，单位时间的流逝所引起的期权价值的变化。如果我们买入期权，则 Theta 是我们的敌人，其值应越小越好。如果我们卖出期权，则 Theta 是我们的朋友，其值应越大越好。我们先来看一张图，图 3-3 表示的是 Theta 与剩余到期时间的关系，一般而言，一个期权越临近到期，其 Theta 值越大。也就是说，随着到期日的临近，期权时间价值的衰减是加速的，如图 3-4 所示。若其他条件相同，近月期权时间价值的衰减要快于远月期权时间价值的衰减，所以我们通过卖出一个近月期权的同时买入一个远月期权，就可以随时间的推移而获利。

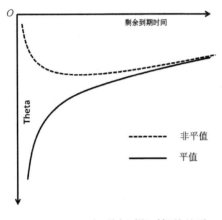

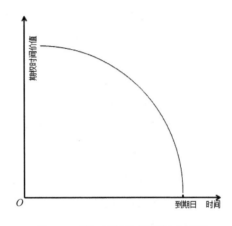

图 3-3 Theta 与剩余到期时间的关系　　　图 3-4 期权时间价值的衰减过程

时间价差策略还可以从隐含波动率的升高过程中盈利。Vega 表示其他因素不变的情况下，标的资产波动率变动一个单位所引起的期权价值的变化。下面看一张图，图 3-5 说明的是 Vega 与到期时间的关系，一般而言，到期时间越长，Vega 值越大，说明如果隐含波动率增加，远期期权价值的增加要比近期期权价值增加的速度快。我们卖出一个近月期权的同时买入一个远月期权，如果标的的隐含波动率大幅增加，我们就能够从这个过程中取得正收益。

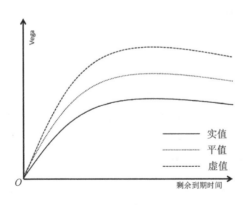

图 3-5 Vega 与到期时间的关系

3. 常见的时间价差策略

● 看涨期权时间价差：用相同执行价格的看涨期权构建的时间价差。

- 看跌期权时间价差：用相同执行价格的看跌期权构建的时间价差。
- 日历跨式价差：买入远月的平值看涨和看跌期权，同时卖出近月的平值看涨与看跌期权。
- 日历宽跨式价差：买入远月的虚值看涨和看跌期权，同时卖出近月的虚值看涨与看跌期权。

4. 该策略的优点

- 不需要保证金或占用很少的保证金。
- 风险有限。
- 可以很方便地把该策略转换为期权多头。

5. 该策略的缺点

- 相对于裸卖出期权来说，该策略降低了获利的可能性。

3.4 对角价差（Diagonal Spread）

所谓对角价差，是指由标的相同，但执行价格与到期月份均不相同的期权组成的期权价差。对角价差可以看成是垂直价差与水平价差的组合。通常是卖出较近期的虚值期权，买入较远期的实值/平值期权。

对角期权价差的作用如下：

近期期权的 Theta 值要大于远期期权的 Theta 值，所以通过卖出较近期的 Theta 值大的期权，同时买入较远期的 Theta 值小的期权，可以从时间价值的衰减中获利。卖出近期期权是需要缴纳保证金的，我们所买入的较远期期权可以部分抵消，甚至完全抵消保证金占用。

通过卖出较近期的虚值期权，交易者还可以从标的资产向特定方向波动中获利，这有点类似于垂直价差。从这个角度看，对角价差要好于单纯的水平价差。

对角价差策略还可以从隐含波动率的上升过程中获利，因为远期期权的 Vega

值大于近期期权的 Vega 值，但这肯定不是对角价差策略的主要目的。从波动率上升过程获利的方法是单纯买入长期的期权或者大波动策略，有关大波动交易策略的内容将在第 6 章介绍。

3.5　借方价差与贷方价差（Debit/Credit Spread）

根据期权价差策略的成本花费不同，可以分为借方价差与贷方价差，这是理解期权价差策略的一个重要视角。我们在期权价差策略中会买入期权，也会卖出期权，买入期权会付出权利金，卖出期权会得到权利金。如果我们的期权价差策略在构建时付出了净权利金，则称之为借方价差；如果我们的期权价差策略在构建时收到了净权利金，则称之为贷方价差。

1. 借方价差策略

我们先来看借方价差策略。借方价差可以理解为我们卖出期权所得权利金不足以抵消我们买入期权所花费的权利金。借方价差往往是期权交易新手首先接触的价差类型。通过借方价差策略可以预先知道潜在的最大损失，从资金管理的角度来讲心里更有底。

交易者认识借方价差往往是从牛市看涨期权价差（Bull Call Spread）策略开始的，这是最简单、最常见的。该策略是买入平值（或实值）的看涨期权，同时卖出虚值的看涨期权。

> 假设股票 ABCD 的当前价是 61 元/股，其 1 月份到期执行价格为 61 元/股的看涨期权价格为 0.60 元/股，其 1 月份到期执行价格为 62 元/股的看涨期权价格是 0.20 元/股。我们进行的操作如表 3-3 所示。

表 3-3　牛市看涨期权的操作示例

操　作	类　型	执行价格（元/股）	到 期 月 份	数　量	期权价格（元/股）
买入	看涨期权	61	1 月	1 手	0.60
卖出	看涨期权	62	1 月	1 手	0.20

构建这个策略所花费的净权利金是 0.60−0.20=0.40（元/股）。

（1）借方价差策略的作用

无论是在一般交易者眼中，还是在做市商眼中，借方价差策略都是很好的策略，其主要作用在于抵消期权多头头寸的成本。卖出虚值看涨期权可以降低买入平值看涨期权的成本，卖出虚值看跌期权可以降低买入平值看跌期权的成本。像上面案例中的策略在涨幅有限的小牛市行情中特别有用。

借方价差与降低成本相随的往往是有限的潜在收益与风险。在这种策略中，收益会有天花板，风险会有地板，收益风险比是可以提前预知的。如果你认为标的资产会出现持续的大牛市或大熊市，用这种借方价差策略可能并不合适。

> 假设按表 3-3 的操作构建了一个牛市看涨期权价差策略。只要股票 ABCD 价格上涨，你就可以盈利，但一旦股票 ABCD 上涨超过了 62 元/股，你的盈利就不再增加，因为如果股票 ABCD 价格继续上涨，你卖出执行价格为 62 元/股的看涨期权的亏损会正好吞噬掉你买入执行价格为 61 元/股的看涨期权的收益。
>
> 在这个策略中，你的潜在最大损失就是所付出的净权利金 0.40 元/股。
>
> 你的潜在最大收益是 62−61−0.40=0.60（元/股）。
>
> 收益风险比为 0.60/0.40=3∶2。

（2）借方价差策略的机制

前面介绍了借方价差的作用，下面来剖析一下其内在机制。

几乎所有的借方价差都是由实值（或平值）期权的多头与虚值期权的空头组成的。虚值期权的时间价值会抵消实值期权多头的花费。

> 举例：假设股票 ABCD 的当前价格是 61 元/股，其 1 月份到期执行价格为 61 元/股的看涨期权价格为 0.60 元/股，其 1 月份到期执行价格为 62 元/股的看涨期权价格是 0.20 元/股。你买入一手执行价格为 61 元/股的看涨期权，付出权利金为 0.60 元/股。卖出一手执行价格为 62 元/股的看涨期权，得到权利金为 0.20 元/股，付出净权利金为 0.40 元/股，比单纯买入看涨期权节省 33.3%。

在一个借方价差中，潜在亏损之所以有限，是因为如果标的资产价格没有按照预期发展，期权多头头寸与空头头寸都会以虚值的状态到期，交易者放弃其一文不值的到期就可以，除损失策略构建之初所付出的净权利金外，没有额外的义务。如果有义务，也就不需要保证金。

> 接着上面的例子：假如到期时股票 ABCD 下跌到 59 元/股，执行价格为 61 元/股和 62 元/股的看涨期权都将一文不值。你当时买入期权所付出的 0.60 元/股完全损失了，你当时卖出期权所得的 0.20 元/股也完全变成了你的收益，这样你的总损失是 0.60-0.20=0.40（元/股）。这就是你在策略构建之初所付出的净权利金。

在一个借方价差中，潜在的收益之所以有限，是因为如果标的资产价格运动超出了期权空头的执行价格，则期权多头与空头的价值会以相同的速度增加，你卖出的期权的亏损会正好吞噬你买入期权的收益，收益也就没有继续增加的可能。正因如此，一个借方价差策略的潜在收益往往在制订交易计划的时候就可以通过公式计算得知。

> 接着上面的例子：假如到期时股票 ABCD 上涨到 63 元/股，执行价格为 61 元/股和 62 元/股的看涨期权都是实值的。你当时花 0.60 元/股所买入的执行价格为 61 元/股的看涨期权到期行权可得 2 元/股。你当时以 0.20 元/股卖出的执行价格为 62 元/股的看涨期权到期会被行权，损失掉 1 元/股。你到期时头寸净值是 2-1=1（元/股），再减去你在策略构建之初所花费的净权利金 0.4 元/股，你的总收益是 1-0.40 = 0.60（元/股）。
>
> 如果标的资产价格继续上升，会怎么样？我们不妨假设到期时标的资产价格上涨到 70 元/股。
>
> 假如到期时股票 ABCD 上涨到 70 元/股。执行价格为 61 元/股和 62 元/股的看涨期权肯定都是实值的。你当时花 0.60 元/股所买入的执行价格为 61 元/股的看涨期权到期行权可得 9 元/股。你当时以 0.20 元/股卖出的执行价格为 62 元/股的看涨期权到期会被行权，损失掉 8 元/股。你到期时头寸净值是 9-8=1（元/股），再减去你在策略构建之初所花费的净权利金 0.4 元/股，你的总收益是 1-0.40 = 0.60（元/股）。
>
> 实际上，一旦股票 ABCD 的价格上涨超过了 62 元/股，该价差策略的总收益就不会增加，读者可以用其他到期价格来验证一下，比如 62 元/股、88 元/股、188 元/股。

牛市借方价差与熊市借方价差策略的投资回报率往往要高于单纯买入看涨/看跌期权。这是因为价差策略相对于单纯买入看涨/看跌期权而言，成本降低了。当然这不是绝对的，毕竟单纯买入看涨/看跌期权的潜在最大收益是无限的，如果行情大牛或大熊，单纯买入看涨/看跌期权的投资回报率可能是非常高的。但如果是小牛/小熊，在标的资产价格波动没有超出期权空头的执行价格之前，借方价差的投资回报率要高于单纯买入期权。

> 接着上面的例子：假如到期时股票ABCD上涨到62元/股，执行价格为61元/股的看涨期权是实值的，62元/股的看涨期权肯定是平值的。你当时花0.60元/股所买入的执行价格为61元/股的看涨期权到期行权可得1元/股。你当时以0.20元/股卖出的执行价格为62元/股的看涨期权到期不会被行权，价值是0。你到期时头寸净值是1-0=1（元/股），再减去你在策略构建之初所花费的净权利金0.4元/股，你的总收益是1-0.40=0.60（元/股）。该借方价差策略的投资回报率是（0.60/0.40）×100%=150%。
>
> 如果你只以0.60元/股的价格买入执行价格为61元/股的看涨期权，你的到期总收益是62-61-0.60=0.40（元/股）。投资回报率是（0.40/0.60）×100%≈66.7%。

（3）该策略的优点

- 不需要保证金。

- 可以预知潜在损失与收益。

- 潜在损失有限。

- 策略相对简单，门槛比较低。

- 在上涨（下跌）幅度有限的小牛市（小熊市）行情里，投资回报率比单纯买入看涨（看跌）期权策略要高。

（4）该策略的缺点

- 需要付出净权利金。

- 潜在收益有限。

- 在趋势性的大行情里丧失了潜在大幅获利的机会。

2. 贷方价差策略

下面来看一下贷方价差策略，如果我们在构建一个期权价差策略时收到了净权利金，那就算是一个贷方价差策略。贷方价差可以理解为卖出期权所得权利金不但抵消了买入期权所花费的权利金，而且还有盈余。"贷"与"借"虽仅有一字之差，却有天壤之别。与借方价差的一个重要不同在于：贷方价差在中性市场（标的资产横盘不动）也能够盈利，这一点让贷方价差策略备受关注。贷方价差策略要比借方价差策略稍微复杂一些，而且还需要保证金。

一个相对容易接受的例子是牛市看跌期权价差（Bull Put Spread），该策略是指用看跌期权来构建牛市价差。具体操作是卖出更贵的平值（或实值）看跌期权，同时买入相对便宜的虚值看跌期权。

> 假设股票 ABCD 的当前价格是 61 元/股，其 1 月份到期执行价格为 61 元/股的看跌期权价格为 0.60 元/股，其 1 月份到期执行价格为 60 元/股的看跌期权价格是 0.20 元/股。我们预期股票 ABCD 的价格会横盘不动或者上行，可以通过如表 3-4 所示的操作来构建一个牛市看跌期权价差策略。

表 3-4　牛市看跌期权价差策略的操作示例

操作	类型	执行价格（元/股）	到期月份	数量	期权价格（元/股）
卖出	看跌期权	61	1 月	1 手	0.60
买入	看跌期权	60	1 月	1 手	0.20

我们构建这个策略所收到的净权利金是 0.60-0.20=0.40（元/股）。

（1）贷方价差策略的作用

在期货交易中，期货买方与卖方都需要缴纳保证金。在期权交易中，期权买方与卖方的权利和义务是不对称的，期权卖方需要缴纳履约保证金或者有其他履约保障，而期权买方不需要。在没有标的等履约保障的情况下，裸卖出期权要缴纳的保证金往往比较高，这实际是一种机会成本。贷方价差策略主要用来减少卖出期权的保证金占用，并且给潜在无限的亏损"封一个顶"。

和借方价差类似，与贷方价差伴随的往往是有限的潜在收益与风险。在这种策略中，收益同样会有天花板，风险同样会有地板，收益风险比也是可以提前预知的。

谈到贷方价差,不得不谈的一个特点是:一个贷方价差策略有可能在多个方向都能盈利,即上涨、横盘、下跌。在贷方价差策略里,时间价值的损耗是交易者的朋友,如果标的资产横盘不动,直至到期,则交易者所收到的净权利金将变为利润,有时候,标的资产会朝着与交易者预期不一致的方向走,但在一定的小范围内,贷方价差策略仍然可以盈利,只不过盈利少一点而已。一个策略在三个方向都能盈利,这在期货、股票等市场里是不可想象的事情,在期权市场里却有可能发生。

> 假设按表 3-4 的操作构建了一个牛市看跌期权价差策略。只要股票 ABCD 到期在 61 元/股之上,你所卖出的执行价格为 61 元/股的看跌期权就是虚值的,你卖出时所得的权利金 0.60 元/股就被你踏实地收入囊中。如果股票 ABCD 跌到 60 元/股之下,你买入执行价格为 60 元/股的看跌期权的盈利就会弥补你所卖出的执行价格为 61 元/股的看跌期权的亏损。
>
> 在这个策略中,你的潜在最大收益就是所收到的净权利金 0.40 元/股。
>
> 你的潜在最大亏损是 62-61-0.40=0.60(元/股)。
>
> 收益风险比为 0.40/0.60 = 2:3。

(2)贷方价差策略的机制

在介绍了贷方价差策略的诸多好处之后,我们来剖析一下其内在机制。

几乎所有的贷方价差都是由实值(或平值)期权的空头与虚值期权的多头组成的。虚值期权的时间价值会花费掉卖出期权所得权利金,但虚值期权会减少期权空头的保证金占用,同时限制了风险。

> 举例:假设股票 ABCD 的当前价格是 61 元/股,其 1 月份到期执行价格为 61 元/股的看跌期权价格为 0.60 元/股,其 1 月份到期执行价格为 60 元/股的看跌期权价格是 0.20 元/股。你卖出一手执行价格为 61 元/股的看跌期权,得到权利金 0.60 元/股,买入一手执行价格为 60 元/股的看跌期权,花费权利金 0.20 元/股,收到净权利金 0.40 元/股,比单纯卖出看跌期权少收了 0.20 元/股,即少收 33.3%。

在一个贷方价差中,潜在亏损之所以有限,是因为如果标的资产价格运动超出了期权多头的执行价格,则期权多头与空头的价值会以相同的速度增加,你买入期权的盈利正好弥补你卖出期权的损失，所以在标的资产价格运动超过期权多头执行价格后，亏损也就没有继续增加的可能了。

> 接着上面的例子：假如到期时股票 ABCD 下跌到 59 元/股，执行价格为 61 元/股和 60 元/股的看跌期权都将是实值的。你当时花 0.20 元/股所买入的执行价格为 60 元/股的看跌期权到期行权可得 1 元/股。你当时以 0.60 元/股卖出的执行价格为 61 元/股的看跌期权到期会被行权，损失掉 2 元/股。你到期时头寸净值是 1-2=-1（元/股），不要忘了你在策略构建之初收到了净权利金 0.40 元/股，你的总损益是-1 +0.40 =-0.60（元/股）。

在一个贷方价差中，潜在的收益之所以有上限，是因为贷方价差策略的收益来源本质上是所卖出的期权头寸的时间价值，而这个时间价值肯定是有限的。

> 接着上面的例子：假如到期时股票 ABCD 上涨到 63 元/股，执行价格为 61 元/股和 60 元/股的看跌期权都是虚值的，都不会行权。这样你在策略构建之初所收到的净权利金就成了你的利润。

另外，还因为一个贷方价差的收益来源是期权空头头寸的时间价值，这决定了贷方价差不止能在一个方向盈利，在标的资产价格横盘不动时也可以盈利。

> 接着上面的例子：假如到期时股票 ABCD 的价格仍保持为 61 元/股，执行价格为 61 元/股的看跌期权是平值的，不会行权；执行价格为 60 元/股的看跌期权是虚值的,也不会行权。这样你在策略构建之初所收到的净权利金为 0.60 − 0.20 = 0.40（元/股），就成了你的利润。

（3）贷方价差策略投资回报率的计算

借方价差策略的投资回报率很容易计算,贷方价差策略的投资回报率怎么计算呢？

即使贷方价差在策略构建之初不需要付出现金，但需要占用保证金，这些保证金除用作履约担保外，也是不能同时再用作其他用途的。所以这些保证金应该算作你构建一个贷方价差策略的投入，在计算投资回报率时应该被算作"分母"。

> 还是接着上面的例子：你卖出 1 手 1 月份到期执行价格为 61 元/股的看跌期权，买入 1 手 1 月份到期执行价格为 60 元/股的看跌期权，该策略所占用的保证金是 200 元/股。假设到期时标的资产价格上涨到 63 元/股。经计算，该策略净收益是 0.40×100=40（元）。该策略的投资回报率是收益/保证金占用=(40/200)×100%=20%。

（4）该策略的优点

- 在构建策略之初能收到权利金。

- 能获利的方向不止一个。

- 比裸卖出期权策略占用的保证金少。

（5）该策略的缺点

- 需要保证金。

- 相对复杂，对交易者水平要求高。

- 收益风险比往往不高。

3.6 比率价差（Ratio Spread）

比率价差可以简单地理解为：期权多头头寸数量与期权空头头寸数量不一致的期权价差。其中，"比率"的意思也就是指期权空头与多头头寸数量的比值，常见的比率有 2:1、3:2 等。

比率价差主要可以分为四种：垂直比率价差、水平比率价差、对角比率价差以及比率反向价差。

垂直比率价差是最常见的比率价差类型。常见的具体策略有看涨期权比率价差、看跌期权比率价差等。

水平比率价差也叫作日历比率价差，实质是卖出相对数量更多的近期期权，买入相对数量更少的远期期权，为的是让策略的成本降到零，甚至成为贷方价差。

对角比率价差首先要求是对角价差，其次要求是水平比率价差。

1. 比率价差策略的作用

比率价差策略的基本目的是进一步降低或消除策略的成本，甚至变成贷方价差，若真的变成了贷方价差，则即使在标的资产往与预期相反的方向运动时，也有可能盈利。

> 垂直看涨期权比率价差的例子：假设股票 ABCD 的当前价格是 44 元/股，其 1 月份到期执行价格为 44 元/股的看涨期权价格为 1.30 元/股，其 1 月份到期执行价格为 46 元/股的看涨期权价格为 0.30 元/股。如表 3-5 所示，我们构建该策略时收到净权利金为 $(0.30×5)-1.30=1.50-1.30=0.20$（元/股）。如果股票 ABCD 的价格上涨到 46 元/股，则执行价格为 44 元/股的看涨期权价值为 2 元/股。执行价格为 46 元/股的看涨期权价值归零。总头寸收益为 $2.00+1.50-1.30=2.20$（元/股）。
>
> 如果股票 ABCD 的价格保持不动或者跌破了 44 元/股，则执行价格为 44 元/股和 46 元/股的看涨期权到期均为虚值期权。总头寸的收益是策略构建时收到的权利金 0.20 元/股。

表 3-5　看涨期权比率价差操作示例

操作	类型	执行价格（元/股）	到期月份	数量	期权价格（元/股）
买入	看涨期权	44	1 月	1 手	1.30
卖出仓	看涨期权	46	1 月	5 手	0.30

通过上面的例子我们可以看到，该策略在三个方向都可能盈利。是不是很强大？唯一的问题与风险在于：如果股票价格快速大幅上涨超过了期权空头的执行价格（46 元/股），该策略的盈利会快速回吐，如果继续上涨，还有可能陷入大幅亏损的境地，所以使用该策略时一定要设置一个止损点。

2. 该策略的优点

- 在卖出近期期权时可以减少保证金占用。
- 能够在三个方向盈利。

3. 该策略的缺点

- 需要更多的交易手续费。

- 如果构建成了贷方价差，则会降低潜在最大收益。

- 如果卖出期权数量大于买入同类型期权的数量，则需要履约保证金。

4. 反向比率价差策略

反向比率价差策略可以理解为比率价差策略的逆向操作，期权多头的数量要比同类型期权空头的数量多。反向比率价差策略主要应用于大波动行情。大多数反向比率价差策略的 Delta 值是零或接近于零，其 Vega 值是正的，能够从隐含波动率的上升过程中赚钱，这个过程中标的资产价格甚至有可能并没有变化。有时候标的资产价格有所波动，但其间隐含波动率下降后，反而会导致该策略亏钱。反向比率价差策略经常用于能够引起突破行情的事件交易，但注意一定要在事件发生的几个交易日之前介入该策略，否则有可能会遭遇波动率陷阱。关于波动率陷阱的内容，将在第 10 章进行讨论。

5. 常见的反向比率价差策略

买入跨式期权：该策略是几乎所有反向比率价差的基础，简单买入平值看涨期权的同时买入平值看跌期权，就算是构建了一个买入跨式期权策略。

买入宽跨式期权：在买入跨式期权的基础上有所变化，买入的不是平值，而是虚值的看涨/看跌期权。

买入飞碟式期权：也是在买入跨式期权的基础上有所变化，买入的不是平值，而是实值的看涨/看跌期权。

反向看涨期权比率价差：卖出实值看涨期权的同时买入数量更多的虚值看涨期权，在行情上涨过程中盈利无限，在行情下跌过程中盈利有限。

反向看跌期权比率价差：卖出实值看跌期权的同时买入数量更多的虚值看跌期权，在行情下跌过程中盈利无限，在行情上涨过程中盈利有限。

6. 该策略的优点

该策略最大的优点在于它可以从隐含波动率的上升过程中获利，隐含波动率是可以计算跟踪的。该策略还可以从行情的突破过程中获利。

7. 该策略的缺点

当标的资产大幅上涨或下跌时，该策略提供了潜在无限盈利的可能。但该类策略的一个克星就是：标的资产价格横盘不动。该策略往往是在标的资产价格横盘时构建的，如果构建时其隐含波动率已经很高，你为此付出的权利金可能已经相对很高，尽管我们盼着在构建该策略之后标的资产大幅波动，但一旦标的资产价格还是横盘不动，我们的损失可能就会很大。如果你听过"墨菲法则"，那就不能对这种风险掉以轻心。不过好在该类型策略的潜在最大风险可以提前计算，你可以对比一下潜在收益看是否值得一试。

> "墨菲定律"的原话是：If there are two or more ways to do something, and one of those ways can result in a catastrophe, then someone will do it.（如果有两种或两种以上的方式去做某件事情，而其中一种选择方式将导致灾难，则必定有人会做出这种选择。）
>
> 墨菲是美国爱德华兹空军基地的上尉工程师。1949年，他和他的上司斯塔普少校，在一次火箭减速超重试验中，因仪器失灵发生了事故。墨菲发现，测量仪表被一个技术人员装反了。由此，他得出的教训是：如果做某项工作有多种方法，而其中有一种方法将导致事故发生，那么一定有人会按这种方法去做。
>
> 换种说法：假定你把一片干面包掉在地毯上，这片面包的两面均可能着地。但假定你把一片一面涂有一层果酱的面包掉在地毯上，常常是带有果酱的一面落在地毯上。在事后的一次记者招待会上，斯塔普将其称为"墨菲法则"，并以极为简洁的方式做了重新表述：凡事可能出岔子，就一定会出岔子。墨菲法则在技术界不胫而走，因为它道出了一个铁的事实：技术风险能够由可能性变为突发性的事实。
>
> 墨菲定律的适用范围非常广泛，它揭示了一种独特的社会及自然现象。它的极端表述是：如果坏事有可能发生，不管这种可能性有多小，它总会发生，并造成最大可能的破坏。

第4章

牛市交易策略

　　本章为大家梳理牛市交易策略，牛市交易策略应该是投资者最熟悉的策略，毕竟中国的投资者还是最习惯在牛市里交易。牛市里除了买入看涨期权，还有什么策略呢？

　　买入看涨期权策略是前面已经介绍过的四大基本期权交易策略之一，读者对此应该比较熟悉。买入看涨期权策略是所有牛市交易策略中最简单、最易理解的策略，如果到期时标的价格上涨超过了执行价格，则期权到期时就是实值的，如果到期时标的价格在执行价格之下，则看涨期权便一文不值，你最大的损失是买入期权时所付出的权利金。

　　那么买入看涨期权有没有缺点？答案是肯定的，其缺点在于买入看涨期权所花的权利金抬高了策略的损益平衡点，只有在标的资产上涨幅度覆盖权利金的时候才能够实现真正的盈利，而这个权利金有可能并不少。为了缓解这个问题，交易者尝试着把卖出期权与买入期权结合起来，他们在买入看涨期权的基础上再卖出一个期权，从而衍生出了更多的牛市交易策略。这些策略有时不仅解决了成本的问题，还具有其他很好的风险收益特征。

　　在前面已介绍过借方策略与贷方策略的概念。牛市策略也分为借方策略与贷方策略。借方牛市策略在构建策略时要付出净权利金，贷方牛市策略在构建策略时会收到净权利金。举个简单的例子，买入看涨期权（Long Call）是借方策略，而卖出看跌期权（Short Put）是一个贷方策略；牛市看涨期权价差（Bull Call Spread）是一个借方策略，而牛市看跌期权价差（Bull Put Spread）是一个贷方策略。贷方策略与借方策略的一个不同在于贷方策略相对增加了盈利的可能性，因为期权时间价值的流逝对其有利，但贷方策略往往限制了其潜在收益。

我们对牛市期权策略进行改进的重要原因之一是想降低买入看涨期权的成本。在标的资产上涨相同幅度的情况下，建立一个看涨期权头寸所花费的成本越少，则投资回报率越大。

如果我们使用的是卖出看跌期权的策略，那么只要标的资产不下跌，就对我们有利，时间价值的流逝是我们的朋友。我们遇到的问题是潜在收益有限而风险无限，而且需要占用保证金，我们通过一些改进可以给卖出看跌期权风险设置一个上限，同时降低保证金的占用。

期权策略的选择过程都是一个权衡的过程，简单有简单的好处，复杂有复杂的好处，借方有借方的好处，贷方有贷方的好处。对一个策略的改造过程不可能只有好处而没有坏处。

4.1　买入看涨期权（Long Call）

买入看涨期权是最基本的期权策略积木之一，也是一个最基础的牛市交易策略。该策略积木的最大亏损有限而潜在收益无限，如果没有这个基本的积木，将不可能构建任何一个在标的资产上涨时潜在收益无限的期权策略，一些价差策略也无从谈起。本书第2章已经介绍了买入看涨期权策略，这里不再赘述。

4.2　裸卖出看跌期权（Naked Short Put）

裸卖出看跌期权是最基本的期权策略积木之一，也是一个最基础的牛市交易策略，至少是不看跌的。该策略积木的最大收益有限，而潜在亏损无限。如果没有这个基本的积木,将不可能构建任何贷方牛市策略,也无法从时间价值的流逝中获利,本书第 2 章已经介绍了该策略,这里不再赘述。

4.3 牛市看涨期权价差（Bull Call Spread）

牛市看涨期权价差策略是买入某一个标的股票的看涨期权,同时卖出一份同一标的股票、同一到期月份、执行价格更高的看涨期权,其构建过程示意图如图 4-1 所示。该策略是一种垂直价差策略。又因为该策略会付出净权利金,所以该策略是一种借方价差期权策略（Debit Spread）。该策略与后文将要介绍的熊市看跌期权价差策略的思路类似,只是适用于不同的方向而已。

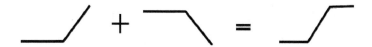

图 4-1　牛市看涨期权价差策略的构建过程示意图

对于单独买入看涨期权的交易者而言,时间价值的流逝是他们的头号敌人。尽管他们会总盼望出点什么大事能让标的资产上涨,但只要标的资产价格一天不上涨,他们所持有的看涨期权多头的价值就一天天地衰减,这是一个很痛苦的过程。牛市看涨期权价差策略是通过在买入平值看涨期权的基础上卖出了一个虚值的看涨期权,这样就能够帮助降低时间价值损耗的不利影响。另外,牛市看涨期权价差策略也可以看成通过折扣的方式买入看涨期权,因为你卖出了虚值的看涨期权,所得的权利金可以很有效地抵消一部分你买入实值/平值看涨期权所要花费的权利金。

1. 适用场景

如果交易者对标的资产价格温和看涨,就可以使用该策略。

2. 怎样构建该策略

这个策略的构建过程很简单,交易者需要在买入实值或者平值看涨期权的同时卖出一个相同标的和相同到期日的虚值看涨期权。策略构建:

买入平值看涨期权+卖出虚值看涨期权

> 牛市看涨期权价差案例：假设股票 ABCD 的当前价格是 44 元/股，你以 1.05 元/股的价格买入开仓 10 手 1 月份到期执行价格为 44 元/股的看涨期权，同时以 0.50 元/股的价格卖出开仓 10 手 1 月份到期执行价格为 45 元/股的看涨期权。这样你就构建了一个牛市看涨期权价差策略。你为此付出的净权利金是 1.05-0.50 = 0.55（元/股）。如果你预期股票 ABCD 能够涨到 46 元/股，则可以选择卖出执行价格为 46 元/股的看涨期权。

该策略涉及卖出虚值的看涨期权，应该怎样选择执行价格呢？简单地说，你认为期权到期前标的资产能够涨到什么价位就涨不动了，就以什么价位为执行价格。在上面的例子中，我们认为股票 ABCD 能从 44 元/股上涨到 45 元/股就涨不动了，你就选择 45 元/股作为看涨期权空头的执行价格。如果你愿意，你完全可以卖出执行价格更高的虚值看涨期权，只不过要记住，卖出的看涨期权越是虚值，你得到的权利金就越少，有时候甚至少得不值得卖。

3. 牛市虚值看涨期权价差

我们还可以对上面提到的牛市看涨期权价差的构建过程进行一些改造。买入虚值看涨期权，然后卖出更加虚值的看涨期权，即：

买入虚值看涨期权+卖出更加虚值的看涨期权

这种策略也是看涨的策略，但已经不是温和看涨的策略，而是认为标的资产会爆发性地上涨。

> 牛市虚值看涨期权价差案例：假设股票 ABCD 的当前价格是 44 元/股，你以 0.30 元/股的价格买入开仓 10 手 1 月份到期执行价格为 46 元/股的看涨期权，同时以 0.10 元/股的价格卖出开仓 10 手 1 月份到期执行价格为 47 元/股的看涨期权。这样就构建了一个牛市虚值看涨期权价差策略，为此付出的净权利金是 0.30-0.10= 0.20（元/股）。

牛市虚值看涨期权价差策略的一个优点就是：便宜，但该策略已经不是温和看涨的策略，只有在标的资产价格爆发性地上涨时才会获利。当标的资产价格上涨至看涨期权空头执行价格（上例中的 47 元/股）的时候才会获得最大收益，一旦价格真的上涨到 47 元/股，则改造后的这个"牛市虚值看涨期权价差策略"投资回报率相当高。当然，改造后的这个策略的风险也不小，如果标的资产价格虽然大幅上涨，但没有上涨到所买入的虚值期权的执行价格（如上例中的 46 元/股），整个头寸将没有价值。这种风险与投资回报率之间的取舍权衡在期权策略中也是很常见的。

4. 牛市看涨期权梯形价差

牛市看涨期权价差相对于单纯买入看涨期权降低了策略的成本，这种成本还可以继续降低。如果在牛市看涨期权价差策略的基础上继续卖出一个执行价格更高的虚值看涨期权，就会进一步降低成本。这种操作把牛市看涨期权价差变成了"牛市看涨期权梯形价差"。

5. 该策略的潜在收益

牛市看涨期权价差策略在标的资产价格上涨的时候获利，如果标的资产真的上涨了，则交易者所买入的看涨期权会更值钱。你所卖出的看涨期权价值会持续损耗。

当标的资产价格上涨到你所卖出的虚值看涨期权的执行价格时，该策略能够取得最大收益。如果标的资产价格继续上涨，则看涨期权多头价值的增加与看涨期权空头价值的损耗正好抵消，总的头寸并不会再多赚钱。

6. 该策略的风险收益特征

最大利润：有限（执行价格之差-净支付的权利金）。

最大亏损：有限（净支付的费用）。

损益平衡点=买入期权的执行价格+净支付的费用。

当标的股票价格上涨时，牛市看涨期权价差倾向于能够获利。这个价差可以通过一笔交易来完成，但总是会产生净费用（净现金流出），因为较低执行价格的看涨期权总是比较高执行价格的看涨期权要贵。当标的股票价格跌破较低的执行价格时，这一价差通常会产生最大的亏损。如果两个期权都变成"价外"、价值归零，那么投资者为这个价差所支付的净费用将全部损失。这个价差的最大利润通常发生在标的股票价格高于较高执行价格之时，这样两个期权都会以"价内"方式到期。投资者可以执行买入的看涨期权，以较低的执行价格买入股票，然后在较高的执行价格期权被执行时卖出股票。

7. 该策略到期收益的计算方法

> 继续上面的例子：以 1.05 元/股的价格买入 10 手 1 月份到期执行价格为 44 元/股的看涨期权，同时以 0.60 元/股的价格卖出 10 手 1 月份到期执行价格为 45 元/股的看涨期权。
>
> 最大收益=45-44-(1.05-0.60)=0.55（元/股）。
>
> 损益平衡点=买入期权的执行价格+净支付的费用=44+0.45=44.45（元/股）。

8. 该策略的主要 Greek 图示

表 4-1 说明了标的价格变化时该策略各希腊字母的取值情况。图 4-2 展示了该策略主要希腊字母的取值情况，主要参数为：标的股票价格为 44 元/股，买入执行价格为 44 元/股（A）的看涨期权，卖出执行价格为 45 元/股（B）的看涨期权，剩余期限为 0.5 年，波动率为 20%，无风险收益率为 3.5%，股息收益率为 2%。

表 4-1 牛市看涨期权价差策略各希腊字母的取值情况

希腊字母	下　降	平　值	上　升
Delta	+	++	+
Gamma	+	0	−
Theta	−	0	+
Vega	+	0	−

注：++表示为正值，+表示略微偏正，-表示略微偏负。

Delta：Delta 值在履约价格 A 和 B 之间最高，在 A 以下或 B 以上，Delta 值趋向于零。

Gamma：当 Gamma 值是正数时，标的资产价格非常接近 A；当 Gamma 值是负数时，标的资产价格非常接近 B；为中性时，标的资产价格在 A～B 之间。

Theta：如果标的资产价格位于两个执行价格之间，Theta 为中性，则时间衰减的影响非常小；如果标的资产价格更接近较低的执行价格，Theta 为负值，则更快的时间衰减通常会导致损失增加；如果标的资产价格接近较高的执行价格，Theta 为正值，则时间衰减会导致利润增加。

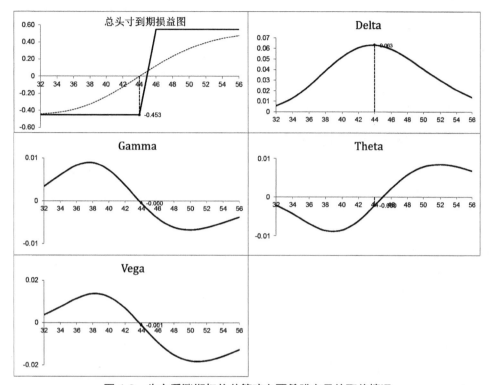

图4-2　牛市看涨期权价差策略主要希腊字母的取值情况

Vega：当 Vega 值为正数时，标的资产价格非常接近 A；当 Vega 值为负数时，标的资产价格非常接近 B；当 Vega 值为中性时，标的资产价格在 A～B 之间。标的股票波动率的升降对这一策略的净效应比较复杂，要看做多和做空的期权是实值还是虚值，以及距离到期还剩余多少时间。

9. 该策略的优点

- 即使标的资产价格没有上涨，而是下跌了，该策略的最大损失也是有限的。
- 如果标的资产价格上涨了，但没有突破卖出的虚值看涨期权的执行价格，那么该策略的收益要比单纯买入看涨期权多一些。
- 通过卖出一个虚值看涨期权，该策略算是以有一定折扣的价格买到了看涨期权。
- 如果标的价格在期权到期时收在看涨期权空头头寸的执行价格，则该策略的投资回报率要比仅买入看涨期权高。

10．该策略的缺点

- 该策略要比仅买入看涨期权多花一些手续费。

- 如果标的资产价格上涨突破了你所卖出的虚值看涨期权的执行价格，那么你的总收益不再增加，收益是有限的。

11．该策略在到期前的调整方法

- 在标的资产价格上涨突破看涨期权空头的执行价格时，如果你预期的价格还会继续上涨，则可以把先前卖出的虚值看涨期权买回平仓，然后卖出一个更加虚值的看涨期权。

- 在标的资产价格上涨突破看涨期权空头的执行价格时，如果你预期价格还会大幅上涨，则可以把先前卖出的虚值看涨期权买回平仓，然后仅留有看涨期权多头去追逐更大的获利空间。

- 如果确信标的资产价格不会发生剧烈上涨，则交易者可以进一步卖出一个更加虚值的看涨期权，以进一步降低策略成本。这就把该策略转换成了牛市看涨期权梯形价差策略。

- 在标的资产价格上涨至看涨期权空头的执行价格时，你的看涨期权多头是实值的，看涨期权空头是平值的。如果你预期标的资产会有所回撤，那么这时可以把已经盈利的看涨期权多头平仓，然后买入一个虚值的看涨期权。这样就把原来的牛市看涨期权价差策略转换成了熊市看涨期权价差策略。如果交易软件支持条件单，则这种转换可以自动完成。

4.4　牛市看跌期权价差（Bull Put Spread）

前面介绍过通过裸卖空看跌期权的方式构建牛市策略。牛市看跌期权价差可以理解为：卖出一个平值的看跌期权，然后通过买入一个执行价格更低的虚值看跌期权来降低潜在的最大损失，同时还降低了保证金的占用。其构建过程示意图如图 4-3 所示。

图4-3 牛市看跌期权价差策略的构建过程示意图

牛市看跌期权价差策略也是一种牛市策略，与前文介绍的牛市看涨期权价差策略相比，该策略在构建之初收到了净权利金。也就是说，牛市看跌期权价差是一个贷方期权价差策略，即使标的资产价格横盘不动，你也可以从时间价值的流逝中赚到钱。

1. 适用场景

如果交易者对标的资产价格温和看涨，并且希望即便标的资产横盘不动，也能不亏或小赚，就可以使用该策略。

2. 怎样构建该策略

这个策略的构建过程并不复杂，交易者需要在卖出一个平值的看跌期权的同时买入一个虚值的看跌期权。看跌期权的多头与空头应该是相同标的和相同到期日的。策略构建：

卖出平值看跌期权+买入虚值看跌期权

> **牛市看跌期权价差案例：卖出平值看跌期权+买入虚值看跌期权**
>
> 假设股票 ABCD 的当前价格是 44 元/股，你卖出 10 手 1 月份到期执行价格为 44 元/股的平值看跌期权，同时买入 10 手 1 月份到期执行价格为 43 元/股的虚值看跌期权，这样就构建了一个牛市看跌期权价差策略。

执行价格的选择是期权策略的关键内容。要选择哪个执行价格取决于你想要什么样的效果。如果卖出平值看跌期权的同时买入虚值看跌期权，则只要标的资产价格横着不动或者下跌，该策略就可以赚到钱，这个方法的一个缺点是降低了最大的潜在收益。期权的策略选择到处都是对风险与收益的权衡。

3. 该策略的潜在收益

作为一种贷方期权价差策略，该策略在建立之初会收到净权利金，该策略的最大收入就是这笔净权利金。只要所卖出的看跌期权到期时不是实值的，该策略就能取得潜在的最大收益。

> 接着上面的案例：假设股票 ABCD 的当前价格是 44 元/股，你以 1.85 元/股的价格卖出 10 手 1 月份到期执行价格为 44 元/股的平值看跌期权，同时以 1.05 元/股的价格买入 10 手 1 月份到期执行价格为 43 元/股的虚值看跌期权，这样就构建了一个牛市看跌期权价差策略。
>
> 最大收益=收到的净权利金=1.85-1.05=0.80（元/股），在股票 ABCD 涨过 44 元/股时取得。
>
> 最大亏损=执行价格之差-收到的净权利金=(44-43)-0.80=0.20（元/股），在股票 ABCD 跌破 43 元/股时取得。
>
> 损益平衡点=较高的执行价格-收到的净权利金=44-0.80=43.20（元/股）。

4. 该策略的风险收益特征

最大收益：有限（收到的净权利金）。

最大亏损：有限（执行价格之差-收到的净权利金）。

损益平衡点=较高的执行价格-收到的净权利金

5. 该策略的主要 Greek 图示

表 4-2 说明了标的资产价格变化时该策略各希腊字母的取值情况。图 4-4 展示了该策略主要希腊字母的取值情况，主要参数为：标的股票价格为 44 元/股，买入执行价格为 43 元/股（A）的看跌期权，卖出执行价格为 44 元/股（B）的看跌期权，剩余期限为 0.5 年，波动率为 20%，无风险收益率为 3.5%，股息收益率为 2%。

表 4-2　牛市看跌期权价差策略各希腊字母的取值情况

希腊字母	下降	平值	上升
Delta	+	++	+
Gamma	+	0	−
Theta	−	0	+
Vega	+	0	−

注：++表示为正值，+表示略微偏正，−表示略微偏负。

Delta：Delta 值在履约价格 A 和 B 之间最高，在 A 以下或 B 以上，Delta 值趋向于零。

Gamma：当 Gamma 值为正数时，标的资产价格非常接近 A；当 Gamma 值为负数时，标的资产价格非常接近 B；当 Gamma 值为中性时，标的资产价格在 A～B 之间。

Theta：当 Theta 值为负数时，标的资产价格非常接近 A；当 Theta 值为正数时，标的资产价格非常接近 B；当 Theta 值为中性时，标的资产价格在 A～B 之间。

Vega：当 Vega 值为正数时，标的资产价格非常接近 A；当 Vega 值为负数时，标的资产价格非常接近 B；当 Vega 值为中性时，标的资产价格在 A～B 之间。

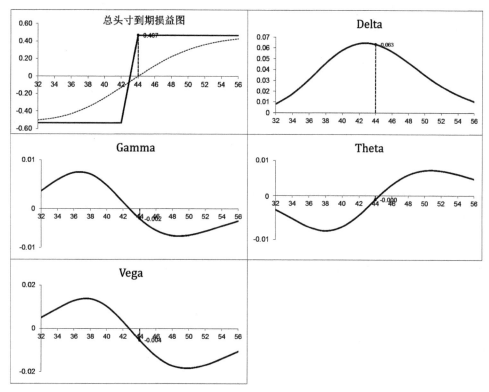

图 4-4　牛市看跌期权价差策略主要希腊字母的取值情况

6. 该策略的优点

● 即使标的资产价格没有上涨，反而下跌了，该策略的最大损失也是有限的。

- 如果标的资产价格上涨，但没有突破你所卖出的看跌期权的执行价格，那么该策略的收益要比仅买入看涨期权多一些。

- 即使标的资产价格完全横盘不动，该策略也能盈利。

- 该策略相比裸卖出看跌期权来说，风险更低，因为该策略通过买入虚值看跌期权限制了一部分获利空间。

7. 该策略的缺点

- 该策略要比仅买入看涨期权或仅裸卖出看跌期权多花一些手续费。

- 如果标的资产价格向上突破了所卖出的看跌期权的执行价格，那么你的总收益不再增加，收益是有限的。

- 因为是贷方价差策略，所以该策略需要缴纳保证金。

- 只要看跌期权是实值的，就有被行权指派的可能。到那时为了履约，你可能不得不买入标的资产。

8. 该策略在到期前的调整方法

若标的资产价格在上涨超过看跌期权空头执行价格之后还在继续上冲，那么这时候交易者可以把虚值的看跌期权多头卖出平仓（否则这个看跌期权空头可能到期会一文不值），然后保留着看跌期权空头头寸。这样就把该策略转换成一个"裸卖空看跌期权策略"。交易者还可以在标的资产价格突破看跌期权空头执行价格之后，把整个头寸都平掉，然后把该策略换为一个更加激进的买入看涨或者买入跨式策略。

4.5 深度实值牛市看跌期权价差（Deep ITM Bull Put Spread）

用深度实值看跌期权构建牛市价差是一种较复杂的多头策略。该策略的收益与风险均有限。值得一提的是，这种策略的风险收益比通常高，在个别情况下，甚至变成了一种套利策略。

1．什么是深度实值牛市看跌期权价差策略

深度实值牛市看跌期权价差（Deep ITM Bull Put Spread）策略是一种牛市看跌期权价差策略，只不过与传统的牛市看跌期权价差策略相比，该策略选择的是执行价格较高，即使用深度实值的看跌期权构建牛市价差。

传统的牛市看跌期权价差策略是卖出一个平值的看跌期权，同时买入一个虚值的看跌期权，从而可以部分降低保证金，也限制了风险上限。这样的期权头寸使得标的资产价格上涨和下跌都有可能赚钱，潜在的最大亏损要大于潜在的最大收益。收益风险比是一个负值。

在深度实值牛市看跌期权价差策略里，收益风险比开始转正。像传统的牛市看跌期权价差策略一样，用深度实值看跌期权构建的期权价差策略只有标的资产价格运行在看跌期权空头的执行价格之上才能达到其最大收益。正是因为在该策略中使用的是实值看跌期权，需要标的资产价格强烈上涨到超过看跌期权空头的执行价格时才能盈利。因为深度实值牛市看跌期权价差策略的最大亏损往往很小，这导致该策略的收益风险比很高，甚至高达9:1。

深度实值牛市看跌期权价差策略诱人的收益风险比来自其极小的最大亏损。如果标的资产价格下跌，则买入的实值看跌期权会增值，且几乎和标的资产价格下跌的幅度相当（Delta值接近于−1）。在传统的牛市看跌期权价差策略中，买入的看跌期权是虚值的，其Delta值在0与−0.5之间，只有在标的资产价格大幅下跌，让其变成实值期权时才能够使其Delta值接近−1。

2．适用场景

如果交易者预期标的资产价格在到期日之前能够出现长足的上涨，并且想让潜在亏损尽量小，则可以采用深度实值看跌期权构建期权价差策略。

3．怎样构建该策略

构建该策略的方法是：卖出一个深度实值的看跌期权的同时买入一个相同到期日的实值看跌期权。

举例：假设股票 ABCD 的当前价格是 63 元/股，5 月份到期执行价格为 66 元/股的期权价格为 3.06 元/股。同样是 5 月份到期执行价格为 71 元/股的期权价格为 7.94 元/股。我们可以通过表 4-3 来看看该策略的效果。

表4-3　深度实值牛市看跌期权价差操作示例

操　作	执行价格（元/股）	到　期　月　份	权利金（元/股）
买入	66	5 月	3.06
卖出	71	5 月	7.94
收到的净手续费=7.94-3.06=4.88（元/股）			
最大收益=4.88（元/股）			
最大亏损=71-66-4.88=0.12（元/股）			
收益风险比=4.88/0.12=122:3			

4. 怎样选择执行价格与到期月份

选择期权的执行价格与到期月份是构建策略的关键，在构建深度实值牛市看跌期权价差策略时，交易者应该问自己一个问题：在什么时间能够达到什么价格？期权到期月份的选择要根据标的资产达到所卖出的看跌期权的执行价格需花费的时间来选择。如果你认为标的资产价格马上将要飙涨，则选择最近的到期月份即可，如果你认为涨到预期水平需要三个月的时间，则至少应该选择三个月才到期的期权。鉴于深度实值牛市看跌期权价差策略的损益平衡点距当前价格往往较远，为标的资产价格上涨留有足够的时间是必要的。

5. 该策略的套利

深度实值牛市看跌期权价差有可能变成套利策略，即锁定利润。在这种情况下，当标的资产价格不动或下跌时，该策略也能够获得少量的盈利。

举例：假设股票 ABCD 当前价格是 63 元/股，5 月份到期的执行价格为 66 元/股的看跌期权价格为 3.06 元/股；执行价格为 71 元/股的看跌期权价格为 8.10 元/股，操作如表 4-4 所示。

表 4-4 深度实值牛市看跌期权价差套利操作示例

操　作	执行价格（元/股）	到 期 月 份	权利金（元/股）
买入	66	5月	3.06
卖出	71	5月	8.10
收到的净手续费=8.10-3.06=5.04（元/股）			
最小利润=5.04-（71-66）=0.04（元/股），没有亏损的可能			

6. 该策略的潜在收益

如果在到期时，标的资产价格达到或超过了看跌期权空头头寸执行价格，则该策略能够获得最大收益。

7. 该策略到期收益的计算方法

该策略最大收益与最大亏损公式如下。

$$最大收益=净权利金收入$$

$$最大亏损=两个执行价格之差-净权利金收入$$

> 案例：假设股票 ABCD 当前价格是 63 元/股，5 月份到期的执行价格为 66 元/股的看跌期权价格为 3.06 元/股；执行价格为 71 元/股的看跌期权价格为 7.94 元/股，操作如表 4-5 所示。

表 4-5 深度实值牛市看跌期权价差操作示例

操　作	执行价格（元/股）	到 期 月 份	权利金（元/股）
买入	66	5月	3.06
卖出	71	5月	7.94
收到的净手续费=7.94-3.06=4.88（元/股）			
最大收益=4.88（元/股）			
最大亏损=71-66-4.88=0.12（元/股）			
收益风险比=4.88/0.12=122:3			

8. 该策略的损益平衡点

用深度实值看跌期权构建的期权价差策略在标的资产价格超过损益平衡点的时候开始有盈利。损益平衡点公式如下。

$$损益平衡点=较低的执行价格+最大潜在亏损$$

> 继续上面的例子：最大亏损为 0.12 元/股，较低的执行价格为 66 元/股；损益平衡点=66+0.12=66.12（元/股）。

该策略在标的资产价格至少从 63 元/股上涨到 66.12 元/股时才开始有净盈利，对应的标的资产价格涨幅为 4.95%，这算是一个比较大的涨幅，损益平衡点与标的资产初始价格之间相隔如此大的涨幅是该策略最大的缺点，也正因为如此，该策略仅在预期标的资产价格大幅上涨时才适用。

9. 该策略的主要 Greek 图示

图 4-5 展示了该策略主要希腊字母的取值情况，主要参数为：标的股票价格为 63 元/股，卖出执行价格为 71 元/股的看跌期权，买入执行价格为 66 元/股的看跌期权，剩余期限为 0.5 年，波动率为 20%，无风险收益率为 3.5%，股息收益率为 2%。

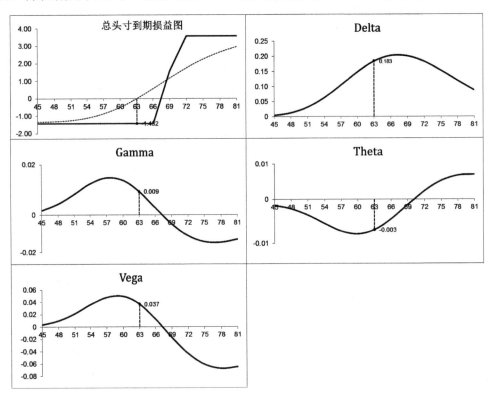

图4-5　深度实值牛市看跌期权价差策略主要希腊字母的取值情况

10. 该策略的优点

- 在复杂的看多期权策略中，有最高的投资回报率。
- 如果应用得当，有时能实现利润锁定。

11. 该策略的缺点

- 需要保证金。
- 需要标的资产价格大幅上涨才能得以获利。

12. 该策略在到期前的调整方法

- 如果标的资产价格上涨到看跌期权空头执行价格之上，并且预期会有一次阶段性的回落，那么交易者可以把卖出的看跌期权买入平仓，同时继续持有看跌期权的多头，这就把该策略转换成了买入看跌期权，用买入看跌期权策略可以从价格回落中获利。

- 如果标的资产价格的突破方向不太确定，交易者可以在此策略的基础上再加一个深度实值熊市看涨期权价差策略，这样就等于把该策略转换成了"深度实值铁鹰价差策略"，以从重大突破行情中获利。交易者还可以把看跌期权的空头平掉，然后买入一个实值看涨期权，就把该策略转换成了"飞碟式策略"。飞碟式策略也是比较激进的突破行情策略。

- 看跌期权空头越是实值的，离到期日越近，则被提前行权指派的可能性越大。如果发生这种情况，那么看跌期权的空头头寸将被标的资产多头头寸所取代，这实际上就是一个合成多头策略。

4.6 卖出虚值看跌期权（Writing Out of The Money Put Options）

卖出虚值看跌期权本质上是一种裸卖出看跌期权，只不过卖出的是虚值的看跌期权。之所以把该策略单独列出来谈论，是因为卖出虚值看跌期权与卖出平值或实值的看跌期权是不同的，值得读者细品味。在这种策略下，无论标的股票是上涨还是横盘，交易者都可获利；如果标的股票是你本身就想买入的股票，则在此策略下交易者到期被指派，也能够以更低的价格购得股票。这些特点是不是听起来不可思议？我们不妨详细解读一下。

1. 股票上涨

在卖出虚值看跌期权之后，如果标的股票上涨且超过了执行价格，这是该策略获利的最直接的方式。下面来看一个示例。

> 举例：假设股票 ABCD 的价格为 44 元/股，卖出 10 手执行价格为 43 元/股的 1 月份到期的看跌期权价格为 0.15 元/股。只要在期权到期时股票 ABCD 的价格在 43 元/股之上，交易者就会获得共 150 元/股的利润（即 0.15×10×100= 150 元/股）。

事实上，如果股票价格上涨了，并且预期还会继续上涨，就可以把之前卖出的虚值看跌期权买回平仓，同时卖出一个新的更高执行价格的虚值看跌期权。只要股票继续上涨，就可以继续从中获利，这种操作叫作"rolling up"。下面来看一个示例。

> 继续上文的例子：如果股票 ABCD 继续上涨到 45 元/股，那么上述 1 月份到期执行价格为 43 元/股的看跌期权价格很可能仅值 0.01 元/股。此时，把 1 月份到期执行价格为 43 元/股的看跌期权买回平仓，然后卖出 1 月份到期执行价格为 44 元/股的看跌期权，价格大约在 0.1 元/股。这就是"rolling up"。

2. 股票价格横盘不动

因为你所卖出的看跌期权是虚值期权，所以即使标的股票价格横盘不动，甚至略微下跌（当然不至于跌至看跌期权的执行价格之下），你也可以盈利。

> 接上文例子，只要股票 ABCD 的价格保持在 43 元/股之上，你就不会被行权，从而先前卖出时所得的 150 元/股就可以踏实地待在你的腰包里。只要股票价格还在 43 元/股之上，你就不必紧张。

3. 通过卖出虚值看跌期权的方式以更低的价格购得标的

即使最牛的股票也有回调的时候，你所青睐的股票也不例外。在股票小幅回落之时该怎样买入所青睐的股票呢？卖出虚值看跌期权是一个好方法。你等着到期后，就自然而然地自动拥有了标的股票。

> 还是接上文的例子，如果在到期时股票 ABCD 跌至 42.95 元/股。你所卖出的 1 月份到期执行价格为 43 元/股的看跌期权是实值的，肯定会被行权，你得到的是股票 ABCD，价格为 43 元/股。当然，这个价格是你曾经认为不错的价格。你也许会有疑问：这难道不是亏了吗？市场价为 42.95 元/股，而我却要以 43 元/股的价格被指派。不要忘了，你在卖出期权时曾得到 0.15 元/股的权利金，折算下来，还是以比市场价低 0.1 元/股的价格买到了你青睐的股票。

> 接上文例子，得到的权利金：$0.15 \times 10 \times 100 = 150$（元）。
> 买入股票 ABCD 需要的资金：$43 \times 100 = 4300$（元）。
> 买入股票 ABCD 的净花费：$(43-0.15) \times 10 \times 100 = 4285$（元）。
> 按市场价需花费：股票 ABCD 市场价 $42.95 \times 100 = 4295$（元）。
> 节省：$4295-4285 = 10$（元）。

如果标的股票大幅下跌又怎样呢？即便选择的股票再强劲，也总有回落的时候，这时就需要设立一个止损点，如果你把止损点设置在该策略的损益平衡点，就能够确保不会遭受真正的损失。

事实上，如果交易者精于技术分析，则可以在比较强的支撑位卖出虚值看跌期权。如果标的资产跌到支撑位，就可以按比其他交易者稍低的价格购得标的，然后静待其反弹。

> 这里举一个真实的期货合约的例子：在图 4-6 中，M1501 合约在 3444 元/吨处有一个明显的前期缺口支撑位，你可以在 M1501 还处于 3450 元/吨价位的时候卖出执行价格为 3440 元/吨的看跌期权，这种策略不但可以在该标的上涨横盘的时候获利，还可以让你以 3440 元/吨的价格购得该标的，并获得其反弹过程中的收益。

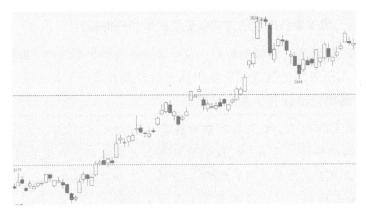

图4-6　M1501合约历史走势

4. 执行卖出虚值看跌期权策略需要什么条件

- 前提是你的经纪商允许你进行裸卖空的操作。
- 要有足够的钱，以便你在被行权时可以购得标的股票。

5. 该策略的风险收益特征

最大收益：有限，仅限于获得的权利金。

最大损失：无限。

损益平衡点：计算方法同"卖出看跌期权策略"。

6. 该策略的优点

- 标的股票价格上涨、横盘，甚至略微下跌时都可以盈利。
- 当被行权指派时，可以使用比市场价格略低的价格购得青睐的股票。

7. 该策略的缺点

为了到期万一被行权时可以购得股票，需要准备很多资金。

8. 该策略在到期前的调整方法

- 如果标的股票价格上涨，并且预期会继续上涨，则可以采用"rolling up"操作向上滚动地卖出看跌期权。

4.7 卖出现金担保看跌期权（Cash Secured Put）

1. 什么是卖出现金担保看跌期权策略

卖出现金担保看跌期权策略指的是在卖出看跌期权的时候，在账户中留有充足的现金，以防万一被行权指派。只要标的资产价格上涨，或者至少到期时不低于你所卖出的期权的执行价格，你收到的权利金就是实际的利润。其到期损益如图 4-7 所示。

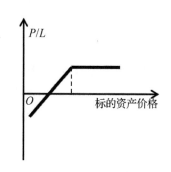

图 4-7　卖出现金担保看跌期权策略的到期损益

卖出现金担保看跌期权策略适用于你认为标的资产价格将上涨，或者不会跌破某看跌期权的执行价格的情形。比如，你在 50 元/股的执行价格以 1 元/股的价格卖出看跌期权，并且有充足的现金做担保，如果到期时标的资产价格不低于 50 元/股，1 元/股的权利金将成为你的利润。即使标的资产价格下降，但没有降至 49 元/股之下，你也仍然有所获利。能盈利的方向不止一个，但一定要记住，如果标的资产价格大幅下跌，并且跌破 49 元/股，那么你面临的潜在风险理论上是无限的。

卖出现金担保看跌期权策略本质上是裸卖出看跌期权，只不过是有充足的现金担保而已。在传统的裸卖出看跌期权策略里，期权卖方需要的是"保证金"，而不是进行实物交割所需的全额资金。保证金要比全额资金少得多。

对于期权经纪商而言，期权交易者在被行权时，经纪商要代表交易者进行实物交割。如果资金不足，则对经纪商来说是风险，所以才发明了现金担保策略，通过要求客户在账户中留有以执行价格进行实物交割所需的全部资金，经纪商可以降低风险。对于期权交易新手而言，如果不追求高杠杆率，则可以选择该策略。

2. 适用场景

如果交易者预期标的资产价格会上涨或者横盘，则可以选择该策略。

3. 怎样运用该策略

可使用该策略卖出平值或者虚值的看跌期权。下面来看一个例子。

> 卖出现金担保看跌期权案例：如果你对股票 ABCD 看好，有 63 元/股的价格就愿意买入。
>
> 假设股票 ABCD 当前价格为 63 元/股，执行价格为 63 元/股的平值期权的价格为 1 元/股。此时你决定卖出 1 手执行价格为 63 元/股的看跌期权，得到的总权利金收入为 1.00×100=100（元）。
>
> 为了能够卖出 1 手执行价格为 63 元/股的看跌期权，应该在账户中准备 63×100=6300（元），以便被行权时指派。
>
> 只要在到期时标的资产价格在 63 元/股之上，100 元的权利金就变为利润。

4. 怎样选择执行价格与到期月份

到期月份的选择取决于你认为标的资产价格能在执行价格之上待多长时间。标的资产价格能在执行价格之上待的时间越长，则你到期时的收益越多。

执行价格的选择取决于你认为到期时标的资产价格还能在什么价位之上。在上面的例子中，你认为到期时股票 ABCD 的价格至少不低于 63 元/股，所以就选择 63 元/股作为执行价格。必须要留意的一件事情：随着到期日的临近，如果标的资产价格真的跌到 63 元/股之下，那么你的期权头寸有可能被提前行权。同时，鉴于你在卖出看跌期权的时候收到了现金，这些现金可以用于抵消标的资产价格下跌时的部分损失。如此来说，即使股票 ABCD 跌到 63 元/股之下，也不一定意味着真的亏损，真的跌到损益平衡点 62 元/股之下时，才将面临着亏损。如果真的跌到 62 元/股之下，你可能就会变得紧张，如果你根本不想到期被行权指派，那么最好给策略设置一个止损点。

> 卖出现金担保看跌期权的经验指导：至少 3 个月才到期（为了给价格变化以充足的时间）；所卖出的看跌期权的执行价格要低于预期标的资产能跌到的价位。

5. 该策略的风险收益特征

最大利润：有限（所获权利金）。

最大亏损：很大。

到期执行可获利润：卖出期权所获权利金。

到期不执行可获利润：执行价格-卖出期权所获权利金。

如果标的股票价格上涨，看跌期权到期归零，那么投资者所能获得的最大利润就是卖出看跌期权的权利金。如果标的股票价格跌至期权执行价格下方，投资者将会被要求执行期权，买入相应数量的股票。股票的净买入价格将是期权的执行价格减去所获得的权利金，这一价格有可能会低于股票当前的市价。从理论上讲，股价可以跌到零。如果执行期权导致净买入价格高于当前市价，投资者就会立即产生浮亏。

6. 该策略到期收益的计算方法

该策略的最大收益、收益率、最大亏损公式如下。

$$最大收益=所收到的净权利金$$

$$收益率=收到的净权利金/为买入标的资产所准备的现金$$

$$最大亏损=无限$$

> 接着上面的例子：
> 准备的现金=6300元。
> 所收到的权利金=100元。
> 收益率=（100/6300）×100%≈1.59%。

7. 该策略的损益平衡点

该策略的损益平衡点公式如下。

$$损益平衡点=执行价格-权利金$$

> 接着上面的例子：损益平衡点=63-1=62（元/股）。
> 只要标的资产价格高于62元/股，总头寸就有所获利，一旦标的资产价格跌破62元/股，总头寸就开始亏损。

8. 该策略的优点

- 该策略难度不大，易于执行。
- 标的资产价格横盘与上涨都可获利。

9. 该策略的缺点

- 需要大量的现金担保。
- 投资回报率相对低。

10. 该策略在到期前的调整方法

- 如果标的资产价格的趋势由小涨变成大涨，则可在此策略的基础上再买入平值看涨期权，从而把该策略转变成"合成类标的"多头策略。
- 如果标的资产价格的趋势从小涨变成横盘，则可以通过卖出等量平值或虚值看涨期权，把该策略转换成中性策略，比如，卖出跨式、卖出宽跨式。
- 如果标的资产价格转头向下，则最好在出现较大损失之前就平掉该头寸。

4.8 看涨期权比率价差（Ratio Call Spread）

看涨期权比率价差策略与看跌期权比率价差（Ratio Put Spread）策略在构建思路上如出一辙，只不过它们应用的场景不同。

看涨期权比率价差策略本质上算是对牛市看涨期权价差策略的一种改造，改造的目的主要有以下三点。

- 当标的资产到期价格落在看涨期权多空头寸的两个执行价格之间时，能够得到相对高的收益。
- 通过减少策略构建之初所付出的权利金来降低总风险。
- 即使到期时标的资产价格横盘不动，也能够盈利。

1. 看涨期权比率价差的种类

传统的牛市看涨期权价差策略是买入一个平值的看涨期权，然后卖出一个虚值的看涨期权。看涨期权比率价差策略是在传统牛市看涨期权价差策略的基础上卖出更多的虚值看涨期权，导致看涨期权空头头寸数量要多于看涨期权多头头寸数量。该策略名称中的"比率"也就是指策略中看涨期权多头与空头头寸数量的比率，常用的比率有 1:2 与 2:3 等。看涨期权比率价差可以分为借方、平衡与贷方看涨期权比率价差。

（1）借方看涨期权比率价差

在牛市看涨期权价差策略的基础上卖出更多的虚值看涨期权确实能够减少总权利金花费。如果卖出看涨期权所得的总权利金并不能完全覆盖买入看涨期权所付出的权利金，则称为借方看涨期权比率价差，其到期损益如图4-8所示。

> 借方看涨期权比率价差的一个例子（如表 4-6 所示）：假设股票 ABCD 的当前价格是 44 元/股，以 1.05 元/股的价格买入 2 手 1 月份到期执行价格为 44 元/股的平值看涨期权，以 0.60 元/股的价格卖出 3 手 1 月份到期执行价格为 45 元/股的看跌期权。在这个例子中，比传统的牛市看涨期权价差策略多卖出了 1 手看涨期权。所达到的效果怎样？你所付出的净权利金是 200×1.05－300×0.60=30（元）。假如你采用的是牛市看涨期权价差策略，则所付出的净权利金是 200×1.05－200×0.60=90（元）。

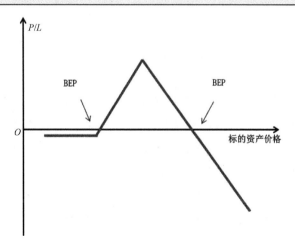

图4-8 借方看涨期权比率价差策略的到期损益

表4-6　借方看涨期权比率价差操作示例

操　作	类　型	执行价格	到期月份	数　量	期权价格
买入	看涨期权	44元/股	1月	2手	1.05元/股
卖出	看涨期权	45元/股	1月	3手	0.60元/股

（2）平衡看涨期权比率价差

如果所卖出看涨期权所得的总权利金恰好能够覆盖买入看涨期权所付出的权利金，则称为平衡看涨期权比率价差。在这种策略中不用付出净权利金，其到期损益如图4-9所示。

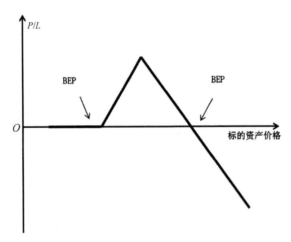

图4-9　平衡看涨期权比率价差策略的到期损益

平衡看涨期权比率价差的一个例子（如表4-7所示）：假设股票ABCD的当前价格是44元/股，以1.05元/股的价格买入4手1月份到期执行价格为44元/股的平值看涨期权，以0.60元/股的价格卖出7手1月份到期执行价格为45元/股的看涨期权。在这个例子中，比传统的牛市看涨期权价差策略多卖出了3手看跌期权。所达到的效果怎样？你所付出的净权利金是400×1.05−700×0.60=0（元）。也就是说，建立这个头寸并没有付出权利金。

表 4-7　平衡看涨期权比率价差操作示例

操 作	类 型	执 行 价 格	到 期 月 份	数 量	期 权 价 格
买入	看涨期权	44 元/股	1 月	4 手	1.05 元/股
卖出	看涨期权	45 元/股	1 月	7 手	0.60 元/股

（3）贷方看涨期权比率价差

如果卖出看涨期权所得的总权利金不仅能够覆盖买入看涨期权所付出的权利金，而且还有净权利金收入，则称为贷方看涨期权比率价差。在这种策略里不用付出净权利金。与前面的两个看涨期权比率价差策略相比，大多数交易者喜欢这个策略，因为如果标的资产价格正好跌到看涨期权空头执行价格，则该策略能够获得的收益相对最大，其到期损益如图 4-10 所示。

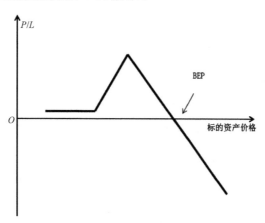

图 4-10　贷方看涨期权比率价差策略的到期损益

> 贷方看涨期权比率价差的一个例子（如表 4-8 所示）：假设股票 ABCD 的当前价格是 44 元/股，以 1.05 元/股的价格买入 4 手 1 月份到期执行价格为 44 元/股的平值看涨期权，以 0.60 元/股的价格卖出 10 手 1 月份到期执行价格为 45 元/股的看涨期权。在这个例子中，比传统的牛市看涨期权价差策略多卖出了 6 手看跌期权。所达到的效果怎样？你所得到的净权利金是 1000×0.60-400×1.05=180（元）。

表 4-8　贷方看涨期权比率价差操作示例

操　作	类　型	执 行 价 格	到 期 月 份	数　量	期 权 价 格
买入	看涨期权	44 元/股	1 月	4 手	1.05 元/股
卖出	看涨期权	45 元/股	1 月	10 手	0.60 元/股

2．适用场景

如果交易者预期标的资产价格能够有一定程度的涨幅，则可以采用该策略。如果交易者认为标的资产价格有可能上涨到某个压力位，则该策略可以用来扩大收益。

3．该策略的潜在收益

如图 4-8 至图 4-10 所示，在标的资产价格上涨到看涨期权空头头寸执行价格的时候，该策略能取得其潜在的最大收益，其潜在收益是有限的。

4．该策略到期收益的计算方法

该策略最大收益公式如下。

最大收益 = 卖出看涨期权的总收益 + (期权执行价格之差 −
买入看涨期权的价格) × 买入看涨期权的合约数

借方看涨期权比率价差策略收益的计算示例：

假设股票 ABCD 的当前价格是 44 元/股，以 1.05 元/股的价格买入 2 手 1 月份到期执行价格为 44 元/股的看涨期权，同时以 0.60 元/股的价格卖出 3 手 1 月份到期执行价格为 45 元/股的看涨期权。潜在最大收益为(0.6×300)+[(45−44)−1.05]×200=170(元)。

平衡看涨期权比率价差策略收益的计算示例：

假设股票 ABCD 的当前价格是 44 元/股，以 1.05 元/股的价格买入 4 手 1月份到期执行价格为 44 元/股的看涨期权，同时以 0.60 元/股的价格卖出 7 手 1月份到期执行价格为 45 元/股的看涨期权。潜在最大收益为(0.6×700)+[(45−44)−1.05]× 400 = 400 （元）。

贷方看涨期权比率价差策略收益的计算示例：

假设股票 ABCD 的当前价格是 44 元/股，以 1.05 元/股的价格买入 4 手 1月份到期执行价格为 44 元/股的看涨期权，同时以 0.60 元/股的价格卖出 10 手

1 月份到期执行价格为 45 元/股的看涨期权。潜在最大收益为(0.6×1000)+[(45-44)-1.05]×400 = 580（元）。

5. 该策略的风险收益特征

最大收益：有限。

最大损失：无限。

如果标的资产价格在上涨到看涨期权空头头寸的执行价格之后还继续涨，则策略的浮赢会开始回吐。如果标的资产价格不但没有上涨，反而下跌，则最大亏损仅限于所付出的净权利金。当然，这是针对借方看涨期权比率价差的情况，如果是平衡的或者是净贷方，则在标的资产价格下跌的时候不会亏钱。事实上，如果是贷方看涨期权比率价差策略，在标的资产下跌的时候所收到的净权利金就会变成利润。从这个意义上讲，本节所讨论的看涨期权比率价差策略算是一个中性策略。因为本策略是在标的资产价格上涨时取得最大收益，就把该策略归为牛市策略了，有一些期权策略因为收益特征具有复杂性导致其很难归类，读者应该对此心中有数。

6. 该策略的损益平衡点

如果是借方看涨期权比率价差策略，就可能有两个损益平衡点，如图 4-8 所示，我们一般只关注此策略位置较低的损益平衡点。损益平衡点公式如下。

损益平衡点=看涨期权空头执行价格+ [最大收益 /

(看涨期权空头数量−看涨期权多头数量)]

借方看涨期权比率价差策略的损益平衡点示例：

假设股票 ABCD 的当前价格是 44 元/股，以 1.05 元/股的价格买入 2 手 1 月份到期执行价格为 44 元/股的看涨期权，同时以 0.60 元/股的价格卖出 3 手 1 月份到期执行价格为 45 元/股的看涨期权。

损益平衡点= 45+[1.70 / (3-2)]=46.70（元/股）。

平衡看涨期权比率价差策略的损益平衡点示例：

假设股票 ABCD 的当前价格是 44 元/股，以 1.05 元/股的价格买入 4 手 1 月份到期执行价格为 44 元/股的看涨期权，同时以 0.60 元/股的价格卖出 7 手 1 月份到期执行价格为 45 元/股的看涨期权。

损益平衡点 = 45+[4 / (7−4)] ≈ 46.33（元/股）。

贷方看涨期权比率价差策略的损益平衡点示例：

假设股票 ABCD 的当前价格是 44 元/股，以 1.05 元/股的价格买入 4 手 1 月份到期执行价格为 44 元/股的看涨期权，同时以 0.60 元/股的价格卖出 10 手 1 月份到期执行价格为 43 元/股的看涨期权。

损益平衡点 = 45+[5.8 / (10−4)] ≈ 45.97（元/股）。

通过上面的例子可以看到，在看涨期权比率价差策略的三种类型中，贷方看涨期权比率价差策略的损益平衡点距策略构建时的市场价最近。

7. 该策略的主要 Greek 图示

图 4-11 展示了该策略主要希腊字母的取值情况，剩余期限为 0.5 年，波动率为 20%，无风险收益率为 3.5%，股息收益率为 2%。

Delta：随着标的资产价格的上涨，Delta 值由正转负，说明在该策略建立之初总头寸收益随标的资产价格的上涨而增加，但上涨过犹不及。

Gamma：在负的 Gamma 值作用下，Delta 值从一个较小的正数变成了负数。

Theta：若 Theta 值为正数，则时间价值流逝对该策略有利。

Vega：如果 Vega 值为负数，那么在建立该策略之后，标的资产价格横盘不动，对该策略有好处。

8. 该策略的优点

- 在贷方看涨期权比率价差策略中，上涨、横盘、小跌三种情形都能够盈利。
- 相比牛市看涨期权价差策略而言，在看涨期权空头执行价格这一位置，该策略的获利要高得多。

9. 该策略的缺点

- 一些经纪商可能不允许期权新手采用此策略。

- 该策略需要保证金。

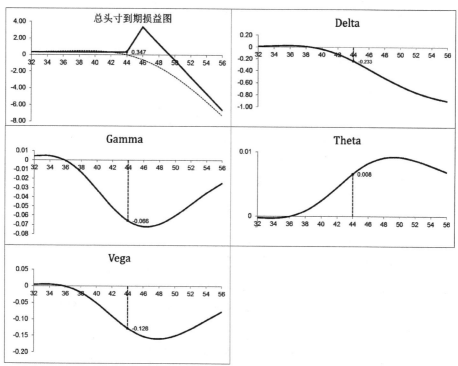

图 4-11　贷方看涨期权比率价差策略主要希腊字母的取值情况

10. 该策略在到期前的调整方法

如果在到期日之前，标的资产价格就上涨到看涨期权空头执行价格的位置，这时交易者可以选择把先前多卖出的看涨期权买回平仓，这样就把该策略转换成了牛市看涨期权价差策略。转换之后，就不怕标的资产价格继续上涨了。否则，一旦标的资产价格继续飙涨到损益平衡点之上，则该策略就面临亏损。这种转换可以凭借条件单自动完成。

4.9　空头看涨期权比率价差（Short Call Ratio Spread）

空头看涨期权比率价差策略可以大致看成把看涨期权比率价差反过来的策略，

所以笔者把它命名为空头看涨期权比率价差策略，建议读者对比研究这两个策略。该策略的到期损益如图 4-12 所示，与看涨期权比率价差策略相比，该策略在标的资产价格上涨时潜在收益无限。

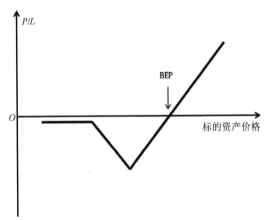

图 4-12　空头看涨期权比率价差策略的到期损益

　　该策略是在买入平值或者浅虚值的看涨期权的同时卖出更少数量的相同到期日的实值看涨期权。毫无疑问，实值看涨期权要比虚值或平值看涨期权贵一些。

　　因为实值的看涨期权要比平值或虚值的看跌期权贵，所以即使要通过卖出实值看涨期权来抵消或部分抵消买入看涨期权所花费的权利金，也不需要卖同等数量的实值看涨期权，应该卖得少一些。

> 　　下面看一些空头看涨期权比率价差策略的例子：假设股票 ABCD 的当前价格是 44 元/股，以 1.05 元/股的价格买入 3 手 1 月份到期执行价格为 44 元/股的看涨期权，同时以 3.15 元/股的价格卖出 1 手 1 月份到期执行价格为 41 元/股的看涨期权。
>
> 　　3 手执行价格为 44 元/股的看涨期权的总权利金为 1.05×3×100 = 315（元），与卖出 1 手执行价格为 41 元/股的实值看涨期权所得权利金正好相抵。

　　买入与卖出看涨期权数量的比率应该定在多少？这个没有一定的准则，基本看交易者的偏好，在美国的交易中 3∶1 是常用的比率，但我们仅可作为参考，要看所卖出的实值看涨期权在多大程度上节省我们的策略成本，毕竟，不同执行价格的看涨期权的权利金可能相差不少。

1．该策略应怎样选择执行价格

该策略是一个比率价差策略，比率主要受看跌期权执行价格的影响，应该怎样选择执行价格呢？下面提供一些参考意见。

- 所选择的看涨期权多头与空头的执行价格相差越大，需要卖出的实值看涨期权数量相对越少，但这会使该策略较低的损益平衡点离当前市场价格越远。也就是说，需要标的资产价格下跌更多才能让这个策略盈利。

- 看涨期权多头与空头执行价格相差越小，潜在收益越大，较低的损益平衡点离当前市场价格越近。

- 如果卖出看涨期权所得权利金多于买入看涨期权所得权利金，则该策略是一个贷方策略，使得即使标的资产价格以特别大的幅度下跌时该策略也能盈利，这还算是一个熊市交易策略吗？严格地说已经不算了，算是一个剧烈波动策略。

- 如果所卖出的实值看涨期权数量等于或者高过所买入的平值/浅虚值看涨期权数量，则该策略就不算是熊市交易策略，当标的资产价格上涨时该策略会亏损。

从上面的几条经验可以总结一句话，在这个策略中，我们应该选择卖出实值或接近实值的看涨期权来抵消所买入看涨期权的成本，但又不能让看涨期权空头数量超过看涨期权多头数量。

2．适用场景

如果交易者确信标的资产价格会大幅上涨，并且不希望为构建策略付出净权利金，还希望在标的资产价格下跌的时候不亏钱，那就可以使用这个策略。

3．该策略的潜在收益

该策略的潜在收益无限。只要标的资产价格一直上涨，该策略的收益就能一直增加。

4．该策略的到期收益的计算方法

该策略的到期收益公式如下。

收益 ＝(标的资产价格–看涨期权多头执行价格)×看涨期权多头头寸数量 －

(标的资产价格–看涨期权空头执行价格)×看涨期权空头头寸数量

> 下面看一个例子：假设股票 ABCD 的当前价格是 44 元/股，以 1.05 元/股的价格买入 3 手 1 月份到期执行价格为 44 元/股的看涨期权，同时以 3.15 元/股的价格卖出 1 手 1 月份到期执行价格为 41 元/股的看涨期权。假设股票 ABCD 上涨到了 47 元/股，则
>
> 总收益= (47–44)×300–(47–41)×100=900–600=300（元）。

该策略的最大亏损公式如下。

最大亏损 ＝ 买入看涨期权所付出的权利金–卖出看涨期权所得到的权利金

> 接着上面的例子：
>
> 最大亏损=1.05×300–(3.15–3)×100 =315–15=300（元）。
>
> 当股票 ABCD 到期收在 44 元/股的时候会产生最大亏损。

5. 该策略的风险收益特征

潜在最大收益：无上限。

潜在最大损失：有限。

当到期时标的资产价格恰好收在看涨期权多头头寸执行价格时，会产生最大亏损。

6. 该策略的损益平衡点

该策略有两个损益平衡点，当标的资产价格突破较高的损益平衡点时，该策略开始盈利。在该策略中，我们一般不太关注较低的那个损益平衡点。较高的损益平衡点公式如下。

较高的损益平衡点=最大亏损 /(看涨期权多头头寸数量–

看涨期权空头头寸数量)+看涨期权多头执行价格

> 假设股票 ABCD 的当前价格是 44 元/股，以 1.05 元/股的价格买入 3 手 1 月份到期执行价格为 44 元/股的看涨期权，同时以 3.15 元/股的价格卖出 1 手 1 月份到期执行价格为 41 元/股的看涨期权。

净权利金收入为 0，最大亏损为 300 元。

较高的损益平衡点 = 300 / (300-100)+44=1.5+ 44=45.50（元/股）。

较低的损益平衡点公式如下。

较低的损益平衡点=看涨期权空头头寸执行价格

接着上面的例子：较低的损益平衡点为 41 元/股。如果标的资产价格跌破了 41 元/股，则该策略总体将没有收益，也没有亏损。

7. 该策略的主要 Greek 图示

图 4-13 展示了该策略主要希腊字母的取值情况，剩余期限为 0.5 年，波动率为 20%，无风险收益率为 3.5%，股息收益率为 2%。

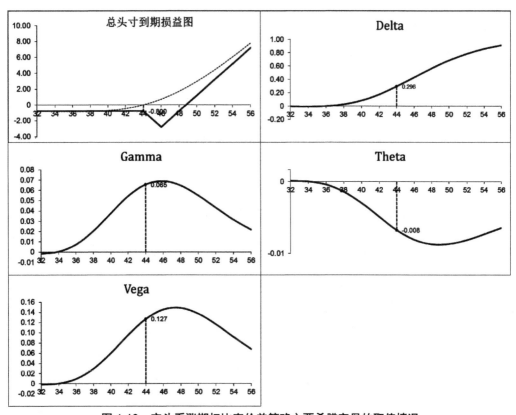

图 4-13 空头看涨期权比率价差策略主要希腊字母的取值情况

Delta：随着标的资产价格的上涨，Delta 值从 0 上涨到 1。

Gamma：Gamma 值为正数，在平值期权时最高，尤其在期权接近到期日时。

Theta：Theta 值为负数，时间价值的流逝对该策略不利。

Vega：Vega 值为正数，隐含波动率的增加对该策略有好处，本策略特别愿意看到行情向上突破。

8．该策略的优点

- 在策略构建之初不需要付出净权利金。
- 即使标的资产价格没有上涨，反而下跌，该策略也不会亏钱。
- 潜在收益没有上限。

9．该策略的缺点

与仅买入看涨期权策略相比，即便标的资产价格涨幅相同，该策略的收益也要小一些。

10．该策略在到期前的调整方法

- 随着标的资产价格的上涨，该策略已经盈利了，如果交易者预期标的资产价格还会继续上涨，则可以把卖出的看涨期权买回平仓，这样就把该策略转换成了一个仅买入看涨期权的策略。
- 随着标的资产价格的上涨，该策略已经盈利了，如果交易者认为在到期前标的资产价格继续上涨到某价位就会涨不动，那就可以把卖出的看涨期权买回平仓，然后卖出以某价位为执行价格的看涨期权，这样就把该策略转换成了牛市看涨期权价差的策略。

4.10　牛市看涨期权梯形价差（Long Call Ladder Spread）

所谓梯形价差策略，是指在传统的垂直价差策略的两腿上再加一个虚值期权。

所谓"梯形"，主要是指所加的一腿虚值期权与原有期权执行价格不同。

牛市看涨期权梯形价差可以说是从牛市看涨期权价差策略衍生而来的策略，我们在牛市看涨期权价差策略里的典型操作是买入一个平值的看涨期权，然后卖出一个虚值看涨期权，如果在此基础上再卖出一个到期月份相同，但执行价格更高且更加虚值的看涨期权，就算是构建了一个牛市看涨期权梯形价差策略。

将牛市看涨期权价差策略改造为牛市看涨期权梯形价差策略有什么好处呢？可以降低甚至免除构建策略的权利金花费，或者收到净权利金。当然，这样改造也会带来一个坏处：如果标的资产价格爆发性地上涨，则该策略的潜在亏损是没有上限的。我们改造一个策略的时候应该谨记，在有所得的同时肯定会有所放弃。

1. 该策略与看涨期权比率价差策略的关系

看涨期权梯形价差策略与看涨期权比率价差策略都是从牛市看涨期权价差策略衍生而来的，这两个策略有什么关系呢？

先看相同之处，这两个策略都是为了降低甚至消除构建牛市看涨期权价差策略时的权利金花费。为了达到这个目的，这两个策略都有裸露的看涨期权空头，而且都需要占用保证金。再来看不同之处，看涨期权比率价差策略额外卖出的虚值看涨期权与已有看涨期权空头有相同的执行价格，看涨期权梯形价差策略额外卖出的虚值看涨期权比已有看涨期权空头的执行价格更高。这又会导致以下不同。

- 看涨期权梯形价差策略所需要的保证金相对较少。
- 看涨期权比率价差策略的最大收益更大（如图4-14所示）。
- 看涨期权比率价差的损益平衡点离当前市场价更近。
- 看涨期权比率价差所花费的净权利金更少。

2. 适用场景

如果确信标的资产价格不会发生爆发性地上涨，就可以把该策略当作对牛市看涨期权价差策略的改进来使用。

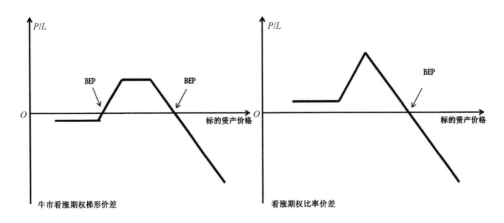

图 4-14　牛市看涨期权梯形价差与看涨期权比率价差对比

3. 怎样构建该策略

买入平值（或者浅实值、浅虚值）看涨期权，卖出相同数量的执行价格更低的看涨期权（到此构建了牛市看涨期权价差），然后卖出相同数量的执行价格进一步提高虚值看涨期权。策略构建：

买入平值看涨期权+卖出虚值看涨期权+卖出更加虚值的看涨期权

下面看一个例子（如表 4-9 所示）：假设股票 ABCD 的当前价格是 44 元/股，买入 1 手 1 月份到期执行价格为 44 元/股的看涨期权，卖出 1 手 1 月份到期执行价格为 46 元/股的看涨期权，再卖出 1 手 1 月份到期执行价格为 47 元/股的看涨期权。

表 4-9　牛市看涨期权梯形价差操作示例

操　作	类　型	执行价格（元/股）	到期月份（月）	数量（手）
买入	看涨期权	44	1	1
卖出	看涨期权	46	1	1
卖出	看涨期权	47	1	1

4. 该策略执行价格的选择

该策略涉及三个执行价格，其中一个执行价格与当前市场价格接近，还有两个执行价格都高于当前市场价格。从该策略的构建过程可以体会到，中间那个执行价格的选择比较重要。应该怎么选择呢？与构建牛市看涨期权价差类似，应该根据到期前标的资产价格上涨的目标位来选定。比如在上面的例子中，我们预期价格能够上涨到 46 元/股，但不至于再突破 46 元/股，此时就应该选 46 元/股作为中间执行价格。选定中间执行价格后，再选择一个更高的执行价格卖出一个看涨期权，在上面的案例中选定的是 47 元/股，我们卖出执行价格为 47 元/股的看涨期权是为了获取权利金来进一步降低策略的总花费，我们甚至也可以选择卖出执行价格为 48 元/股的看跌期权，那样节省总花费的效果可能要差一些，不过保证金的占用要少一些，这是一个权衡的过程。

5. 该策略的风险收益特征

最大收益：有限。

标的资产价格下行时的最大亏损：限于所付出的净权利金。

标的资产价格上行时的最大亏损：若上涨突破最高的执行价格，则潜在最大亏损无限。

6. 该策略的潜在收益

当标的资产价格上涨至两个看涨期权空头头寸执行价格之间的时候，该策略获取最大收益，如果标的资产价格继续上涨，则该策略的盈利会开始回吐，然后开始亏损。所以建议交易者在最高的执行价格处设置一个止损单来限制浮赢的回吐，或者在预期标的资产价格还会继续剧烈上涨的情况下，把该策略转换成一个更加看涨的策略。

7. 该策略到期收益的计算方法

该策略最大收益与标的资产价格下跌时的最大亏损公式如下。

最大收益=中间执行价格-看涨期权多头头寸的执行价格-所付出的净权利金

标的资产价格下跌时的最大亏损=所付出的净权利金

标的资产价格上涨突破最高执行价格后的最大亏损：无限。

> 接着上面的例子：操作如表 4-10 所示，假设到期时股票 ABCD 价格上涨到 46.5 元/股。

所付出的净权利金是 1.50-0.50-0.15=0.85（元/股）。

最大收益=46-44-0.85=1.15（元/股）。

行情下跌时的最大亏损：0.85（元/股）。

行情上涨突破较高的损益平衡点后的最大亏损：无限。

较高的损益平衡点=1.15+47=48.15（元/股）。

较低的损益平衡点=44+0.85=44.85（元/股）。

表 4-10　牛市看涨期权梯形价差操作示例

操　作	类　型	执行价格（元/股）	到期月份（月）	数量（手）	期权价格（元/股）
买入	看涨期权	44	1	1	1.50
卖出	看涨期权	46	1	1	0.50
卖出	看涨期权	47	1	1	0.15

8. 该策略的损益平衡点

该策略有两个损益平衡点。较低的损益平衡点对应标的资产价格下行的情形，较高的损益平衡点对应标的资产价格上行的情形，具体公式如下。

较低的损益平衡点=看涨期权多头执行价格+付出的净权利金

较高的损益平衡点=最高的执行价格+最大收益

9. 该策略的主要 Greek 图示

图 4-15 展示了该策略的主要希腊字母的取值情况，剩余期限为 0.5 年，波动率为 20%，无风险收益率为 3.5%，股息收益率为 2%。

Delta：随着标的资产价格的上涨，Delta 值由正转负，说明在该策略建立之初总头寸收益随标的资产价格上涨而增加，但上涨过犹不及。

Gamma：Gamma 值为负数，在负的 Gamma 值作用下，Delta 值从一个小正数变成了负数。

Theta：Theta 值为正数，时间价值流逝对该策略有利。

Vega：在策略建立之初，Vega 值是负数，说明在其他条件不变的情况下，隐含波动率的上升对该策略有负面影响。期权的价值状况、剩余到期时间等都影响着该策略对波动率的敏感性，应该具体问题具体分析。

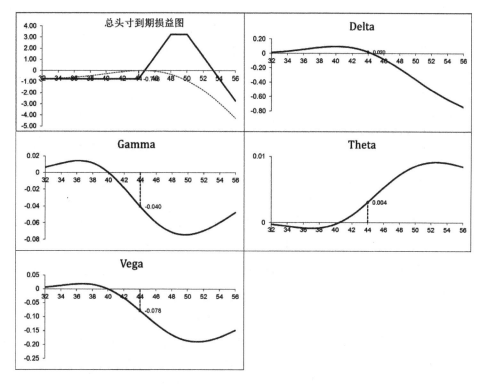

图 4-15　牛市看涨期权梯形价差策略主要希腊字母的取值情况

10．该策略的优点

- 比牛市看涨期权价差策略更能降低成本。

- 能够获得最大收益的价格区间要比看涨期权比率价差策略宽一些。

- 比牛市看涨期权价差的损益平衡点更低。

11．该策略的缺点

因为有裸露的看涨期权空头头寸，所以需要占用保证金。

12．该策略在到期前的调整方法

如果标的资产价格上涨突破了该策略的较高损益平衡点，并且预期还会继续大幅上涨，则可以把看涨期权空头头寸买回平仓，一直持有看涨期权多头，从而就把该策略转换成一个没有收益上限的买入看涨期权策略。

4.11　合成类标的资产（Risk Reversal）

合成类标的资产是一个重要的策略，可以在不产生交易成本的情况下实现方向性的杠杆交易或与标的资产形成对冲。

合成类标的资产实际并不复杂，我们可以把它与合成标的资产进行对比分析。

我们在第 2 章讲述了合成各种头寸的方法，在买入看涨期权的同时卖出看跌期权（相同到期日和相同的执行价格），可以合成标的资产多头（如图 4-16 所示）。在买入看跌期权的同时卖出看涨期权（相同到期日和相同的执行价格），可以合成标的资产空头（如图 4-17 所示）。下面做一下推演，如果买入一个虚值的看涨期权，同时卖出一个虚值的看跌期权（相同到期日），那么效果会怎样？如图 4-18 所示，我们会得到一个类似于标的资产多头的损益曲线，不同之处是有一段线是水平的，这段水平（线覆盖）的区域正好对应于高低两个执行价格所形成的区间。同理，如图 4-19 所示，如果买入一个虚值的看跌期权，同时买入一个虚值的看涨期权（相同到期日），那么我们将得到一个类似于标的资产空头的损益曲线，同样有一段是水平的线，这段水平的区域正好对应高低两个执行价格所形成的区间。

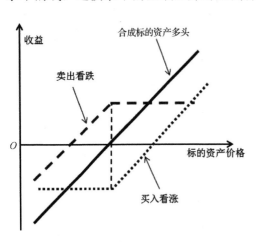

图 4-16　合成标的资产多头

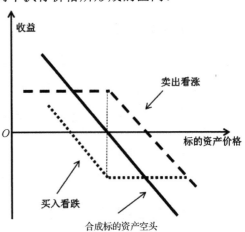

图 4-17　合成标的资产空头

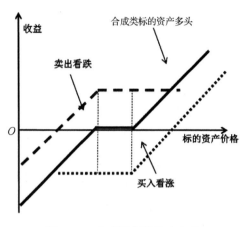

图4-18 合成类标的资产多头

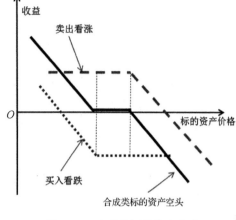

图4-19 合成类标的资产空头

1．类标的资产的作用

到此，我们介绍了类标的资产的概念及合成方法，那么这种合成类标的资产有什么用呢？

首先，可以用这种合成的类标的资产进行方向性的杠杆交易；其次，可以把合成类标的资产用来与其他资产进行对冲。这种头寸与大多数方向性杠杆交易及对冲策略有一个不同的地方，那就是合成类标的资产可以是没有资金成本的，这一点使得它在商品期货和期权交易中尤其受欢迎，当然，基本的手续费还是要花的。

合成类标的资产还可以用来粗略衡量投资者的情绪。如果构建一个类标的资产多头需要花费净权利金，则说明看涨期权比看跌期权卖得贵，说明看涨期权所反映的隐含波动率更大，投资者看多标的资产的热情更大。如果构建一个类标的资产空头需要花费净权利金，则说明看跌期权比看涨期权要贵，看跌期权所反映的隐含波动率更大，投资者看空标的资产的热情更大。

2．怎样使用类标的资产

合成类标的资产的基本思路是用卖出虚值看涨/看跌期权所得的权利金来抵消购买虚值看跌/看涨期权的权利金花费，从总体上实现零成本。前面已经提到，合成类标的资产有以下两种方式。

- 买入虚值看涨期权+卖出虚值看跌期权

- 买入虚值看跌期权+卖出虚值看涨期权

（1）用合成类标的资产进行方向性杠杆交易

我们通过买入虚值看涨期权，同时卖出虚值看跌期权，可以合成类标的资产多头，这是一个看涨的方向性策略，如图 4-18 所示。通过买入虚值看跌期权，同时卖出虚值看涨期权，可以合成类标的资产空头，这是一个看跌的方向性策略，如图 4-19 所示。这两个策略的风险与收益都是无限的，与实际的做多/做空标的资产类似，不同之处在于，理想情况下，该策略不需要付出成本，而且会有一段价格区间损益并不随标的资产价格的升降而变化。另外，用股票期权合成的股票多头不会产生分红。

> 举例：假设股票 ABCD 的当前价格是 44 元/股，其 1 月份到期执行价格为 45 元/股的看涨期权价格是 0.75 元/股，其 1 月份到期执行价格为 43 元/股的看跌期权价格是 0.75 元/股。如果你预期股票 ABCD 会上涨，则可以通过表 4-11 所列的操作来做多。

表 4-11　合成类标的资产多头

操　作	类　型	执 行 价 格	到期月份（月）	数量（手）	期权价格（元/股）
买入	看涨期权	45 元/股	1	1	0.75
卖出	看跌期权	43 元/股	1	1	0.75
净成本：0.75–0.75＝0（元/股）					

如果你对 ABCD 股票看空，则可以通过表 4-12 所列的操作来做空。

表 4-12　合成类标的资产空头

操　作	类　型	执 行 价 格	到期月份（月）	数量（手）	期权价格（元/股）
买入	看跌期权	43 元/股	1	1	0.75
卖出	看涨期权	45 元/股	1	1	0.75
净成本：0.75–0.75＝0（元/股）					

尽管用合成类标的资产的方法可以在构建策略时不花费成本，但的确需要占用保证金，因为有期权净空头的存在。与简单地仅买入看涨期权或仅买入看跌期权相

比，买卖类标的资产会占用更多的资金。

（2）用合成类标的资产作为对冲工具

合成类标的资产作为一种对冲工具，主要应用于股票。通过买入虚值看跌期权的同时卖出虚值看涨期权而得的"类股票空头"，来对冲手中所持有的股票现货。如图 4-20 所示，这实际上是构建了一个领口策略，该策略能够对股票进行保值，同时还给股票留有了一定的上涨空间。

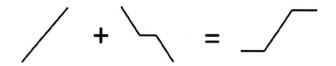

图 4-20　类标的资产的对冲作用

> 类标的资产的对冲作用示例：假设股票 ABCD 的当前价格是 44 元/股，其 1 月份到期执行价格为 45 元/股的看涨期权价格是 0.75 元/股，其 1 月份到期执行价格为 43 元/股的看跌期权价格是 0.75 元/股。假设你当前拥有 100 股 ABCD 股票，想要对冲其下跌的风险，但又不想为此付出太多的钱，那么你在持有股票的同时，可以按表 4-13 所列的操作。

表 4-13　合成类股票空头

操　作	类　型	执行价格（元/股）	到期月份（月）	数量（手）	期权价格（元/股）
买入	看跌期权	43	1	1	0.75
卖出	看涨期权	45	1	1	0.75
净成本：0.75-0.75＝0（元/股）					

你所买入的看跌期权能够对冲掉股票价格跌破 43 元/股之后的风险，但同时你卖出的看涨期权也对冲掉了股票价格上涨突破 45 元/股之后的盈利。

3. 合成类标的资产应怎样选择执行价格

基于买卖权平价关系，在理想情况下，如果虚值看涨/看跌期权的执行价格距离当前标的价格距离相等，则其期权价格也应该相等。比如在上面的例子中，当前股票 ABCD 的价格是 44 元/股，同样是 1 月份到期的执行价格分别是 45 元/股与 43

元/股的看涨与看跌期权，价格都是 0.75 元/股。

实际上，买卖权平价关系很少严格成立，而且看涨/看跌期权的执行价格要与标的资产当前价距离相等也很少见，更何况标的资产价格是变动的。因此，即使看涨/看跌期权的执行价格与标的资产当前价距离相等（或大致相当），其期权价格也往往不一致。在比较明显的趋势性市场里，其期权价格甚至相去甚远。如果虚值看涨期权与虚值看跌期权的价格相同，则其执行价格与标的资产当前价的距离就可能不相同。在实际操作中，我们没有必要拘泥于因买卖权平价关系而选择距当前标的价距离相同的看涨/看跌期权执行价格，执行该策略最重要的一点是要能让构建策略的成本为零或接近于零。

图 4-21 是股票 QQQQ 的真实期权报价，标的股票当前价是 44.74 元/股，执行价格为 46 元/股的看涨期权价格 0.31 元/股与执行价格为 43 元/股的看跌期权价格 0.36 元/股大致相当，可以选这两个执行价格来合成类股票空头。

Calls				Strike	Puts			
Last	Chg	Bid	Ask		Last	Chg	Bid	Ask
Mar10 Calls				QQQQ @ 44.74				
9.49	0	9.67	9.89	35.00	0.02	0	0.01	0.03
8.54	0	8.78	8.88	36.00	0.03	0	0.02	0.03
7.49	0	7.79	7.89	37.00	0.04	0	0.02	0.04
6.72	0	6.80	6.89	38.00	0.05	0	0.03	0.05
5.67	0	5.81	5.91	39.00	0.06	0	0.05	0.07
4.76	0	4.84	4.93	40.00	0.09	0	0.08	0.10
3.84	0	3.88	3.97	41.00	0.13	0	0.12	0.14
2.93	0	2.96	3.04	42.00	0.21	0	0.20	0.22
2.12	0	2.11	2.16	43.00	0.36	0	0.33	0.36
1.32	0	1.33	1.37	44.00	0.58	0	0.57	0.59
0.70	0	0.71	0.73	45.00	1.02	0	0.95	0.97
0.31	0	0.30	0.32	46.00	1.62	0	1.54	1.60
0.11	0	0.10	0.12	47.00	2.44	0	2.32	2.41

图 4-21　股票 QQQQ 的真实期权报价

4. 该策略的潜在收益

如果该策略用于方向性杠杆交易，其潜在收益与潜在风险都是无限的，那么这和你直接做多或做空标的资产没多大差别。如果该策略用于与标的资产进行对冲，则总体的头寸在期权空头头寸执行价格处取得最大收益，在期权多头头寸执行价格处取得最大亏损。

5. 该策略的损益平衡点

如果该策略用于看多（看空）的方向性交易，则当标的资产价格上涨（下跌）超过期权多头执行价格的时候开始获利，在跌破（上涨突破）期权空头执行价格的时候开始亏损。

> 类标的资产用于方向性交易的损益平衡点：假设股票 ABCD 的当前价格是 44 元/股，其 1 月份到期执行价格为 45 元/股的看涨期权价格是 0.75 元/股，其 1 月份到期执行价格为 43 元/股的看跌期权价格是 0.75 元/股。
>
> 如果你预期看涨，则买入看涨期权的同时卖出看跌期权，净费用是零。当股票上涨超过 45 元/股时，开始盈利，当股票下跌跌破 43 元/股时，开始亏损。
>
> 如果你预期看跌，则买入看跌期权的同时卖出看涨期权，净费用是零。当股票上涨跌破 43 元/股时，开始盈利，当股票上涨突破 45 元/股时，开始亏损。

6. 该策略的主要 Greek 图示

合成类标的资产多头策略主要希腊字母的取值情况如图 4-22 所示。Delta 值近似等于 1，仅在两个执行价格之间小于 1；Gamma 值近似为 0；Theta 值近似为 0；Vega 值近似为 0。

合成类标的资产空头策略的主要希腊字母的取值情况如图 4-23 所示。Delta 值近似等于-1，仅在两个执行价格之间大于-1；Gamma 值近似为 0；Theta 值近似为 0；Vega 值近似为 0。

7．该策略的优点

● 既能用于方向性投机，也可用于对冲。

● 在理想情况下可以没有资金成本。

8．该策略的缺点

该策略的缺点是需要保证金。

9．该策略在到期前的调整方法

如果该策略在期权到期前已盈利，则可以把两腿分别平仓。

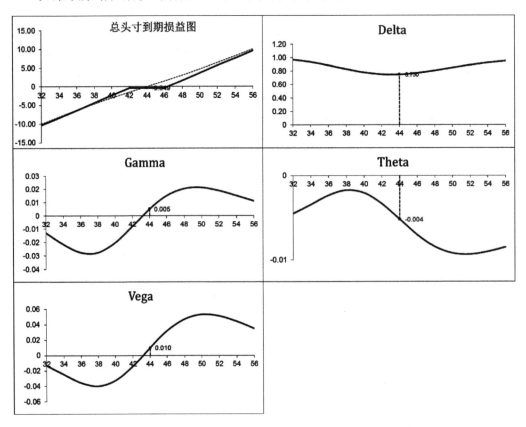

图4-22　合成类标的资产多头策略主要希腊字母的取值情况

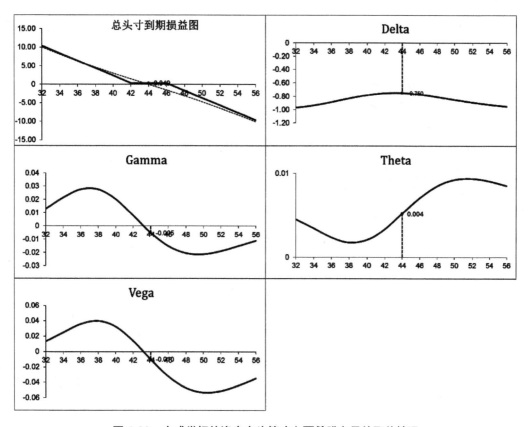

图 4-23　合成类标的资产空头策略主要希腊字母的取值情况

第 5 章

5

熊市交易策略

本章为大家梳理熊市交易策略，熊市交易策略是指能够在标的资产价格下跌过程中获利的策略。对于传统的股票投资者而言，在股市整体下跌的过程中通过做空HS300 指数等方式来获利是很熟悉的交易方式。通过做空股指期货的方式在股指下跌的过程中获利，有两个缺点：第一是需要较大量的保证金；第二是一旦做错方向，风险就非常大。

有了期权工具后，在熊市中可以使用五花八门的策略进行获利，其中最主要的当然要数"买入看跌期权"。以"买入"的方式在下跌过程中获利极大地解放了国内投资者的思维，为投资者打开了一扇门。通过买入看跌期权，投资者不仅可以在标的资产价格下跌的过程中获利，而且拥有杠杆效应，不需要缴纳保证金，最重要的一点是最大亏损有限且可以预知，这个策略是众多熊市期权交易策略的基石。

我们在本书前文已介绍过借方策略与贷方策略的概念。熊市策略也分为借方策略与贷方策略。借方策略在构建策略时要付出净权利金，贷方策略在构建策略时会收到净权利金。举个简单的例子，买入看跌期权（Long Put）是借方策略，而卖出看涨期权（Short Call）是一个贷方策略；熊市看跌期权价差（Bear Put Spread）是一个借方策略，而熊市看涨期权价差（Bear Call Spread）是一个贷方策略。贷方策略与借方策略的一个不同之处在于贷方策略相对增加了盈利的可能性。

我们对熊市期权策略进行改进的重要原因之一是想降低买入看跌期权的成本。在标的资产下跌同样幅度的情况下，建立一个看跌期权头寸所花费的成本越低，则投资回报率越大。

如果我们使用的是卖出看涨期权的策略，那么只要标的资产价格不下跌，就对我们有利。如何降低潜在的最大风险？如何减少保证金占用？这都是我们要面临的问题。

5.1 买入看跌期权（Long Put）

买入看跌期权策略是最基本的期权策略积木之一，也是众多熊市期权交易策略的基础。该策略的最大亏损有限，而潜在收益无限，如果没有这个基本的策略，将不可能构建任何一个在标的资产价格下跌时潜在收益无限的期权策略，一些价差策略也无从谈起。本书第 2 章已介绍了买入看跌期权策略，这里不再赘述。

5.2 裸卖出看涨期权（Naked Short Call）

裸卖出看涨期权也是最基本的期权策略积木之一，同时还是一个最基础的熊市交易策略。该策略的最大收益有限，而潜在亏损无限。如果没有这个基本的策略，那么将不可能构建任何贷方熊市策略，也无法从时间价值的流逝中获利。本书第 2 章已介绍了该策略，这里不再赘述。

5.3 熊市看跌期权价差（Bear Put Spread）

熊市看跌期权价差策略是指买入某一个标的的看跌期权，同时卖出一份同一标的、同一到期月份和执行价格更低的看跌期权，其构建过程如图 5-1 所示。该策略是一种垂直价差策略，又因为该策略会付出净权利金，所以该策略也是一种借方价差期权策略（Debit Spread）。该策略与牛市看涨期权价差策略思路类似，只是两者适用于不同的方向而已。

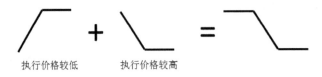

执行价格较低　　　执行价格较高

图 5-1　熊市看跌期权价差策略的构建过程示意图

熊市看跌期权价差策略也可以看成通过折扣的方式买入了看跌期权。因为卖出了虚值的看跌期权，所得的权利金可以很有效地抵消一部分买入实值/平值看跌期权所要花费的权利金。

1．适用场景

如果交易者对标的资产价格温和看跌，就可以使用该策略。

2．怎样构建该策略

这个策略的构建过程很简单，交易者需要在买入实值/平值看跌期权的同时卖出一个相同标的和相同到期日的虚值看跌期权。策略构建：

买入平值看跌期权+卖出虚值看跌期权

> 熊市看跌期权价差策略案例：假设股票 ABCD 的当前价格是 44 元/股，你以 1.05 元/股的价格买入开仓 10 手 1 月份到期执行价格为 44 元/股的看跌期权，同时以 0.60 元/股的价格卖出开仓 10 手 1 月份到期执行价格为 43 元/股的看跌期权。这样就构建了一个熊市看跌期权价差策略。你为此付出的净权利金是 1.05-0.60 ＝ 0.45（元/股）。如果你预期股票 ABCD 能够跌到 42 元/股，那么可以选择卖出执行价格为 42 元/股的看跌期权。

3．该策略的潜在收益

熊市看跌期权价差策略在标的资产价格下跌的时候获利，如果标的资产价格真的下跌了，则交易者所买入的看跌期权是有利的，所卖出的看跌期权是不利的。

当标的资产价格下跌到你所卖出的虚值看跌期权的执行价格时,该策略能够取得最大收益。如果标的资产价格继续下跌,则看跌期权多头价值的增加与看跌期权空头价值的损耗正好抵消,总的头寸并不会继续盈利。

4．该策略的风险收益特征

潜在最大收益:有限(执行价格之差－净支付的费用)。

潜在最大亏损:有限(净支付的费用)。

当标的股票价格下跌时,使用熊市看跌期权价差策略能够获利。这个价差可以通过一笔交易来完成,但总会产生净费用(净现金流出),因为较高执行价格的看跌期权总是比较低执行价格的看跌期权要贵。当标的资产价格超过较高的执行价格时,使用这一策略通常会产生最大的亏损。如果两个期权都变成虚值,价值归零,那么投资者为这个价差策略所支付的净费用将全部损失。这个价差策略的最大利润通常发生在标的资产价格低于较低的执行价格之时,这样两个期权都会以实值方式到期。投资者可以执行买入的看跌期权,以较高的执行价格卖出标的,然后在较低的执行价格期权被执行时买入标的。该策略损益平衡点公式如下。

$$损益平衡点 = 买入期权的执行价格 － 净支付的费用$$

5．该策略到期收益的计算方法

继续看上面的例子:你以 1.05 元/股的价格买入 10 手 1 月份到期执行价格为 44 元/股的看跌期权,同时以 0.60 元/股的价格卖出 10 手 1 月份到期执行价格为 43 元/股的看跌期权。

最大收益= 44-43-(1.05-0.60) = 0.55(元/股)。

损益平衡点=较高的执行价格-付出的净权利金=44-0.45=43.55(元/股)。

6．该策略的主要 Greek 图示

表 5-1 说明了标的资产价格变化时该策略各希腊字母的取值情况。图 5-2 也展示了该策略主要希腊字母的取值情况,主要参数为:标的股票价格为 44 元/股,买入执行价格为 44 元/股的看跌期权(B),卖出执行价格为 43 元/股的看跌期权(A),剩余期限为 0.5 年,波动率为 20%,无风险收益率为 3.5%,股息收益率为 2%。

表 5-1　熊市看跌期权价差策略各希腊字母的取值情况

希 腊 字 母	下　降	平　值	上　升
Delta	–	– –	–
Gamma	–	0	+
Theta	+	0	–
Vega	–	0	+

注：+表示略微偏正，– –表示为负值，–表示略微偏负。

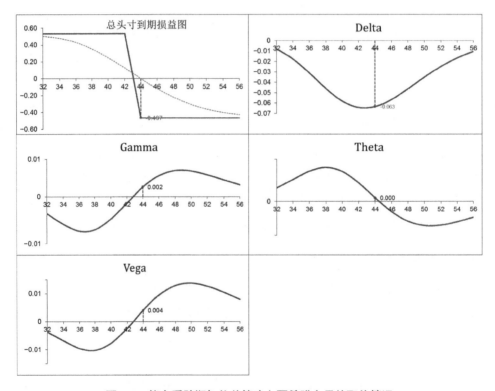

图 5-2　熊市看跌期权价差策略主要希腊字母的取值情况

　　Delta：该策略的 Delta 是一个负数，绝对值在履约价格 A 和 B 之间最高，Delta 值趋向于零。

Gamma：如果标的资产价格非常接近 A，则 Gamma 为负数；如果标的资产价格非常接近 B，则 Gamma 为正数；如果标的资产价格在 A 和 B 之间，则 Gamma 为中性。

Theta：如果标的资产价格非常接近 A，则 Theta 为正数；如果标的资产价格非常接近 B，则 Theta 为负数；如果标的资产价格在 A 和 B 之间，则 Theta 为中性。如果股价位于两个执行价格之间，则时间衰减的影响非常小。如果股价更接近较高的执行价格，那么更快的时间衰减通常会导致损失增加；如果股价接近较低的执行价格，则会导致利润增加。

Vega：如果标的资产价格非常接近 A，则 Vega 为负数；如果标的资产价格非常接近 B，则 Vega 为正数；如果标的资产价格在 A 和 B 之间，则 Vega 为中性。

7. 该策略的优点

- 即使标的资产价格没有下跌，而是上涨了，该策略的最大损失也是有限的。

- 如果标的资产价格下跌了，但没有跌破所卖出的虚值看跌期权的执行价格，那么该策略的收益要比仅买入看跌期权多一些。

- 若卖出一个虚值看跌期权，那么该策略算是以有所折扣的价格买到了看跌期权。

8. 该策略的缺点

- 该策略要比仅买入看跌期权多花一些手续费。

- 如果标的资产价格跌破卖出的虚值看跌期权的执行价格，那么总收益将不再增加。

9. 该策略在到期前的调整方法

- 在标的资产价格跌破看跌期权空头的执行价格时，如果预期标的资产价格继续小幅下跌，则可以把先前卖出的虚值看跌期权买回平仓，然后卖出一个更加虚值的看跌期权。

- 在标的资产价格跌破看跌期权空头的执行价格时，如果预期标的资产价格还会大幅下跌，则可以把先前卖出的虚值看跌期权买回平仓，仅留有看跌期权多头去追逐更大的获利空间。

- 在标的资产价格跌至看跌期权空头的执行价格时，看跌期权多头是实值的、空头是平值的。如果预期标的资产价格会有所反弹或反转，则可以把已经盈利的看跌期权多头平仓，然后买入一个虚值的看跌期权。这样就把原来的熊市看跌期权价差策略转换成了牛市看跌期权价差策略。如果交易软件支持条件单，那么这种转换可以自动完成。

5.4 熊市看涨期权价差（Bear Call Spread）

熊市看涨期权价差策略可以这样理解：裸卖出一个执行价格较低的看涨期权，然后通过买入一个执行价格更高的看涨期权来降低潜在的最大损失，同时还降低了保证金的占用，其到期损益如图 5-3 所示。

执行价格较低　　　执行价格较高

图 5-3　熊市看涨期权价差策略到期损益

熊市看涨期权价差策略也是一种熊市策略，与前文介绍的熊市看跌期权价差相比，该策略在构建之初收到了净权利金。也就是说，熊市看涨期权价差是一个贷方期权价差策略，即使标的资产价格横盘不动，也可以从时间价值的流逝中赚到钱。

1. 适用场景

如果交易者对标的资产价格温和看跌，并且希望即便标的资产横盘不动时也能不亏或小赚，就可以使用该策略。

2. 怎样构建该策略

这个策略的构建过程不复杂，交易者需要在卖出一个实值或平值的看涨期权的同时，买入一个平值或虚值的期权。看涨期权的多头与空头应该是相同标的和相同到期日的。策略构建：

卖出实值看涨期权+买入平值看涨期权

或者

卖出平值看涨期权+买入虚值看涨期权

> 熊市看涨期权价差策略案例 1：卖出实值看涨期权+买入平值看涨期权
>
> 　　假设股票 ABCD 的当前价格是 44 元/股，卖出 10 手 1 月份到期执行价格为 43 元/股的实值看涨期权，同时买入 10 手 1 月份到期执行价格为 44 元/股的平值看涨期权，这样就构建了一个熊市看涨期权策略。

执行价格的选择永远是期权策略的一个关键内容。要选择哪个执行价格取决于你想要什么样的效果。如果是卖出平值看涨期权的同时买入虚值看涨期权，则只要标的资产价格横盘不动或者下跌，该策略就可以赚到钱，这个方法的一个缺点是降低了最大潜在收益。期权的策略选择到处都是对风险与收益的权衡。

> 熊市看涨期权价差策略案例 2：卖出平值看涨期权+买入虚值看跌期权
>
> 　　假设股票 ABCD 的当前价格是 44 元/股，卖出 10 手 1 月份到期执行价格为 44 元/股的平值看涨期权，同时买入 10 手 1 月份到期执行价格为 45 元/股的虚值看涨期权，这样也构建了一个熊市看跌期权策略。
>
> 　　熊市看涨期权策略在标的资产价格跌到卖出的看涨期权的执行价格时能够达到最大收益。在这个例子中，所卖出看涨期权的执行价格就是当前的股票价格，所以即使标的股票的价格横盘不动，也可以获得最大收益。

3. 该策略的潜在收益

熊市看涨期权价差策略的盈利分为两种情况。第一种情况：如果标的资产价格下跌了，所卖出的看涨期权的价值就会减少。如果到期时标的资产价格跌破所卖出的看涨期权的执行价格，则所卖出的看跌期权成了虚值期权，不会被行权（见上面的案例 1）。第二种情况：标的资产价格横盘不动，所卖出的看涨期权因不是实值的所以不会行权，其价值随到期日的临近而不断减少（见上面的案例 2）。

作为一种贷方期权价差策略，该策略在建立之初会收到净权利金，而最大收入也就是所收到的这笔净权利金。只要所卖出的看涨期权到期时不是实值的，该策略就能取得潜在最大收益。

4. 该策略的风险收益特征

最大收益：有限（得到的净权利金）。

最大亏损：有限（执行价格之差-收到的净权利金）。

损益平衡点=较低的执行价格+净权利金。

5. 该策略到期收益的计算方法

> 接上面的案例1：假设股票 ABCD 的当前价格是 44 元/股，以 1.85 元/股的价格卖出 10 手 1 月份到期执行价格为 43 元/股的实值看涨期权，同时以 1.05 元/股的价格买入 10 手 1 月份到期执行价格为 44 元/股的平值看涨期权。
>
> 最大收益=1.85-1.05=0.80（元/股）（当股票 ABCD 的价格不高于 43 元/股时取得最大收益）。
>
> 最大风险=执行价格之差-收到的净权利金=(44-43)-0.80=0.20（元/股）（当股票 ABCD 的价格高于 44 元/股时遭受风险）。
>
> 损益平衡点=较低的执行价格+净权利金=43+0.80=43.80（元/股）。

> 接上面的案例2：假设股票 ABCD 的当前价格是 44 元/股，以 1.05 元/股的价格卖出 10 手 1 月份到期执行价格为 44 元/股的平值看涨期权，同时以 0.60 元/股的价格买入 10 手 1 月份到期执行价格为 45 元/股的虚值看涨期权。
>
> 最大收益=1.05-0.60=0.45（元/股）（当股票 ABCD 的价格不高于 44 元/股时取得最大收益）。
>
> 最大风险=执行价格之差-收到的净权利金=(45-44)-0.45=0.55（元/股）（当股票 ABCD 的价格高于 45 元/股时遭受风险）。
>
> 损益平衡点=较低的执行价格+净权利金=44+0.45=44.45（元/股）。

对于一个熊市看涨期权价差策略来说，如果选用较高执行价格的看涨期权来构建，则该策略的潜在最大收益会小一些，但盈利的可能性要大得多，而且需要标的资产价格涨得更高。

6. 该策略的主要 Greek 图示

表 5-2 说明了标的资产价格变化时该策略各希腊字母的取值情况。图 5-4 也展示了该策略主要希腊字母的取值情况，主要参数为：标的股票价格为 44 元/股、卖出执行价格为 44 元/股的看跌期权（A），卖出执行价格为 45 元/股的看涨期权（B），剩余期限为 0.5 年，波动率为 20%，无风险收益率为 3.5%，股息收益率为 2%。

表 5-2　熊市看涨期权价差策略各希腊字母的取值情况

希 腊 字 母	下　　降	平　　值	上　　升
Delta	−	− −	−
Gamma	−	0	+
Theta	+	0	−
Vega	−	0	+

注：+++表示明显为正、++表示为正值、+表示略微偏正、− − −表示明显为负、− −表示为负值、−表示略微偏负。

Delta：在履约价格 A 和 B 之间 Delta 最高，若在履约价格 A 以下或 B 以上，则 Delta 趋向于零。

Gamma：如果标的资产价格非常接近 A，则 Gamma 为负数；如果标的资产价格非常接近 B，则 Gamma 为正数；如果标的的价格在 A 和 B 之间，则 Gamma 为中性。

Theta：如果标的资产价格非常接近 A，则 Theta 为正数；如果标的资产价格非常接近 B，则 Theta 为负数；如果标的资产价格在 A 和 B 之间，则 Theta 为中性。

Vega：如果标的资产价格非常接近 A，则 Vega 为负数；如果标的资产价格非常接近 B，则 Vega 为正数；如果标的资产价格在 A 和 B 之间，则 Vega 为中性。

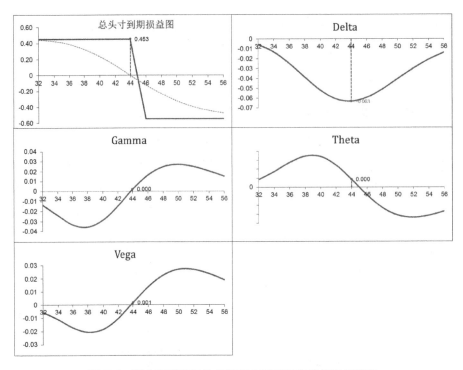

图 5-4 熊市看涨期权价差策略主要希腊字母的取值情况

7. 该策略的优点

- 即使标的资产价格没有下跌，反而上涨，该策略的最大损失也是有限的。

- 如果标的资产价格下跌，但没有跌破所卖出的虚值看涨期权的执行价格，那么该策略的收益要比仅买入看跌期权多一些。

- 即使标的资产价格完全横盘不动，该策略也能盈利。

- 该策略相比裸卖出看涨期权来说风险更低，因为该策略通过买入虚值看涨期权限制了一部分获利空间。

8. 该策略的缺点

- 使用该策略要比仅买入看跌期权或仅裸卖出看涨期权时多花一些手续费。

- 如果标的资产价格跌破了所卖出的虚值看跌期权的执行价格，那么总收益将不再增加。

- 因为是贷方价差策略，所以需要缴纳保证金。

- 只要看涨期权是实值的，就有被行权指派的可能性。到那时为了履约，可能不得不买入标的资产。

9. 该策略在到期前的调整方法

- 如果标的资产价格在跌破了所卖出的看涨期权的执行价格之后还大幅下跌，则可以把买入的看涨期权卖出平仓，否则买入的看涨期权就没什么价值，接下来就是把看涨期权空头头寸持有到期。这样就把该策略转换成了没有风险上限的裸卖空看涨期权策略。交易者还可以在标的资产价格跌破所卖出的看涨期权的执行价格之后，把全部头寸都平掉，然后建立风险有限的策略。

- 如果标的资产价格在下跌之后有止跌反弹的迹象，则应该把熊市看涨期权价差策略转换成看涨期权空头梯形价差策略。怎么转换呢？买入与看涨期权空头同等数量的虚值看涨期权，这个转换过程可以通过条件单自动完成。看涨期权空头梯形价差策略虽然也是价差策略，但在对行情的展望上，其算是波动率策略。

5.5 深度实值熊市看涨期权价差（Deep ITM Bear Call Spread）

深度实值熊市看涨期权价差策略是一种复杂的熊市策略，其收益与风险均有限。该策略需要标的资产价格深度下跌才会有所盈利，但其收益风险比很高，到期损益如图 5-5 所示，甚至可以将该策略改造成无风险套利策略。

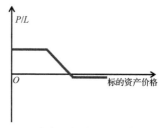

图5-5 深度实值熊市看涨期权价差策略的到期损益

1. 什么是深度实值熊市看涨期权价差

深度实值熊市看涨期权价差本质上是一种

熊市看涨期权价差策略，是使用深度实值看涨期权构造的。在传统的熊市看涨期权价差策略里，我们在卖出平值看涨期权的同时通过买入虚值看涨期权来抵消部分保证金的占用，给潜在的最大风险设定一个上限。在标的资产价格波动的过程中，潜在最大亏损有可能大于潜在最大收益，风险收益比是负的。然而，在熊市看涨期权价差策略里，若使用更低的执行价格，则风险收益比会变大，并且逐步转正。和传统的熊市看涨期权价差策略一样，深度实值熊市看涨期权价差策略也需要标的资产价格跌到看涨期权空头执行价格之下，才会取得潜在最大收益。当然，这需要标的资产价格大幅下跌。

该策略的潜在最大亏损非常小。在传统的熊市看涨期权价差策略里，我们卖出平值看涨期权，买入虚值看涨期权。一旦标的资产价格上涨，我们所卖出的看涨期权就会遭受损失，当然，买入的看涨期权有可能会有所保护，但保护效果有多大呢？在标的资产价格上涨初期，这个保护作用是不大的，从 Delta 的角度来看，同为看涨期权，实值看涨期权的 Delta 要大于虚值看涨期权的 Delta。这导致在标的资产价格上涨初期，我们买入的看涨期权的增值速度要明显小于所卖出的看涨期权的增值速度，看涨期权多头的增值弥补不了看涨期权空头的损失。

在深度实值熊市看涨期权价差策略里，我们所卖出与买入的看涨期权都是深度实值的，两个深度实值看涨期权的 Delta 都接近 1。一旦标的资产价格上涨，看涨期权多头就能够对看涨期权空头提供完全保护，这就是该策略潜在最大亏损很小的原因。

2. 适用场景

如果交易者认为标的资产价格在期权到期前会大幅下跌，但又只想为交易承担尽可能小的潜在损失，就可以选择这个策略。

3. 怎样构建该策略

该策略的构建并不复杂，只要交易者在卖出深度实值看涨期权的同时，买入一个相同到期日但执行价格更高的实值看涨期权即可。策略构建：

卖出深度实值看涨期权＋买入实值看涨期权

案例：假设股票 ABCD 的当前价格是 63 元/股，其 5 月份到期执行价格为 60 元/股的看涨期权的价格是 3.06 元/股；5 月份到期执行价格为 55 元/股的看涨期权价格是 7.94 元/股。

以 3.06 元/股的价格买入 1 手 5 月份到期执行价格为 60 元/股的看涨期权。同时以 7.94 元/股的价格卖出 1 手 5 月份到期执行价格为 55 元/股的看涨期权。如此就构建了一个深度实值熊市看涨期权价差策略，得到的净权利金为 7.94-3.06 =4.88（元/股）。

4. 执行价格与期权到期月份的选择

到期月份与执行价格的选择是期权策略的一个关键。到期月份的选择取决于标的资产价格要跌到看涨期权空头头寸的执行价格之下需要多长时间。如果你认为标的资产价格会快速下行，则应该选择最近的到期月份。如果你认为标的资产价格下行过程在 3 个月之内能完成，则应该选择至少 3 个月以后的到期月份。由于深度实值熊市看涨期权价差策略的损益平衡点往往离当前市场价很远，因此最好给价格的大幅运动留有充足的时间。

看涨期权空头头寸执行价格的选择取决于预期标的资产价格能够跌到什么价位。在上面的例子中，我们认为股票 ABCD 的价格至少能跌破 55 元/股，所以就选择 55 元/股作为执行价格。一定要记住：选择的执行价格越低，则该策略的潜在收益越大。

5. 深度实值熊市看涨期权价差套利

深度实值熊市看涨期权价差有时能够变成一种无风险的套利策略。在标的资产价格横盘不动或者上涨时，总头寸不仅不会亏损，反而还会有一小部分利润，在标的资产价格大幅下跌时有较大的利润，深度实值熊市看涨期权价差套利到期损益如图 5-6 所示。

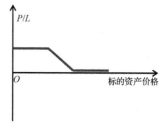

图 5-6 深度实值熊市看涨期权价差套利到期损益

案例：假设股票ABCD的当前价格是63元/股，其5月份到期执行价格为60元/股的看涨期权价格是3.06元/股；5月份到期执行价格为55元/股的看涨期权的价格是8.10元/股，套利操作示例如表5-3所示。

表5-3　深度实值熊市看涨期权价差套利操作示例

操　作	执行价格（元/股）	到期月份（月）	看涨期权价格（元/股）
买入	60	5	3.06
卖出	55	5	8.10
收到的净手续费=8.10-3.06=5.04（元/股）			
最小利润=5.04-71-66 = 0.04（元/股），没有亏损的可能			

6. 该策略的潜在收益

如果在到期时标的资产价格跌到或跌破看涨期权空头头寸执行价格，就能够获得最大收益。最大收益和最大亏损公式如下。

$$最大收益=净权利金收入$$

$$最大亏损=两个执行价格之差-净权利金收入$$

假设股票ABCD的当前价格是63元/股，其5月份到期执行价格为60元/股的看涨期权价格为3.06元/股；执行价格为55元/股的看涨期权价格为7.94元/股，其操作示例如表5-4所示。

表5-4　深度实值熊市看涨期权价差操作示例

操　作	执行价格（元/股）	到期月份（月）	看涨期权价格（元/股）
买入	60	5	3.06
卖出	55	5	7.94
收到的净手续费=7.94-3.06=4.88（元/股）			
最大收益=4.88（元/股）			
最大亏损= 60-55-4.88=0.12（元/股）			
收益风险比=4.88/0.12=122:3			

7. 该策略的损益平衡点

用深度实值看涨期权构建的熊市价差策略在标的资产价格跌破损益平衡点的时候开始有盈利。

损益平衡点=较高的执行价格-潜在最大亏损

> 继续上面的例子：最大损失=0.12元/股，较高的执行价格为60元/股。
> 损益平衡点=60-0.12=59.88（元/股）。
>
> 深度实值看涨期权价差策略在标的资产价格从63元/股跌到59.88元/股时才开始有净盈利，对应的标的资产价格跌幅为4.95%，这算是一个比较大的跌幅，损益平衡点与标的资产初始价格之间相隔如此大的涨幅，这是该策略最大的缺点，也正因为如此，该策略仅在预期标的资产价格大幅下跌时才适用。

8. 该策略的主要 Greek 图示

图 5-7 展示了该策略主要希腊字母的取值情况，主要参数为：标的股票价格为 63 元/股，卖出执行价格为 55 元/股的看涨期权，买入执行价格为 60 元/股的看涨期权，剩余期限为 0.5 年，波动率为 20%，无风险收益率为 3.5%，股息收益率为 2%。

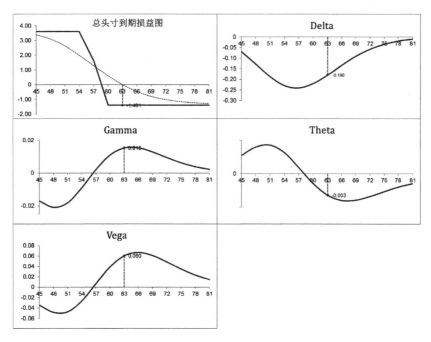

图 5-7 深度实值熊市看涨期权价差策略主要希腊字母的取值情况

5.6 看跌期权比率价差（Bear Ratio Spread）

看跌期权比率价差与看涨期权比率价差（Bull Ratio Spread）在构建思路上相同，只不过两个策略应用于不同的场景而已。

看跌期权比率价差策略本质上算是对熊市看跌期权价差策略的一种改造，能够达到以下三个目的。

- 当标的资产价格到期落在期权多空头寸的两个执行价格之间时，能够得到相对高的收益。
- 通过减少策略构建之初所付出的权利金来降低总风险。
- 即使到期时标的资产价格横盘不动，也能够盈利。

1. 看跌期权比率价差的分类

传统的熊市看跌期权价差策略是买入一个平值的看跌期权，然后卖出一个虚值的看跌期权。看跌期权比率价差策略是在传统的熊市看跌期权价差策略的基础上卖出更多的虚值的看跌期权，导致看跌期权空头头寸数量要多于看跌期权多头头寸数量。该策略名称中的"比率"是指策略中看跌期权多头与空头头寸数量的比率，常用的比率有 1:2、2:3 等，根据比率的不同可以分为借方比率价差、平衡比率价差、贷方比率价差。

（1）借方看跌期权比率价差

在熊市看跌期权价差策略的基础上卖出更多的虚值看跌期权，确实能够减少总权利金花费。如果卖出看跌期权所得的总权利金并不能覆盖买入看跌期权所付出的权利金，则称为"借方看跌期权比率价差"，其到期损益如图 5-8 所示。

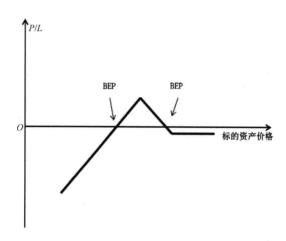

图 5-8 借方看跌期权比率价差的到期损益

借方看跌期权比率价差的一个例子（如表 5-5 所示）：假设股票 ABCD 的当前价格是 44 元/股，你以 1.05 元/股的价格买入 2 手 1 月份到期执行价格为 44 元/股的平值看跌期权，以 0.60 元/股的价格卖出 3 手 1 月份到期执行价格为 43 元/股的看跌期权。在这个例子中，你比传统的熊市看跌期权价差策略多卖出 1 手看跌期权，所达到的效果怎样？所付出的净权利金是 200×1.05-300×0.60=30（元）。假如采用的是熊市看跌期权价差策略，所付出的净权利金是 200×1.05-200×0.60=90（元）。

表 5-5 借方看跌期权比率价差操作示例

操　作	类　型	执行价格（元/股）	到期月份（月）	数量（手）	期权价格（元/股）
买入	看跌期权	44	1	2	1.05
卖出	看跌期权	43	1	3	0.60

（2）平衡看跌期权比率价差

如果卖出看跌期权所得的总权利金恰好能够覆盖买入看跌期权所付出的权利金，则称为"平衡看跌期权比率价差"。这种策略不用付出净权利金，其到期损益如图 5-9 所示。

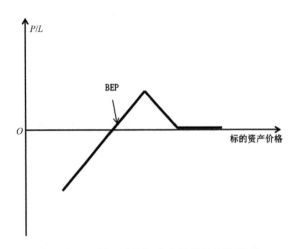

图 5-9　平衡看跌期权比率价差的到期损益

　　　　平衡看跌期权比率价差的一个例子（如表 5-6 所示）：假设股票 ABCD 的当前价格是 44 元/股，你以 1.05 元/股的价格买入 4 手 1 月份到期执行价格为 44 元/股的平值看跌期权，以 0.60 元/股的价格卖出 7 手 1 月份到期执行价格为 43 元/股的看跌期权。在这个例子中，你比传统的熊市看跌期权价差策略多卖出了 3 手看跌期权，所达到的效果怎样？所付出的净权利金是 400×1.05-700×0.60=0（元）。建立这个头寸并没有付出权利金。

表 5-6　平衡看跌期权比率价差操作示例

操　作	类　型	执行价格（元/股）	到期月份（月）	数量（手）	期权价格（元/股）
买入	看跌期权	44	1	4	1.05
卖出	看跌期权	43	1	7	0.60

（3）贷方看跌期权比率价差

　　如果卖出看跌期权所得的总权利金不仅能够覆盖买入看跌期权所付出的权利金，而且有净权利金收入，则称为"贷方看跌期权比率价差"。这种策略不用付出净权利金，其到期损益如图 5-10 所示。与前面的两个看跌期权比率价差策略相比，大多数交易者更喜欢这个策略，因为如果标的资产价格正好跌到看跌期权空头执行价格，那么该策略能够获得的收益相对最大。

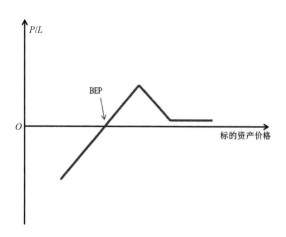

图5-10 贷方看跌期权比率价差的到期损益

贷方看跌期权比率价差的一个例子（如表5-7所示）：假设股票ABCD的当前价格是44元/股，你以1.05元/股的价格买入4手1月份到期执行价格为44元的平值看跌期权，以0.60元/股的价格卖出10手1月份到期执行价格为43元/股的看跌期权。在这个例子中，你比传统的熊市看跌期权价差策略多卖出了6手看跌期权，所达到的效果怎样？所得到的净权利金是1000×0.60-400×1.05=180（元）。

表5-7 贷方看跌期权比率价差操作示例

操 作	类 型	执行价格（元/股）	到期月份（月）	数量（手）	期权价格（元/股）
买入	看跌期权	44	1	4	1.05
卖出	看跌期权	43	1	10	0.60

2．适用场景

如果交易者确信标的资产价格能够下跌一定的幅度，则可以采用此策略。如果交易者认为标的资产价格有可能下跌到某个支撑位，则该策略可以用来增加收益。

3. 该策略的潜在收益

如图 5-8 至图 5-10 所示，在标的资产价格跌到看跌期权空头的执行价格时，该策略能取得其潜在最大收益，但该策略的潜在收益是有限的。最大收益公式如下。

最大收益=卖出看跌期权的总收益+(期权执行价格之差−
买入看跌期权的价格)×买入看跌期权的合约数

> 借方看跌期权比率价差策略收益的计算案例：假设股票 ABCD 的当前价格是 44 元/股，以 1.05 元/股的价格买入 2 手 1 月份到期执行价格为 44 元/股的看跌期权，同时以 0.60 元/股的价格卖出 3 手 1 月份到期执行价格为 43 元/股的看跌期权，潜在最大收益为 0.6×300+(44-43-1.05)×200=170（元）。

> 平衡看跌期权比率价差策略收益的计算案例：假设股票 ABCD 当前价格是 44 元/股，以 1.05 元/股的价格买入 4 手 1 月份到期执行价格为 44 元/股的看跌期权，同时以 0.60 元/股的价格卖出 7 手 1 月份到期执行价格为 43 元/股的看跌期权，潜在最大收益为 0.6×700+(44-43-1.05)×400=400（元）。

> 贷方看跌期权比率价差策略收益的计算案例：假设股票 ABCD 当前价格是 44 元/股，以 1.05 元/股的价格买入 4 手 1 月份到期执行价格为 44 元/股的看跌期权，同时以 0.60 元/股的价格卖出 10 手 1 月份到期执行价格为 43 元/股的看跌期权，潜在最大收益为 0.6×1000+(44-43-1.05)×400=580（元）。

4. 该策略的风险收益特征

最大收益：有限。

最大损失：无限。

如果标的资产价格在跌到看跌期权空头的执行价格之后还继续下跌，则策略的浮盈会开始回吐。如果标的资产价格不但没有下跌，反而上涨了，则最大亏损仅限于所付出的净权利金，当然，这是针对"借方看跌期权比率价差"的情况。如果是"平衡看跌期权比率价差"或者"贷方看跌期权比率价差"的情况，则在标的资产价格上涨的时候不会亏钱。事实上，如果是贷方看跌期权比率价差策略，则在标的资产上涨的时候所收到的净权利金会变成利润。从这个意义上讲，本节所讨论的看跌期权比率价差策略算是一个中性策略。因为本策略在标的资产价格下跌时获取其最大收益，所以就把该策略归为熊市策略了，有一些期权策略因为收益特征比较复杂，所以导致其很难被归类。

5. 该策略的损益平衡点

如果是借方看跌期权比率价差策略，则有可能有两个损益平衡点，我们一般只关注此策略位置较低的损益平衡点，损益平衡点公式如下。

损益平衡点=看跌期权空头执行价格 − [最大收益 /

(看跌期权空头数量-看跌期权多头数量)]

> 借方看跌期权比率价差策略的损益平衡点案例：假设股票 ABCD 的当前价格是 44 元/股，以 1.05 元/股的价格买入 2 手 1 月份到期执行价格为 44 元/股的看跌期权，同时以 0.60 元/股的价格卖出 3 手 1 月份到期执行价格为 43 元/股的看跌期权。
>
> 损益平衡点= 43-[1.70 / (3-2)] = 41.30（元/股）。

> 平衡看跌期权比率价差策略的损益平衡点案例：假设股票 ABCD 当前价格是 44 元/股，以 1.05 元/股的价格买入 4 手 1 月份到期执行价格为 44 元/股的看跌期权，同时以 0.60 元/股的价格卖出 7 手 1 月份到期执行价格为 43 元/股的看跌期权。
>
> 损益平衡点= 43-[4 / (7-4)] ≈ 41.67（元/股）。

> 贷方看跌期权比率价差策略的损益平衡点案例：假设股票 ABCD 当前价格是 44 元/股，以 1.05 元/股的价格买入开仓 4 手 1 月份到期执行价格为 44 元/股的看跌期权，同时以 0.60 元/股的价格卖出开仓 10 手 1 月份到期执行价格为 43 元/股的看跌期权。
>
> 损益平衡点= 43-[5.8 / (10-4)] ≈ 42.03（元/股）。

通过上面的例子可以看到，在三种子类型中，贷方看跌期权比率价差策略的损益平衡点距策略构建时的市场价最近。

6. 该策略的主要 Greek 图示

图 5-11 展示了该策略主要希腊字母的取值情况，剩余期限为 0.5 年，波动率为 20%，无风险收益率为 3.5%，股息收益率为 2%。

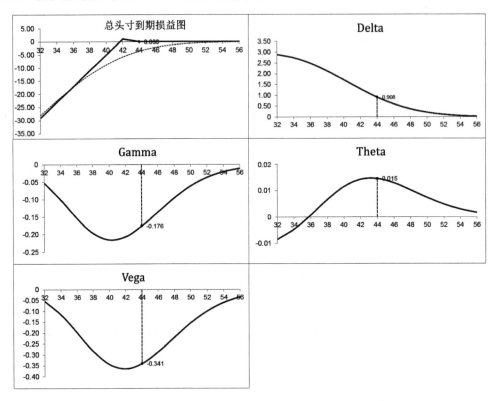

图 5-11　看跌期权比率价差策略主要希腊字母的取值情况

Delta：该策略的 Delta 值为正数，随着标的资产价格的上涨，Delta 值逐渐减小到 0，说明随着标的资产价格上涨，该策略能得到的收益是有限的。

Gamma：Gamma 值为负数，在负 Gamma 值的作用下，Delta 值越来越小。

Theta：Theta 值为正数，说明时间价值的流逝对该策略有利。

Vega：Vega 值为负数，如果在建立该策略之后，标的资产价格横盘不动，则该策略可获得收益。隐含波动率上升对该策略不利。

7. 该策略的优点

- 在贷方看跌期权比率价差策略中，即使标的资产价格出现上涨，也可以盈利。
- 相比熊市看跌期权价差策略而言，在看跌期权空头执行价格这一位置，该策略的获利要高得多。

8. 该策略的缺点

- 一些经纪商可能不允许期权新手采用此策略。
- 需要保证金。

9. 该策略在到期前的调整方法

如果在到期日之前，标的资产价格就跌到了看跌期权空头执行价格的位置，这时交易者可以选择把先前多卖出的看跌期权买回平仓，这样就把该策略转换成了"熊市看跌期权价差策略"，就不怕标的资产继续下跌了。否则，一旦标的资产价格继续下跌到损益平衡点之下，该策略就会面临亏损。这种转换可以由条件单自动完成。

5.7 空头看跌期权比率价差（Short Bear Ratio Spread）

空头看跌期权比率价差到期损益如图 5-12 所示，与看跌期权比率价差策略相比，该策略在标的资产价格下跌时的潜在收益无限。

空头看跌期权比率价差策略是指买入平值或者浅虚值的看跌期权，同时卖出更少数量的相同到期日的实值看跌期权。毫无疑问，实值看跌期权要比虚值或平值的看跌期权贵一些。

鉴于实值的看跌期权要比平值或虚值的看跌期权贵一些，所以要通过卖出实值看跌期权来抵消或部分抵消买入看跌期权所花费的权利金，并不需要卖同等数量的实值看跌期权，而应该卖得少一些。

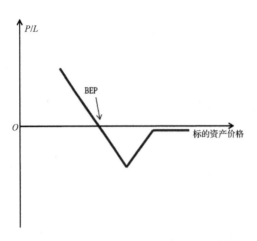

图 5-12 空头看跌期权比率价差的到期损益

下面看一个空头看跌期权比率价差策略的例子：假设股票 ABCD 的当前价格是 44 元/股，以 1.05 元/股的价格买入 3 手 1 月份到期执行价格为 44 元/股的看跌期权，同时以 3.15 元/股的价格卖出 1 手 1 月份到期执行价格为 47 元/股的看跌期权。

买入 3 手执行价格为 44 元/股的看跌期权的总权利金为 1.05×3×100=315（元），与卖出 1 手执行价格为 47 元/股的实值看跌期权所得权利金正好相抵。

买入与卖出看跌期权数量的比率应该定在多少？这个没有一定的准则，3:1 是常用的比率。

1. 在该策略中应怎样选择执行价格

该策略是一个比率价差策略，比率的确定主要受看跌期权执行价格的影响，应该怎样选择执行价格呢？下面提供一些参考意见。

- 所选择的看跌期权多头与空头执行价格相差越大，需要卖出的实值看跌期权数量相对越少，但这会使该策略较低的损益平衡点离当前市场价格越远。也就是说，需要标的资产价格下跌更多才能让这个策略盈利。

- 看跌期权多头与空头执行价格相差越小，潜在收益越大，较低的损益平衡点离当前市场价格越近。

- 如果卖出看跌期权所得权利金多于买入看跌期权所得权利金，则该策略是一个贷方策略，只有标的资产价格剧烈下跌的时候才会盈利，这算是一个熊市策略吗？严格来说不算，但算是一个剧烈波动策略。

- 如果所卖出的实值看跌期权数量等于或者多于所买入的平值/浅虚值看跌期权数量，则该策略不算是熊市策略。当标的资产价格上涨时，该策略会亏损。

从上面的几条经验中可以总结出，在这个策略中，我们应该选择卖出实值或接近实值的看跌期权来抵消所买入看跌期权的成本，但又不能让看跌期权空头数量超过看跌期权多头数量。

2. 适用场景

如果交易者确信标的资产价格会有一个较大幅度的下跌，并且不希望为构建策略付出净权利金，还希望在标的资产价格上涨的时候不亏钱，那么可以使用这个策略。

3. 该策略的潜在收益

该策略的潜在收益无限。只要标的资产价格一直下跌，该策略的收益就能一直增加。该策略的收益公式如下。

收益= (看跌期权多头执行价格-标的资产价格) × 看跌期权多头头寸数量-
　　(看跌期权空头执行价格-标的资产价格) ×看跌期权空头头寸数量

> 来看一个例子：假设股票 ABCD 的当前价格是 44 元/股，以 1.05 元/股的价格买入 3 手 1 月份到期执行价格为 44 元/股的看跌期权，同时以 3.15 元/股的价格卖出 1 手 1 月份到期执行价格为 47 元/股的看跌期权，假设股票 ABCD 价格跌到了 41 元/股，则：
>
> 总收益= (44-41)×300-(47-41)×100=900-600 =300（元）。

该策略的最大亏损公式如下：

最大亏损=买入看跌期权所付出的权利金-卖出看跌期权所得到的权利金

> 接着上面的例子：最大亏损=1.05×300-(3.15-3)×100=315-15=300（元）。当股票 ABCD 到期价格在 44 元/股的时候会产生最大亏损。

4．该策略的风险收益特征

潜在最大收益：无上限。

最大损失：有限。

当到期时标的资产价格恰好是看跌期权多头头寸执行价格的时候会产生最大亏损。

5．该策略的损益平衡点

该策略有两个损益平衡点，当标的资产价格跌破较低的损益平衡点的时候，该策略开始盈利，在该策略中，我们一般不太关注较高的那个损益平衡点。损益平衡点公式如下。

较低的损益平衡点 = 看跌期权多头执行价格 − [最大亏损 /

(看跌期权多头头寸数量−看跌期权空头头寸数量)]

> 假设股票 ABCD 当前价格是 44 元/股，以 1.05 元/股的价格买入 3 手 1 月份到期执行价格为 44 元/股的看跌期权，同时以 3.15 元/股的价格卖出 1 手 1 月份到期执行价格为 47 元/股的看跌期权。
>
> 净权利金收入为 0 元，最大亏损为 300 元。
>
> 较低的损益平衡点= 44−(300 / (300−100)) =44−1.5=42.50（元/股）。

较高的损益平衡点 = 看跌期权空头头寸执行价格

> 接着上面的例子：较高的损益平衡点为 47 元/股。如果标的资产价格上涨突破 47 元/股，则该策略总体将没有收益，也没有亏损。

6．该策略的主要 Greek 图示

图 5-13 展示了该策略主要希腊字母的取值情况，剩余期限为 0.5 年，波动率为 20%，无风险收益率为 3.5%，股息收益率为 2%。

Delta：该策略的 Delta 值为负数，随着标的资产价格的下跌，Delta 绝对值变大。

Gamma：Gamma 值为正数，其在平值期权附近最高，尤其在期权接近到期日时。

Theta：Theta 值为负数，时间价值的流逝对该策略不利。

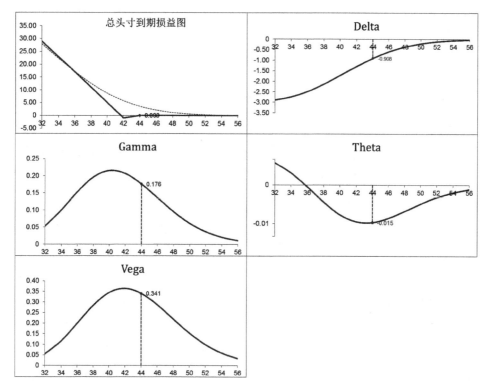

图 5-13 空头看跌期权比率价差策略主要希腊字母的取值情况

Vega：Vega 值为正数，隐含波动率的增加对该策略有好处，该策略特别愿意看到行情向下突破。

7. 该策略的优点

- 策略构建之初不需要付出净权利金。
- 如果标的资产价格没有下跌，反而上涨，则该策略也不会亏钱。
- 潜在收益没有上限。

8. 该策略的缺点

与只买入看跌期权策略相比，即便标的资产价格跌幅相同，该策略的收益也要小一些。

9. 该策略在到期前的调整方法

- 随着标的资产价格的下跌，该策略已经盈利了，如果交易者预期标的资产价格还会继续下跌，则可以把卖出的看跌期权买回平仓，这样就把该策略转换成了一个单纯的买入看跌期权策略。

- 随着标的资产价格的下跌，该策略已经盈利了，如果交易者认为在到期前标的资产价格能继续跌到某价位就不再跌了，就可以把卖出的看跌期权买回平仓，然后卖出以某价位为执行价格的看跌期权，这样就把该策略转换成了熊市看跌期权价差策略。

5.8 熊市看跌期权梯形价差（Bear Put Ladder Spread）

所谓梯形价差策略，是指在传统垂直价差策略的"两腿"上再加一个虚值期权。所谓"梯形"，主要是指所加的"一腿"虚值期权与原有期权执行价格不同。

熊市看跌期权梯形价差策略可以说是从熊市看跌期权价差策略衍生而来的策略，我们在熊市看跌期权策略里的典型操作上买入一个平值的看跌期权，然后卖出一个虚值看跌期权，如果在此基础上再卖出一个到期月份相同但执行价格更低的、更加虚值的看跌期权，就算是构建了一个熊市看跌期权梯形价差策略。

经过这样的改造能达到什么效果呢？可以降低构建策略的权利金花费，甚至不花费或者收到净权利金。当然，这样的改造也带来一个缺点：如果标的资产价格剧烈下跌，那么该策略的潜在亏损是没有上限的。

1. 该策略与看跌期权比率价差策略的差别

看跌期权梯形价差策略与看跌期权比率价差策略都是从熊市看跌期权价差策略衍生而来的。这两个策略有什么相同与不同之处呢？

这两个策略都是为了降低甚至消除构建熊市看跌期权价差策略时的权利金花费，为了达到这个目的，这两个策略都有裸露的看跌期权空头，都需要缴纳保证金。看跌期权比率价差策略所额外卖出的虚值看跌期权与已有看跌期权空头有相同的执行价格，看跌期权梯形价差策略所额外卖出的虚值看跌期权的执行价格比已有看跌期权空头的执行价格更低。两个策略有以下 4 点不同。

- 看跌期权梯形价差策略所需要的保证金较少。
- 看跌期权比率价差策略的最大收益更大（如图 5-14 所示）。
- 看跌期权比率价差的损益平衡点离当前市场价更近。
- 看跌期权比率价差所花费的净权利金更少。

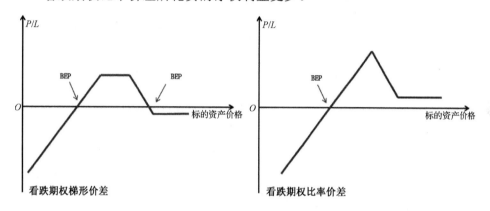

图 5-14　两个策略的对比

2. 适用场景

如果确信标的资产价格不会发生剧烈下跌，就可以把该策略当作对熊市看跌期权价差策略的改进来使用。

3. 怎样构建该策略

买入平值或者浅实值/浅虚值看跌期权，卖出相同数量的执行价格更低的看跌期权（构建熊市看跌价差策略），进一步卖出相同数量的执行价格降低的虚值看跌期权，这样就构建了熊市看跌期权梯形价差策略。策略构建：

买入平值的看跌期权+卖出虚值的看跌期权+卖出更加虚值的看跌期权

来看一个例子：假设股票 ABCD 的当前价格是 44 元/股，买入 1 手 1 月份到期执行价格为 44 元/股的看跌期权，卖出 1 手 1 月份到期执行价格为 42 元/股的看跌期权，再卖出 1 手 1 月份到期执行价格为 41 元/股的看跌期权（如表 5-8 所示）。

表 5-8　熊市看跌期权梯形价差操作示例

操　作	类　型	执行价格（元/股）	到期月份（月）	数量（手）
买入	看跌期权	44	1	1
卖出	看跌期权	42	1	1
卖出	看跌期权	41	1	1

4. 该策略执行价格的选择

该策略涉及三个执行价格，其中一个执行价格与当前市场价格接近，另外两个执行价格都低于当前市场价格。从该策略的构建过程应该可以体会到，中间那个执行价格的选定比较重要。应该怎么选定执行价格呢？应该根据到期前标的资产价格下跌的目标位来选定。比如在上面的例子中，我们预期价格能够下跌到 42 元/股，但不至于再跌破 42 元/股，则应该选 42 元/股作为中间的那个执行价格。选定中间的执行价格后还会再选择一个更低的执行价格来卖出一个看跌期权。在上面的例子中，我们选定的是 41 元/股，卖出执行价格为 41 元/股的看跌期权是为了获取权利金来降低策略的总花费，我们甚至也可以选择卖出执行价格为 40 元/股的看跌期权，不过那样节省总花费的效果可能要差一些，保证金的占用也要少一些，这还是一个权衡的过程。

5. 该策略的风险收益特征

最大收益：有限。

标的资产价格上行时的最大亏损：限于所付出的净权利金。

标的资产价格下行时的最大亏损：若跌破最低的执行价格，则潜在最大亏损无限。

6. 该策略的潜在收益

当标的资产价格下跌至两个看跌期权空头头寸执行价格之间时，该策略获取最大收益，如果标的资产价格继续下跌，则该策略的盈利会开始回吐，然后开始亏损。

所以建议交易者在最低的执行价格处设置一个止损单来限制浮盈的回吐，或者在预期标的资产价格还会继续剧烈下跌的情况下，把该策略转换成一个更加看空的策略。该策略的最大收益公式和标的资产价格上涨时的最大亏损公式如下。

最大收益=看跌期权多头头寸的执行价格–中间执行价格–所付出的净权利金

标的资产价格上涨时的最大亏损=所付出的净权利金

标的资产价格跌破最低执行价格后的最大亏损是无限的。

> 接着上面的例子：假设到期时股票 ABCD 价格上涨到了 46.5 元/股，操作如表 5-9 所示。
>
> 所付出的净权利金=1.50–0.50–0.15=0.85（元/股）。
>
> 最大收益=44–42–0.85=1.15（元/股）。
>
> 行情向上时的最大亏损：0.85 元/股。
>
> 行情向下时的最大亏损：无限。
>
> 较高的损益平衡点=44–0.85=43.15（元/股）。
>
> 较低的损益平衡点=41–1.15=39.85（元/股）。

表 5-9　熊市看跌期权梯形价差损益示例

操　作	类　　型	执行价格（元/股）	到期月份（月）	数量（手）	期权价格（元/股）
买入	看跌期权	44	1	1	1.50
卖出	看跌期权	42	1	1	0.50
卖出	看跌期权	41	1	1	0.15

7. 该策略的损益平衡点

该策略有两个损益平衡点，较高的损益平衡点对应标的资产价格上行的情形，较低的损益平衡点对应标的资产价格下行的情形，具体公式如下。

较高的损益平衡点=看跌期权多头头寸执行价格–付出的净权利金

较低的损益平衡点=最低的执行价格–最大收益

8. 该策略的主要 Greek 图示

图 5-15 展示了该策略主要希腊字母的取值情况，剩余期限为 0.5 年，波动率为 20%，无风险收益率为 3.5%，股息收益率为 2%。

Delta：该策略的 Delta 值为正数，随着标的资产价格的上涨，Delta 值逐渐减小到 0，说明随着标的资产价格上涨，该策略能得到的收益是有限的。

Gamma：Gamma 值为负数，在负的 Gamma 值作用下，Delta 值越来越小。

Theta：Theta 值为正数，时间价值的流逝对该策略有利。

Vega：Vega 值为负数，如果在建立该策略之后，标的资产价格横盘不动，则该策略可获利。隐含波动率上升对该策略不利。

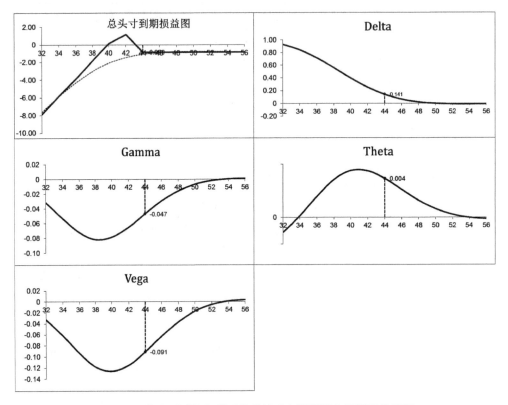

图 5-15　熊市看跌期权梯形价差策略主要希腊字母的取值情况

9. 该策略的优点

- 比熊市看跌期权价差策略更能降低成本。

- 获得最大收益的价格区间要比看跌期权比率价差策略的宽一些。

- 比熊市看跌期权价差的损益平衡点更低。

10．该策略的缺点

该策略因为有裸头的看跌期权空头头寸，所以其需要占用保证金。

11．该策略在到期前的调整方法

如果标的资产价格跌破了该策略的损益平衡点，并且预期还会继续剧烈下跌，则可以把看跌期权空头头寸买回平仓，一直持有看跌期权多头，从而把该策略转换成一个没有收益上限的买入看跌期权策略。

6 第 6 章

大波动交易策略

本章将介绍大波动交易策略，这里的"大波动"有两层意思，第一层意思是指标的资产价格的大幅波动，或者向上波动，或者向下波动；第二层意思是指标的资产价格隐含波动率的上升。如果投资者预期标的资产价格会有一个大幅波动，或者认为即使价格不动，但其隐含波动率会明显上升，就可以使用大波动交易策略来获利。在传统的股票、期货等市场，仅判定行情会有所突破而不指定方向是不足以催生一个交易计划的，在有了期权工具后，使用不考虑方向的突破策略完全可行。在传统的股票、期货市场里，投资者仅可通过历史波动率来分析行情，在有了期权工具之后，隐含波动率也成了交易对象。

在期权时代，除标的资产价格运动方向之外，任何比较确定的判断都可以产生交易价值，并落地为交易策略。从这个意义上讲，对不同角度的数据处理意义重大。

6.1 大波动策略（Volatile Options Strategy）

本节主要介绍大波动策略的盈利方式及背后的盈利机制。

1. 使用大波动策略可以多方向盈利

大波动策略是很受欢迎的一类策略，因为它往往有多个盈利方向，无论是大幅上涨还是大幅下跌，只要标的资产价格的波动幅度大到足以超过其损益平衡点，就能够盈利。

大波动策略的运用往往与标的资产的重大事件相关，比如对个股期权而言，如果个股对应的上市公司有重大不确定兼并消息要发布，这消息要么是特大好消息，要么是特大坏消息，这时期权交易者就可以使用大波动策略。再比如，对于美国大豆期货期权，如果美国农业部即将发布一个重量级的大豆产量预估报告，这个报告对美国大豆期货要么是重大利多，要么是重大利空，这时也可以使用大波动策略。

买入跨式期权是一个典型的大波动策略，有了这个策略后，投资者在面临不确定方向的重大行情时就不用猜方向了。标的价格随意涨跌，最大亏损有限，而潜在盈利无限。实际上，仅有期权工具能够做到这种多方向盈利的效果，股票、期货等线性工具均做不到这一点。当然，这种策略的一个问题在于其损益平衡点要比单方向策略损益平衡点距离当前市场价格更远。

2. 为什么使用大波动策略能够多方向盈利

大波动策略能够多方向盈利，源于其选择的是风险有限而潜在获利无限的头寸。所有的大波动策略都可以看作由两部分头寸组成：一部分用于在标的资产价格下行的时候获利，而且获利要高于总头寸的成本；另一部分用于在标的资产价格上行的时候获利，而且获利要高于总头寸的成本。下面我们用买入跨式期权策略来进行说明。

买入跨式期权策略由买入平值看涨期权与平值看跌期权组成。买入平值看涨期权在标的资产价格上行时潜在获利无限，而在下行时亏损有限。买入平值看跌期权在标的资产价格下行时潜在获利无限，而在上行时亏损有限。如果标的资产价格大幅上涨，则看涨期权的盈利会足以覆盖看跌期权的损失，而且有盈余。同样，如果标的资产价格大幅下跌，则看跌期权的盈利会足以覆盖看涨期权的亏损，而且有盈余。

我们把买入跨式期权的思路扩展一下，可以把一个策略分为熊市看涨部分与牛市策略部分，每个部分策略的潜在损失都有限，而且每个部分策略的潜在收益都足以覆盖另一部分策略的损失，并且还有盈余，那么这个策略总体就是大波动策略。

举个例子，反向铁蝶式价差策略由牛市看涨期权价差策略和熊市看跌期权价差策略组成，这两个价差策略的风险收益均有限，而且一个价差策略的收益足以覆盖另一个价差策略的潜在亏损，且有盈余，盈余部分便是整个反向铁蝶式价差策略的收益。

大波动策略在构建之初往往是 Delta 中性策略，而且拥有比较大的 Gamma 值。Delta 值会朝着标的资产价格最终变化的方向增加，从而产生多方向盈利的效果。

3. 使用大波动策略从波动率上升中盈利

利用大波动策略盈利的另一个思路是买入隐含波动率有上升机会的标的资产。标的资产隐含波动率的上升可能有多种原因，对于股票等资产而言，可能是因为预期企业将要分红，或者企业有重大资产重组计划；对于商品期货而言，可能是有影响供需形势的重大事件发生。期权交易者如果预期隐含波动率上涨，就可以简单地在隐含波动率上涨之前提前构建大波动策略，然后在隐含波动率冲高的时候平仓获利兑现。隐含波动率在交易过程中的作用举足轻重。交易者可以通过期权定价模型等方法计算出隐含波动率，并予以跟踪监测。成熟的期权市场中往往有一些波动率指数来帮助投资者观测标的的隐含波动率。总而言之，波动率交易是期权交易的特色，因为期权是迄今为止唯一一个标的价格直接受波动率影响的金融工具。

4. 使用大波动策略怎样从波动率中获利

在第 1 章中已有所铺垫，Vega 表示在其他因素不变的情况下，标的资产隐含波动率变动一个单位所引起的期权价值的变化。所有的大波动策略之所以能够从标的资产隐含波动率的上升过程中获利，即使此过程中标的资产价格保持不动也无碍，正是因为所有的大波动策略都拥有正的 Vega 值。如果一个期权头寸拥有正的 Vega 值，则其价值随隐含波动率的上升而增加，随隐含波动率的下降而减少。当然，这是在其他条件不变的情况下。

怎样才能使得一个策略总体上拥有正的 Vega 值呢？主要有以下两种方法。

第一种方法是让这个策略仅仅包含期权多头头寸，也就是说，在构建策略时只买入期权，不卖出期权。这个很好理解，我们在第 2 章介绍基本策略积木的时候讲过，买入看涨期权与买入看跌期权策略的 Vega 值都是正的，如果一个策略包含期权多头，而没有期权空头，则总策略的 Vega 值肯定是正的。比如，后面将要介绍的买入跨式期权就是典型的仅包含期权多头的大波动策略。

第二种方法是买入近值（平值）的期权，同时卖出深度实值或深度虚值的期权。期权的 Vega 值有一个特征：平值附近期权的 Vega 值最大，随着实值和虚值程度的加深 Vega 值不断递减。所以买入平值期权的同时卖出深度实值和深度虚值期权，就可以使整个头寸的 Vega 值为正。卖出蝶式价差策略就是典型的基于这种思路的大波动策略。

6.2　买入跨式期权（Long Straddle）

本节介绍买入跨式期权策略（又叫买入马鞍式策略），其到期损益如图 6-1 所示。

图 6-1　买入跨式期权的到期损益

1. 适用场景

如果交易者确信标的资产价格将发生大幅度波动，但是不能确定方向，这时就可以选择买入跨式期权策略。

2. 怎样构建该策略

构建一个买入跨式期权策略很简单，买入平值看涨期权的同时买入相同数量的平值看跌期权即可。买入看涨期权在标的资产价格上行时收益无限，而在标的资产价格下行时损失有限；买入看跌期权在标的资产价格下行时收益无限，而在标的资产价格上行时损失有限。把买入看涨与买入看跌结合起来，就能够实现标的资产价格大涨或大跌都能够获利。策略构建：

买入平值看涨期权+买入平值看跌期权

> 买入跨式期权的例子：假设股票 ABCD 的当前价格是 44 元/股，买入 1 月份到期执行价格为 44 元/股的看涨期权，同时买入同等数量 1 月份到期执行价格为 44 元/股的看跌期权，如此就算是构建了买入跨式期权策略。

3. 买入跨式期权策略的问题

买入跨式期权策略的问题在于：执行价格是间断的，因为很难找到恰好平值的期权，在这种情况下，应该选择尽量接近平值的期权。但这就带来了一个问题：如果选择的期权不是平值的，则买入跨式期权策略的 Delta 就不是中性的。Delta 中性头寸的价值对标的资产价格的小幅波动是极度不敏感的，而如果 Delta 不是中性的，则标的资产价格的小幅波动也会影响总头寸的价值。

如果选择的执行价格高于标的资产价格的当前价，则所买入的看跌期权是实值的，所买入的看涨期权是虚值的，看跌期权的 Delta 绝对值要大于看涨期权的 Delta 值，总头寸的 Delta 值是偏负的。这样，在标的资产价格略微下行时，总头寸就会有所收益；在标的资产价格略微上行时，总头寸就会有所损失。

4. 该策略的损益平衡点

该策略有两个损益平衡点，具体公式如下。

较高的损益平衡点=执行价格+付出的权利金

较低的损益平衡点=执行价格−付出的权利金

5. 该策略到期收益的计算方法

接着上面的例子：策略构建时的操作示例如表 6-1 所示。

表 6-1 买入跨式期权操作示例

操　作	类　　型	执行价格（元/股）	到期月份（月）	数量（手）	期权价格（元/股）
买入	看涨期权	44	1 月	1	2.20
买入	看跌期权	44	1 月	1	2.00

> 该策略的潜在最大损失=付出的权利金=4.2 元/股，仅当股票价格还维持在 44 元/股不动的时候发生。
>
> 较高的损益平衡点=执行价格+付出的权利金=44.0+4.2=48.20（元/股）。
>
> 较低的损益平衡点=执行价格-付出的权利金=44.0-4.2=39.80（元/股）。
>
> 假设到期时股票价格上涨到了 50 元/股，则该策略的收益是 50-44-4.2=1.8（元/股）。
>
> 假设到期时股票价格下跌到了 36 元/股，则该策略的收益是 44-36-4.2=3.8（元/股）。

6. 该策略的风险收益特征

潜在最大收益：无限。

潜在最大亏损：有限，即策略构建时所付出的权利金。

7. 该策略的主要 Greek 图示

表 6-2 说明了标的资产价格变化时该策略各希腊字母的取值情况。图 6-2 也展示了该策略主要希腊字母的取值情况，主要参数为：标的资产价格为 44 元/股，剩余期限为 0.5 年，波动率为 20%，无风险收益率为 3.5%，股息收益率为 2%。

表 6-2　买入跨式期权各希腊字母的取值情况

希腊字母	下　降	平　值	上　升
Delta	−	0	++
Gamma	++	+++	++
Theta	−	− − −	−
Vega	+	++	+

注：+++表示明显为正，++表示为正值，+表示略微偏正，− − −表示明显为负，−表示略微偏负。

Delta：中性（假设平值头寸），在标的资产价格大幅上涨（下跌）时，Delta 值变成较高的正数（负数）。在做波动率交易时，头寸通过对冲保持 Delta 值为中性，应直到平仓或者等市场有比较明确的走势方向时再考虑改变交易策略。

Gamma：当期权平值且临近到期日时 Gamma 值最高。

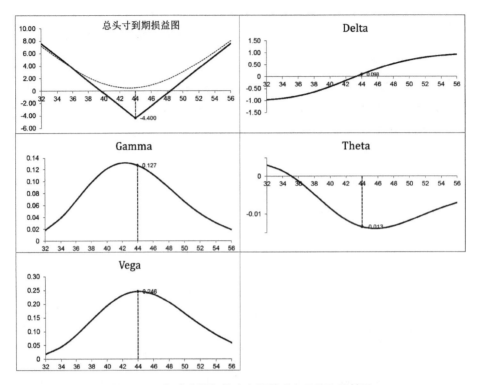

图 6-2　买入跨式期权策略主要希腊字母的取值情况

　　Theta：随着期权时间价值的衰减，其头寸的价值在不断减少。如果头寸是深实值或临近到期日，则 Theta 值可能是正的。

　　Vega：该策略的 Vega 值是正的，说明标的资产价格隐含波动率的上升对该策略有正面影响。实际上，要是买入期权，不管买入的是看涨期权还是看跌期权，都会盼望着标的资产隐含波动率上升，因为隐含波动率的上升使买入的期权在到期前变成实值期权的可能性增大。反之，如果隐含波动率下降，将对买入的期权头寸不利。这给我们的借鉴意义是：不要买入隐含波动率过高的期权。

8. 该策略的优点

- 无论行情是涨还是跌，都有可能盈利。
- 不用花时间分析方向。

- 潜在最大盈利无限。

- 潜在损失有限。

- 如果在策略构建时隐含波动率较低，弱波动率上升，则有可能买入的看涨与看跌期权都会盈利。

9．该策略的缺点

- 需要付出的交易手续费较多。

- 该策略在构建之初要付出较多的权利金。

- 该策略两个损益平衡点有可能相隔很远，需要标的资产价格涨跌较大的幅度才能达到损益平衡点。

- 如果隐含波动率下降，那么无论标的资产价格波动与否，该头寸都有可能亏钱。

10．该策略在到期前的调整方法

如果标的资产价格波动超过了损益平衡点，而且预期还会继续朝同样的方向波动，那么这时交易者可以把虚值的期权卖掉。

6.3 买入宽跨式（Long Strangle）

买入宽跨式策略是买入跨式策略的"孪生"策略，与买入跨式策略相比，该策略构建的成本更低，其他方面的工作机制很类似。该策略的到期损益如图 6-3 所示。

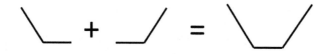

图 6-3 买入宽跨式策略的到期损益

1．适用场景

如果交易者非常确信标的资产价格会有所突破，但并不确定会往哪个方向突破，就可以选用这个策略。

2. 怎样构建该策略

构建一个买入宽跨式期权策略并不复杂，买入虚值看涨期权的同时买入相同数量的虚值看跌期权即可。在买入跨式期权策略中的看涨/看跌期权执行价格是相同的，买入宽跨式期权策略中的看涨/看跌期权执行价格肯定是一高一低两个价格。

买入的看涨期权在标的资产价格上行时潜在收益是无限的，而在标的资产价格下行时损失是有限的；买入的看跌期权在标的资产价格下行时潜在收益是无限的，而在标的资产价格上行时损失是有限的。把买入看涨与买入看跌结合起来就能够在标的资产价格大涨或大跌时都能获利。策略构建：

买入虚值看涨期权+买入虚值看跌期权

在该策略中，因为买入的看涨/看跌期权都是虚值的，肯定要比买入平值的便宜一些，所以买入宽跨式期权策略也叫作"穷人的买入跨式策略"。

> 买入宽跨式期权策略的例子：假设股票 ABCD 的当前价格是 44 元/股，买入 1 月份到期执行价格为 45 元/股的看涨期权，同时买入同等数量 1 月份到期执行价格为 43 元/股的看跌期权，如此就算是构建了买入宽跨式期权策略。

3. 该策略的风险收益特征

潜在最大收益：无限。

潜在最大亏损：有限，即在策略构建时所付出的权利金。

4. 该策略到期收益的计算方法

该策略到期收益的计算要比传统的买入跨式期权策略稍复杂一些，因为涉及两个执行价格。该策略中虚值看涨期权的执行价格要高于虚值看跌期权的执行价格，我们不妨分别称这两个执行价格为"较高的执行价格"与"较低的执行价格"。无论标的资产价格是上涨还是下跌，都只有在一个方向的期权收益足够覆盖全部期权多头成本的时候，总头寸才开始盈利。

当标的资产价格上行时，收益=标的资产价格−较高的执行价格−付出的权利金。

当标的资产价格下行时,收益=较低的执行价格-标的资产价格-付出的权利金。

接着上面的例子:策略构建时的操作示例如表 6-3 所示。

表6-3 买入宽跨式策略操作示例

操 作	类 型	执行价格（元/股）	到期月份（月）	数量（手）	期权价格（元/股）
买入	看涨期权	45	1	1	0.80
买入	看跌期权	43	1	1	0.75

该策略的潜在最大损失=付出的权利金=1.55 元/股,仅当股票价格还维持在 43 元/股至 45 元/股区间的时候发生。

假设到期时股票价格上涨到 50 元/股,则该策略的收益是 50-45-1.55=3.45（元/股）。

假设到期时股票价格下跌到 36 元/股,则该策略的收益是 43-36-1.55=5.45（元/股）。

5. 该策略的损益平衡点

该策略与买入跨式期权策略类似,也有两个损益平衡点,两个损益平衡点计算的思路类似,差别之处在于该策略中看涨/看跌期权的执行价格并不一致,具体公式如下。

较高的损益平衡点=看涨期权的执行价格+付出的权利金

较低的损益平衡点=看跌期权的执行价格-付出的权利金

接上面的例子:较高的损益平衡点=看涨期权的执行价格+付出的权利金=45+1.55=46.55（元/股）。

较低的损益平衡点=看跌期权的执行价格-付出的权利金=43-1.55=41.45（元/股）。

6. 该策略的主要 Greek 图示

表 6-4 说明了标的资产价格变化时该策略各希腊字母的取值情况。图 6-4 也展示了该策略主要希腊字母的取值情况,主要参数为:标的股票价格为 44 元/股,买入执行价格为 46 元/股的看涨期权,同时买入执行价格为 42 元/股的看跌期权。剩

余期限为 0.5 年，波动率为 20%，无风险收益率为 3.5%，股息收益率为 2%。

表 6-4 买入宽跨式期权策略各希腊字母的取值情况

希 腊 字 母	下　　降	平　　值	上　　升
Delta	– –	0	++
Gamma	++	+++	++
Theta	–	– –	–
Vega	+	++	+

注：+++表示明显为正，++表示为正值，+表示略微偏正，– –表示为负值，–表示略微偏负。

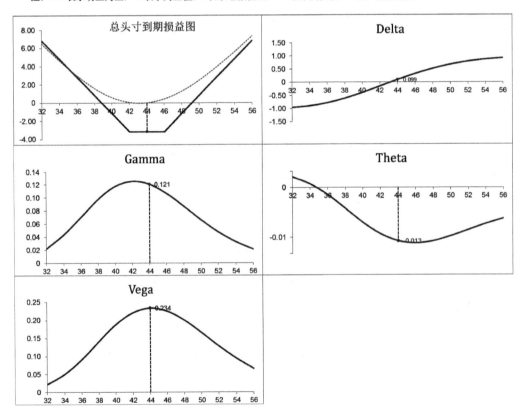

图 6-4 买入宽跨式期权策略主要希腊字母的取值情况

Delta：中性（假设平值头寸），当标的资产价格大幅上涨（下跌）时，Delta 值变成较高的正数（负数）。

Gamma：Gamma 值在执行价格为 42 元/股和 46 元/股时最高，但当标的资产价格大幅下跌或上涨时，Gamma 值降低。

Theta：时间的损耗对该策略不利。

Vega：波动率上升，对该策略有利。

7. 该策略的优点

- 无论行情是大涨还是大跌，都有可能盈利。
- 该策略的成本比传统的买入跨式策略成本要低。
- 在策略已经盈利的前提下，标的资产价格发生同等幅度的变动，该策略的收益率要比传统的买入跨式策略的收益率高。因为该策略所买入的看涨/看跌期权都是虚值的，头寸时间价值的损耗速度要慢于传统的买入跨式策略。为什么？因为平值附近期权的 Theta 绝对值最大，随着实值和虚值程度的加深 Theta 绝对值不断递减。
- 潜在最大盈利无限，潜在损失有限。
- 节省时间，不用费尽心思去判断方向。
- 如果在策略构建时隐含波动率较低，且隐含波动率处于上升阶段，则有可能买入的看涨与看跌期权都会盈利。

8. 该策略的缺点

- 该策略需要付出的交易手续费要多一些。
- 该策略两个损益平衡点有可能相隔很远，需要标的资产价格涨跌较大的幅度才能达到损益平衡点。即便标的资产价格上涨或下跌，如果不能突破损益平衡点，那么该策略还是会亏损。
- 如果隐含波动率下降，无论标的资产价格波动与否，那么该头寸都有可能亏损。

9. 该策略在到期前的调整方法

如果标的资产价格波动超过了损益平衡点，而且预期还会继续朝同样的方向大幅波动，这时交易者就可以把虚值的期权卖出平仓，这样还能挽回一些时间价值。如果交易者比较激进，那么还可以用这些从虚值期权卖出平仓所得的资金买入更多的看涨（预期继续涨）或看跌（预期继续跌）期权。

6.4 买入飞碟式期权（Long Gut）

买入飞碟式期权策略是买入跨式策略的另一个"孪生"策略，读者可把该策略与买入跨式、买入宽跨式策略进行对照学习。该策略同时买入了相同数量的实值看涨/看跌期权，因为是实值的期权，所以构建该策略的成本很高，使用该策略需要有突破行情的足够信心。该策略的到期损益如图 6-5 所示。

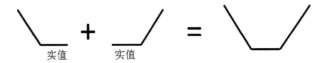

实值　　　　实值

图 6-5　买入飞碟式期权策略的到期损益

买入跨式期权、买入宽跨式期权及买入飞碟式期权策略都算是比较基础的大波动策略，每个策略都各有优点与缺点，其损益特征对比如表 6-5 所示。

表 6-5　三种大波动策略的损益特征对比

名　称	买入跨式期权	买入宽跨式期权	买入飞碟式期权
潜在最大收益	高	最高	低
潜在最大亏损	最高	高	低
头寸成本	高	低	最高
损益平衡点	窄	宽	最宽

1．适用场景

如果交易者确信标的资产价格会有大幅波动，但并不确定会往哪个方向波动，就可以选用这个策略。

2．怎样构建该策略

构建一个买入飞碟式期权策略并不复杂，在买入实值看涨期权的同时买入相同数量的实值看跌期权即可。买入跨式期权策略中的看涨/看跌期权执行价格是不同的，买入飞碟式期权策略中的看涨/看跌期权执行价格也肯定是一高一低的两个价格。

买入的实值看涨期权在标的资产价格上行时潜在收益无限，而在标的资产价格下行时损失有限，买入的实值看跌期权在标的资产价格下行时潜在收益无限，而在标的资产价格上行时损失有限。把买入看涨与买入看跌结合起来就能够在标的资产价格大涨或大跌时都获利。策略构建：

买入实值看涨期权+买入实值看跌期权

> 买入飞碟式期权策略的例子：假设股票 ABCD 的当前价格是 44 元/股，买入 1 月份到期执行价格为 43 元/股的看涨期权，同时买入同等数量 1 月份到期执行价格为 45 元/股的看跌期权，如此就算是构建了买入飞碟式期权策略。

3．该策略的风险收益特征

潜在最大收益：无限。

该策略潜在最大损失=付出的权利金-（看跌期权执行价格-看涨期权执行价格）。

4．该策略到期收益的计算方法

该策略到期收益的计算要比传统的买入跨式期权策略稍复杂，因为涉及两个执行价格。该策略中实值看跌期权的执行价格要高于实值看涨期权的执行价格，我们不妨分别称这两个执行价格为"看跌期权执行价格"与"看涨期权执行价格"。无论标的资产价格是上涨还是下跌，都只有在一个方向期权的收益足够覆盖全部期权多头成本的时候，总头寸才开始盈利。

当标的资产价格上行时，收益=标的资产价格-看涨期权执行价格-付出的权利金。

当标的资产价格下行时，收益=看跌期权执行价格-标的资产价格-付出的权利金。

> 接着上面的例子：该策略的潜在最大损失=付出的权利金-（看跌期权执行价格-看涨期权执行价格）=3.10×100-(45-43)×100=110（元），仅当股票价格还维持在 43 元/股至 45 元/股区间的时候发生。策略构建时的操作示例如表 6-6 所示。

假设到期时股票价格上涨到 50 元/股，则该策略的收益是(50-43-3.10)×100=390（元）。

假设到期时股票价格下跌到 36 元/股，则该策略的收益是(45-36-3.10)×100=590（元）。

表 6-6 买入飞碟式操作示例

操　　作	类　　型	执行价格（元/股）	到期月份（月）	数量（手）	期权价格（元/股）
买入	看涨期权	43	1	1	1.50
买入	看跌期权	45	1	1	1.60

5. 该策略的损益平衡点

该策略与买入跨式期权策略类似，也有两个损益平衡点，两个策略的损益平衡点计算的思路类似，差别之处在于该策略中看涨/看跌期权的执行价格不一致，具体公式如下。

较高的损益平衡点=看涨期权的执行价格+付出的权利金

较低的损益平衡点=看跌期权的执行价格-付出的权利金

接着上面的例子：较高的损益平衡点=看涨期权的执行价格+付出的权利金=43+3.10=46.10（元/股）。

较低的损益平衡点=看跌期权的执行价格-付出的权利金=45-3.10=41.90（元/股）。

6. 该策略的主要 Greek 图示

表 6-7 说明了标的资产价格变化时该策略各希腊字母的取值情况。图 6-6 也展示了该策略主要希腊字母的取值情况，主要参数为：标的股票价格为 44 元/股，买入 1 手执行价格为 42 元/股（A）的看涨期权，同时买入 1 手执行价格为 46 元/股（B）的看跌期权。剩余期限为 0.5 年，波动率为 20%，无风险收益率为 3.5%，股息收益率为 2%。

表 6-7　买入飞碟式期权策略各希腊字母的取值情况

希 腊 字 母	下　降	平　值	上　升
Delta	− −	0	++
Gamma	++	+++	++
Theta	−	− −	−
Vega	+	++	+

注：+++表示明显为正，++表示为正值、+表示略微偏正，− −表示为负值，−表示略微偏负。

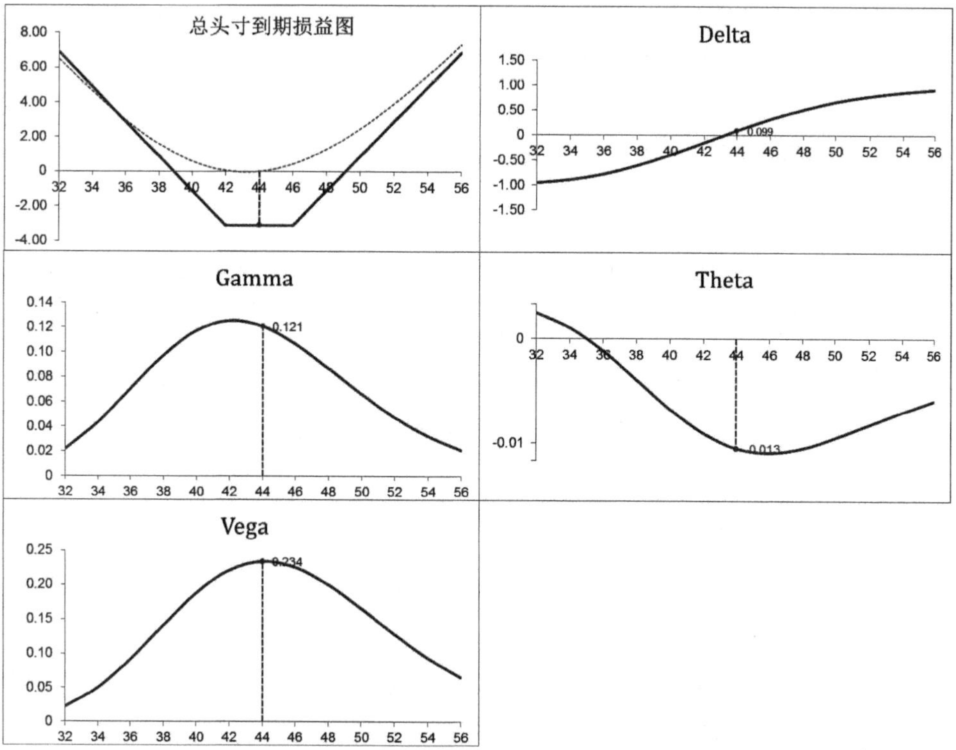

图 6-6　买入飞碟式期权策略主要希腊字母的取值情况

Delta：中性（假设平值头寸），在标的资产价格大幅上涨（下跌）时，Delta 值变成较高的正数（负数）。

Gamma：临近到期日，当标的资产价格在 A 和 B 之间时，Gamma 值最高。

Theta：随着时间的损耗，头寸的价值在降低。

Vega：如果波动率上升，则头寸价值将增加。

7. 该策略的优点

- 无论行情是大涨还是大跌，都有可能盈利。

- 如果标的资产价格朝一个方向一直运行下去，则该策略的潜在收益是无限的。

- 节省时间，不用费尽心思去判断方向。

- 潜在最大损失是有限的，而且相对低于买入跨式及买入宽跨式策略的最大损失。

- 在三个基础的大波动策略里，这个策略的损益平衡点间距最近。

- 如果在策略构建时隐含波动率较低，且隐含波动率呈上升趋势，则有可能买入的看涨与看跌期权都会盈利。

8. 该策略的缺点

- 与仅买入看涨期权或仅买入看跌期权相比，该策略需要付出的交易手续费要多一些。

- 在三个最基础的大波动策略中，该策略的构建成本是最高的。

- 如果隐含波动率下降，那么无论标的资产价格波动与否，该头寸都有可能亏损。

9. 该策略在到期前的调整方法

如果标的资产价格波动超过了损益平衡点，而且预期还会继续朝同一方向大幅波动，那么这时交易者可以把虚值的期权卖出平仓，这样还能挽回一些时间价值。如果交易者比较激进，那么可以用从虚值期权卖出平仓所得的资金买入更多的看涨（预期继续涨）或看跌（预期继续跌）期权。

6.5 卖出看涨期权水平价差（Short Horizontal Calendar Call Spread）

在第 3 章曾重点讲述过水平价差的策略，接下来的几节将讲述用水平价差及对角价差思路构建的大波动策略。

卖出看涨期权水平价差策略是一种大波动策略，适用于突破行情。该策略是一种净贷方策略，需要占用保证金，其到期损益如图 6-7 所示。该策略的一大特征是其潜在最大收益要比潜在最大亏损大很多，其收益风险比对交易者有利。

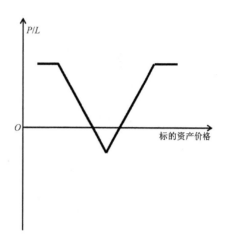

图 6-7　卖出看涨期权水平价差策略的到期损益

1. 卖出看涨期权水平价差与卖出看涨期权对角价差的区别

如果标的资产价格向下突破，则卖出看涨期权对角价差策略的潜在获利要更多一些。卖出看涨期权水平价差策略在标的资产价格向上或向下突破时的潜在获利是一样多的。如果你不能确定标的资产价格往哪个方向突破，则最好选择卖出看涨期权水平价差。

相比于卖出看涨期权对角价差，卖出看涨期权水平价差策略的潜在最大盈利要小一些，但损益平衡点间距更小，相对更容易获利。

2. 适用场景

如果你认为标的资产价格短期内将有所突破，并且向上突破与向下突破的可能性一样大，在这种情况下就可以选择该策略。

3. 怎样构建卖出看涨期权水平价差

在一个卖出看涨期权水平价差中，需要卖出较远到期月份的平值看涨期权，同时买入较近到期月份的平值看涨期权。

> 举个例子：假设股票 ABCD 的当前价是 45 元/股，如表 6-8 所示的操作，就算是构建了一个卖出看涨期权水平价差策略，收到的净权利金为 4.70-0.75=3.95（元/股）。

表6-8　卖出看涨期权水平价差操作示例

操　作	类　型	执行价格（元/股）	到期月份	数量（手）	期权价格（元/股）
买入	看涨期权	45	2007年1月	10	0.75
卖出	看涨期权	45	2008年1月	10	4.70

4．卖出看涨期权水平价差策略的潜在收益

作为贷方期权，其潜在最大收益就是所收到的净权利金。什么时候能够取得潜在最大收益呢？这实际上无法给出一个可预知的点位。大体思路是：标的资产价格大幅上涨或下跌，以至于所卖出的较远月到期的看涨期权是深度实值的或深度虚值的，基本上没有时间价值。

在构建了该策略后，最坏的情况是什么？若当近月期权到期时，标的资产价格还保持不动，则买入的近月平值看涨期权到期价值为零，而卖出的远月看涨期权时间价值很可能几乎没有损耗，看涨期权空头时间价值的损耗并不能抵消看涨期权多头时间价值的损耗。总体来说是亏损的，具体亏损多少只能通过期权定价模型来估计。

假设股票ABCD在近月期权到期时为55元/股，所持头寸价差操作示例如表6-9所示。这时近月与远月的看涨期权都是深度实值的，近月看涨期权仅剩下内涵价值，即10元/股，远月看涨期权的价值可能是10.01元/股。

该策略获利是3.95+10-10.01=3.94（元/股），该策略获利的极限是3.95元/股。

表6-9　卖出看涨期权水平价差操作示例（1）

头　寸	类　型	执行价格（元/股）	到期月份	数量（手）	价值（元/股）
多头	看涨期权	45	2007年1月	10	10
空头	看涨期权	45	2008年1月	10	10.01

假设股票ABCD在近月期权到期时仍维持在45元/股，所持头寸价差操作如表6-10所示。

近月的看涨期权将一文不值，远月的看涨期权价值为4.30元/股。

净损失为0.75-（4.70-4.30）=0.35（元/股）。

表6-10 卖出看涨期权水平价差操作示例（2）

头　寸	类　型	执行价格（元/股）	到 期 月 份	数量（手）	价值（元/股）
多头	看涨期权	45	2007年1月	10	0
空头	看涨期权	45	2008年1月	10	4.30

5．该策略的风险收益特征

潜在最大收益：有限，极限是所收到的净权利金。

潜在最大亏损：有限。

6．该策略的损益平衡点

该策略的损益平衡点只能够通过期权定价模型估计，损益平衡点的计算思路是：标的资产价格上涨或下跌突破哪个点位时，该策略开始亏钱。

7．该策略的优点

- 潜在最大收益要高于潜在最大亏损。
- 无论标的资产价格向哪个方向突破，只要其有所突破，该策略就都可以赚钱。
- 相对于卖出看涨期权对角价差策略而言，该策略的损益平衡点间距较窄，相对更容易获利。

8．该策略的缺点

- 相比较卖出看涨期权对角价差策略而言，该策略的潜在最大收益要小一些。
- 需要保证金。

9．该策略在到期前的调整方法

在标的资产价格大幅突破的影响下，如果看涨期权多头/空头的时间价值基本没有了，则应该兑现获利离场，没有必要再继续持仓，因为该策略的获利机制就在于价格突破，而不是靠时间流逝。

6.6　卖出看涨期权对角价差（Short Diagonal Calendar Call Spread）

卖出看涨期权对角价差策略是一种大波动策略，适用于突破行情。该策略在标的资产价格向下突破时能够获得其潜在最大收益。相比于其"孪生"策略卖出看涨期权水平价差而言，该策略更适用于向下突破的行情。该策略是一种净贷方策略，需要占用保证金，其到期损益如图 6-8 所示。

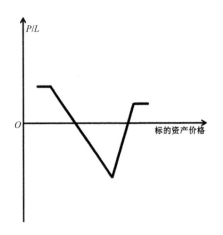

图 6-8　卖出看涨期权对角价差的到期损益

1. 适用场景

如果你认为标的资产价格短期内将有所突破，并且向下突破的可能性比向上突破的可能性大，则可以选择该策略。

2. 怎样构建卖出看涨期权对角价差

在一个卖出看涨期权对角价差中，需要卖出较远到期月份的平值看涨期权，同时买入较近到期月份的虚值看涨期权。

举个例子：假设股票 ABCD 的当前价是 45 元/股，表 6-11 所示的操作，就算是构建了一个卖出看涨期权对角价差策略，收到的净权利金为 4.70-0.50=4.20（元/股）。

表 6-11　卖出看涨期权对角价差操作示例

操　作	类　型	执行价格（元/股）	到 期 月 份	数量（手）	期权价格（元/股）
买入	看涨期权	46	2007 年 1 月	10	0.50
卖出	看涨期权	45	2008 年 1 月	10	4.70

3. 该策略的潜在收益

作为净贷方期权，其潜在最大收益就是所收到的净权利金。什么时候能够取得潜在最大收益呢？如果行情向下突破，以至于所卖出的远月看涨期权时间价值几乎消失殆尽，那么这时该策略能取得潜在最大收益。

在构建了该策略后最坏的情况是什么？若近月期权到期时，标的资产价格上涨到看涨期权多头头寸的执行价格，一般而言，这时看涨期权空头的内涵价值就是增加的，而看涨期权多头的内涵价值并没有同时增加，在这种情况下，该策略的亏损最大。

看一下向下突破的情况，假设股票 ABCD 在近月期权到期时为 40 元/股，所持头寸价差操作如表 6-12 所示。

这时近月与远月的看涨期权都是深度虚值的，近月看涨期权一文不值，远月看涨期权的价值可能是 0.01 元/股。

该策略获利是 4.20-0.01=4.19（元/股），该策略获利的极限是 4.20 元/股。

表 6-12　卖出看涨期权对角价差损益计算（1）

头　寸	类　型	执行价格（元/股）	到 期 月 份	数量（手）	价值（元/股）
多头	看涨期权	46	2007 年 1 月	10	0
空头	看涨期权	45	2008 年 1 月	10	0.01

看一下向上突破的情况，假设股票 ABCD 在近月期权到期时上涨到 50 元/股，所持头寸价差操作如表 6-13 所示。

近月的看涨期权只剩下内涵价值，即 4.00 元/股。

> 远月的看涨期权价值为 5.01 元/股，其中 5.00 元/股是内涵价值，0.01 元/股是时间价值。
>
> 净收益为 4.20-(5.01-4.00)=3.19（元/股）。

表 6-13　卖出看涨期权对角价差损益计算（2）

头　寸	类　　型	执行价格（元/股）	到 期 月 份	数量（手）	价值（元/股）
多头	看涨期权	46	2007 年 1 月	10	4.00
空头	看涨期权	45	2008 年 1 月	10	5.01

看一下标的资产价格略微上涨的情况，假设股票 ABCD 在近月期权到期时上涨到 46 元/股。所持头寸价差操作如表 6-14 所示。

近月的看涨期权将一文不值。

远月的看涨期权价值从 4.70 元/股上涨到 5.50 元/股。

净损失为 0.50+(5.50-4.70)=1.30（元/股）。

表 6-14　卖出看涨期权对角价差损益计算（3）

头　寸	类　　型	执行价格（元/股）	到 期 月 份	数量（手）	价值（元/股）
多头	看涨期权	46	2007 年 1 月	10	0
空头	看涨期权	45	2008 年 1 月	10	5.50

4．该策略的风险收益特征

潜在最大收益：有限，极限是所收到的净权利金。

潜在最大亏损：有限。

5．该策略的损益平衡点

该策略损益平衡点只能够通过期权定价模型估计，损益平衡点的计算思路是：标的资产价格上涨或下跌突破哪个点位时，该策略开始亏损。

6．该策略的优点

- 当标的资产价格向下突破时，该策略收益更高。
- 损失有限。

7. 该策略的缺点

- 收益有限。

- 相比于卖出看涨期权水平价差而言，若标的资产价格向上突破，则该策略最大收益要小一些。

- 需要保证金。

8. 该策略在到期前的调整方法

在标的资产价格大幅突破的影响下，如果看涨期权多头/空头的时间价值基本没有了，则应该兑现获利离场，没有必要继续持有至到期，因为该策略的获利机制就在于价格突破，而不是靠时间流逝。

6.7 卖出看跌期权水平价差（Short Horizontal Calendar Put Spread）

卖出看跌期权水平价差策略是一种大波动策略，适用于突破行情，该策略与卖出看涨期权水平价差策略的不同之处在于该策略是用看跌期权而非看涨期权构建的，不过这两个策略的到期损益类似，如图 6-9 所示。该策略的一大特征是其潜在最大收益要比潜在最大亏损大很多，其收益风险比对交易者有利。该策略是一种净贷方策略，需要占用保证金。

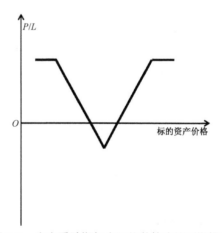

1. 卖出看跌期权水平价差与卖出看跌期权对角价差的区别

图 6-9 卖出看跌期权水平价差策略的到期损益

卖出看跌期权时间价差可以分为卖出看跌期权水平价差与卖出看跌期权对角价差。如果标的资产价格向上突破，卖出看跌期权对角价差策略的潜在获利要更多一些。卖出看跌期权水平价差策略在标的资产价格向上或向下突破时的潜在获利是一样多的。如果你不能确定标的资产价格往哪个方向突破，则最好选择卖出看跌期权水平价差。

相比于卖出看跌期权对角价差，卖出看跌期权水平价差策略的潜在最大盈利要小一些，但损益平衡点间距更小，相对更容易获利。

2．适用场景

如果认为标的资产价格短期内将有所突破，并且向上突破与向下突破的可能性一样大，在这种情况下就选择该策略。

3．怎样构建卖出看跌期权水平价差

在一个卖出看跌期权水平价差中，需要卖出较远到期月份的平值看跌期权，同时买入较近到期月份的平值看跌期权。

> 举个例子：假设股票 ABCD 的当前价是 45 元/股，表 6-15 所示的操作，就算是构建了一个卖出看跌期权水平价差策略，收到的净权利金为 4.70-0.75=3.95（元/股）。

表 6-15 卖出看跌期权水平价差操作示例

操　作	类　型	执行价格（元/股）	到期月份	数量（手）	期权价格（元/股）
买入	看跌期权	45	2007 年 1 月	10	0.75
卖出	看跌期权	45	2008 年 1 月	10	4.70

4．卖出看跌期权水平价差策略的潜在收益

作为净贷方期权，其潜在最大收益就是所收到的净权利金。何时取得潜在最大收益呢？实际上无法提前给出一个精确点位。大体思路是：标的资产价格大幅上涨或下跌，以至于所卖出的较远月到期的看跌期权是深度实值的或深度虚值的，基本上没有时间价值。

在构建该策略后最坏的情况是什么？若在近月期权到期时，标的资产价格仍保持不动，那么所买入的近月平值看跌期权到期价值归零，而卖出的远月看涨期权时间价值很可能几乎没有损耗，看跌期权空头时间价值的损耗并不能抵消看跌期权多头时间价值的损耗。总体来说是亏损的，至于具体亏损多少只能通过期权定价模型来估计。

假设股票 ABCD 在近月期权到期时为 35 元/股,所持头寸价差操作如表 6-16 所示。

这时近月与远月的看跌期权都是深度实值的,近月看跌期权仅剩下内涵价值,即 10 元/股,远月看跌期权的价值可能是 10.01 元/股。

该策略获利是 3.95+10-10.01=3.94(元/股),该策略获利的极限是 3.95 元/股。

表 6-16　卖出看跌期权水平价差损益计算(1)

头　寸	类　型	执行价格(元/股)	到 期 月 份	数量(手)	价值(元/股)
多头	看跌期权	45	2007 年 1 月	10	10
空头	看跌期权	45	2008 年 1 月	10	10.01

假设股票 ABCD 在近月期权到期时仍维持在 45 元/股,所持头寸价差操作如表 6-17 所示

近月的看涨期权将一文不值,远月的看涨期权价值为 4.30 元/股。

净损失为 0.75-(4.70-4.30)=0.35(元/股)。

表 6-17　卖出看跌期权水平价差损益计算(2)

头　寸	类　型	执行价格(元/股)	到 期 月 份	数量(手)	价值(元/股)
多头	看跌期权	45	2007 年 1 月	10	0
空头	看跌期权	45	2008 年 1 月	10	4.30

5. 该策略的风险收益特征

潜在最大收益:有限,极限是所收到的净权利金。

潜在最大亏损:有限。

6. 该策略的损益平衡点

与卖出看涨期权水平价差策略类似,该策略损益平衡点只能够通过期权定价模型估计。

7. 该策略的优点

- 潜在最大收益要大于潜在最大亏损。

- 无论标的资产价格向上还是向下，只要其有所突破，该策略就可以赚钱。

- 相对于卖出看跌期权对角价差策略而言，该策略的损益平衡点间距较窄，相对更容易获利。

8. 该策略的缺点

- 相比于卖出看跌期权对角价差策略，该策略潜在最大收益要小一些。

- 需要保证金。

9. 该策略在到期前的调整方法

在标的资产价格大幅突破之后，如果看跌期权多头/空头的时间价值基本没有了，则应该兑现获利离场，没有必要持有头寸至到期，因为该策略的获利机制就在于价格突破，而不在于时间流逝。

6.8 卖出看跌期权对角价差（Short Diagonal Calendar Put Spread）

卖出看跌期权对角价差策略是一种大波动策略，适用于价格突破的行情。该策略在标的资产价格向上突破时能够获得潜在最大收益。相比于其"孪生"策略卖出看跌期权水平价差而言，该策略更适用于标的资产价格向上突破的行情。该策略是一种净贷方策略，需要占用保证金，其到期损益如图 6-10 所示。

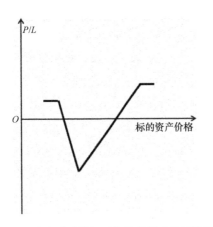

图 6-10　卖出看跌期权对角价差策略的到期损益

1. 适用场景

如果认为标的资产价格在短期内将有所突破，并且更有可能向上突破，则可以选择该策略。

2. 怎样构建卖出看跌期权对角价差

在一个卖出看跌期权对角价差中，需要卖出较远到期月份的平值看跌期权，同时买入较近到期月份的虚值看跌期权。

> 举例：假设股票 ABCD 当前价是 45 元/股，表 6-18 所示的操作，就算是构建了一个卖出看跌期权对角价差策略，收到的净权利金为 4.70-0.50=4.20（元/股）。

表 6-18　卖出看跌期权对角价差操作示例

操　作	类　型	执行价格（元/股）	到 期 月 份	数量（手）	期权价格 （元/股）
买入	看跌期权	44	2007 年 1 月	10	0.50
卖出	看跌期权	45	2008 年 1 月	10	4.70

3. 卖出看跌期权对角价差策略的潜在收益

作为净贷方期权，其潜在最大收益就是所收到的净权利金。在什么情况下能够取得潜在最大收益呢？如果行情向上突破，以至于所卖出的远月看跌期权时间价值几乎消失殆尽，则该策略能取得潜在最大收益。

在构建该策略后最坏的情况是什么？若当近月期权到期时，标的资产价格略微下跌到虚值看跌期权多头头寸的执行价格，一般而言，这时看跌期权空头的内涵价值就是增加的，而看跌期权多头的内涵价值并没有同时增加，在这种情况下，该策略的亏损最大。

> 看一下向上突破的情况，假设股票 ABCD 在近月期权到期时为 50 元/股，所持头寸价差操作如表 6-19 所示。
>
> 这时近月与远月的看跌期权都是深度虚值的，近月看涨期权一文不值，远月看涨期权的价值可能是 0.01 元/股。
>
> 该策略获利是 4.20-0.01=4.19（元/股），该策略获利的极限是 4.20 元/股。

表 6-19　卖出看跌期权对角价差损益计算（1）

头　寸	类　型	执行价格（元/股）	到 期 月 份	数量（手）	价值（元/股）
多头	看涨期权	46	2007 年 1 月	10	0
空头	看涨期权	45	2008 年 1 月	10	0.01

看一下向下突破的情况，假设股票ABCD在近月期权到期时下跌到40元/股，所持头寸价差操作如表6-20所示。

近月的看跌期权只剩下内涵价值，即4.00元/股。远月的看跌期权价值为5.01元/股，其中5.00元/股是内涵价值，0.01元/股是时间价值。

净收益为4.20-(5.01-4.00)=3.19（元/股）。

表6-20　卖出看跌期权对角价差损益计算（2）

头　寸	类　　型	执行价格（元/股）	到　期　月　份	数量（手）	价值（元/股）
多头	看涨期权	46	2007年1月	10	4.00
空头	看涨期权	45	2008年1月	10	5.01

看一下略微下跌的情况，假设股票ABCD在近月期权到期时下跌到44元/股，所持头寸价差操作如表6-21所示。

近月的看跌期权将一文不值。远月的看跌期权价值从4.70元/股上涨到5.50元/股。

净损失为0.50+(5.50-4.70)=1.30（元/股）。

表6-21　卖出看跌期权对角价差损益计算（3）

头　寸	类　　型	执行价格（元/股）	到　期　月　份	数量（手）	价值（元/股）
多头	看涨期权	46	2007年1月	10	0
空头	看涨期权	45	2008年1月	10	5.50

4. 该策略的风险收益特征

潜在最大收益：有限，极限是所收到的净权利金。

潜在最大亏损：有限。

5. 该策略的损益平衡点

该策略损益平衡点不能提前精确预知，只能通过期权定价模型估计。

6. 该策略的优点

- 在标的资产价格向上突破时，该策略收益更高。

- 损失有限。

7. 该策略的缺点

- 收益有限。

- 相比卖出看跌期权水平价差而言，若标的资产价格向下突破，则该策略最大收益要小一些。

- 需要保证金。

8. 该策略在到期前的调整方法

在标的资产价格大幅突破的影响下，如果看涨期权多头/空头的时间价值基本没有了，则应该兑现获利离场，没有必要继续持有至到期，因为该策略的获利机制在于价格突破，而不在于时间流逝。

6.9 卖出蝶式价差（Short Butterfly Spread）

卖出蝶式价差策略是比较高级的大波动策略，适用于价格突破行情，该策略可以理解为把蝶式价差策略完全反过来，所以，其到期损益与蝶式价差正好相反（如图 6-11 所示）。

1. 适用场景

如果交易者预计标的资产价格要么大幅上涨，要么大幅下跌，则可以考虑这个策略。

2. 怎样构建卖出蝶式价差策略

在构建该策略时，以下三个操作可以同时进行：

- 卖出 1 手实值看涨期权。

- 卖出 1 手虚值看涨期权。

- 买入 2 手平值看涨期权。

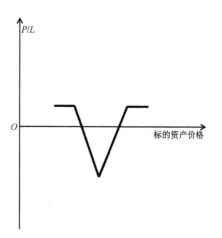

图 6-11 卖出蝶式价差策略的到期损益

有经验的读者应该能够看出，该策略实际上是由一个"熊市看涨期权价差"与一个"牛市看涨期权价差"组合而成的，如图 6-12 所示。

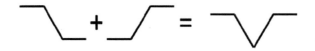

图 6-12　卖出蝶式价差构成

后文将要介绍的"卖出秃鹰式价差"也是类似的构建思路，卖出蝶式价差策略的不同之处在于把两个执行价格合二为一了。

在构建蝶式价差的过程中，涉及卖出一个实值和一个虚值的看涨期权，这两个执行价格的选择与交易者预期标的资产价格突破的区间有关，这两个空头头寸的执行价格间距越远，该策略的潜在最大收益越大，但需要标的资产价格波动更大幅度才能突破其损益平衡点。该策略也可以用看跌期权来构造，效果是一样的，这两种情况分别叫作卖出看涨期权蝶式价差与卖出看跌期权蝶式价差，本书中不再详细介绍卖出看跌期权蝶式价差。

> 假设股票 ABCD 的当前价是 43.57 元/股，表 6-22 所示的操作，就算是构建了一个卖出蝶式价差策略，收到的净权利金为(1.06-1.63)+(2.38-1.63)=0.18（元/股）。

表 6-22　卖出蝶式价差策略操作示例

操　作	类　型	执行价格（元/股）	到期月份（月）	数量（手）	期权价格（元/股）
卖出	看涨期权	42	1	1	2.38
买入	看涨期权	43	1	2	1.63
卖出	看涨期权	44	1	1	1.06

3. 该策略的潜在收益

该策略的潜在最大收益是策略构建之初所收到的净权利金，到期日若标的资产价格突破了上方或下方的损益平衡点，则能够取得正收益。潜在最大收益与潜在最大亏损公式如下。

$$潜在最大收益=收到的净权利金$$

潜在最大亏损=相邻执行价格之差−收到的净权利金

> 在上面的例子中，潜在最大收益为 0.18 元/股，潜在最大亏损为（1−0.18）=0.82（元/股）。在该例子中，选择的执行价格分别是 42 元/股、43 元/股、44 元/股，相邻执行价格之差是 1 元/股。

4. 该策略的风险收益特征

最大收益：有限，极限是所收到的净权利金。

最大亏损：有限。

5. 该策略的损益平衡点

该策略有两个损益平衡点，标的资产价格向上突破较高损益平衡点或向下突破较低损益平衡点均可盈利。较低的损益平衡点公式如下。

较低的损益平衡点=较低的执行价格+收到的净权利金

> 在上例中，收到的净权利金=0.18 元/股，较低的执行价格为 42 元/股，较低的损益平衡点=42+0.18=42.18（元/股）。

较高的损益平衡点公式如下。

较高的损益平衡点=较高的执行价格−收到的净权利金

> 在上例中，收到的净权利金=0.18 元/股，较高执行价格为 44 元/股，较高的损益平衡点=44−0.18=43.82（元/股）。42.18 至 43.82 是该策略的盈利区间，只要到期时标的资产价格在此区间内，就可以盈利。

6. 该策略的主要 Greek 图示

表 6-23 说明了标的资产价格变化时该策略各希腊字母的取值情况。图 6-13 也展示了该策略主要希腊字母的取值情况，主要参数为：标的股票价格为 43.57 元/股，剩余期限为 0.5 年，波动率为 20%，无风险收益率为 3.5%，股息收益率为 2%，设 42 元/股为 A 点，43 元/股为 B 点，44 元/股为 C 点。

表 6-23　卖出蝶式价差策略各希腊字母的取值情况

希 腊 字 母	下　　降	平　　值	上　　升
Delta	-	0	+
Gamma	+	++	+
Theta	+/-	-	+/-
Vega	-/+	++	-/+

注：++表示为正值，+表示略微偏正，-表示略微偏负。

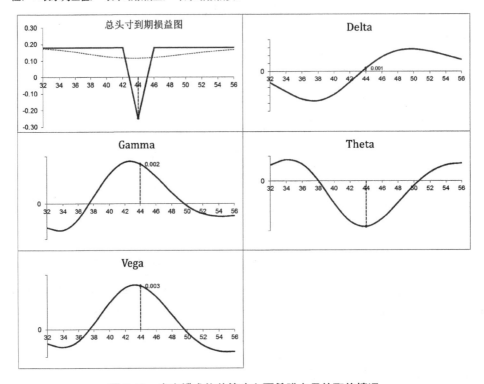

图 6-13　卖出蝶式价差策略主要希腊字母的取值情况

Delta：中性（假设平值头寸），当标的资产价格移向 C 点时，Delta 值变成较高的正数；当标的资产价格移向 A 点时，Delta 值变成较高的负数。

Gamma：在 B 点或其附近 Gamma 值最高，标的资产价格离开 B 点的任何波动，Gamma 值都会降低。如果标的资产价格非常远离 B 点，则 Gamma 值有可能为负值。

Theta：时间损耗可以忽略不计，直到期权临近到期月。当标的资产价格在 A 点和 C 点之间时对持有头寸者不利，在 B 点时最不利。如果标的资产价格在这个区域之外，则对持有头寸者有利。

Vega：如果波动率上升，则头寸理论价值将增加。若标的资产价格在 A 点以下或 C 点以上，则波动率可能有负面的影响。

7. 该策略的优点

- 相对于跨式与宽跨式策略而言，该策略损益平衡点间距更窄，更易被突破。
- 该策略是净贷方策略，时间的流逝对投资者有利。
- 潜在最大收益与亏损都是可预知的。

8. 该策略的缺点

- 构建该策略需要较多的头寸，花费手续费较多。
- 该策略相对复杂，对交易者要求较高。
- 需要占用保证金。

9. 该策略在到期前的调整方法

- 如果标的资产价格显然要向上走，则可以把实值看涨期权空头头寸买回平仓，这样就把该策略转换成了"牛市看涨期权价差"，外加一个看涨期权多头。
- 如果标的资产价格下跌，而且预期它还会继续下跌，则可以把看涨期权多头头寸平掉，仅持有看涨期权空头头寸，不过这时可能需要占用保证金。
- 在标的资产价格上涨之后，如果想避免标的资产价格突然回落带来的风险，则可以把虚值看涨期权空头头寸买回平仓，这样就把该策略转换成了"空头看涨期权比率价差"。

6.10　卖出秃鹰式价差（Short Condor Spread）

卖出秃鹰式价差策略是比较高级的大波动策略，能够在标的资产价格大幅上涨或大幅下跌的时候获利，如图 6-14 所示。

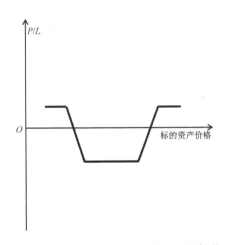

图 6-14　卖出秃鹰式价差策略的到期损益

1.　适用场景

如果交易者预计标的资产价格要么大幅上涨，要么大幅下跌，则可以考虑这个策略。

2.　怎样构建卖出秃鹰式价差策略

该策略可以仅用看涨期权构建，也可以仅用看跌期权构建，这里用看涨期权来说明。在构建该策略时，以下四个操作可以同时进行：

- 卖出 1 手深度实值看涨期权。
- 买入 1 手实值看涨期权。
- 买入 1 手虚值看涨期权。
- 卖出 1 手深度虚值看涨期权。

该策略也可以理解为是由一个"熊市看涨期权价差"与一个"牛市看涨期权价差"组合而成的，如图 6-15 所示。该策略与"卖出蝶式价差"策略类似，只不过是把中间的执行价格一分为二。

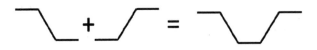

图 6-15　卖出秃鹰式价差策略的构成

前面已介绍过，该策略的构建中涉及两个期权空头（第 1 个和第 4 个）和两个期权多头（第 2 个和第 3 个）。第 1 和第 4 个操作执行价格的选择与交易者预期标的资产价格能突破的价格区间有关，这两个空头头寸的执行价格间距越大，就需要标的资产价格波动更大的幅度才能突破损益平衡点，该策略获利的可能性相对更小，但有一个好处：潜在最大收益要大一些。

两个期权多头（第2个和第3个）执行价格的选择影响着该策略能遭受最大亏损的标的资产价格区间。这两个多头头寸的执行价格离间距越近，则该策略能够遭受最大亏损的区间越窄，但潜在最大亏损会更大。

> 假设股票ABCD的当前价是43.57元/股，表6-24所示的操作，就算是构建了一个卖出秃鹰式价差策略，收到的净权利金为2.38-1.63-1.03+0.60=0.32（元/股）。
>
> 在这个例子中，我们认为股票ABCD至少能够突破从42元/股到45元/股的价格区间，如果到期时股票价格还在43元/股到44元/股价格区间内，那么我们将遭受最大损失。

表6-24 卖出秃鹰式价差策略操作示例

操 作	类 型	执行价格（元/股）	到期月份（月）	数量（手）	期权价格（元/股）
卖出	看涨期权	42	1	1	2.38
买入	看涨期权	43	1	1	1.63
买入	看涨期权	44	1	1	1.03
卖出	看涨期权	45	1	1	0.60

3. 该策略的潜在收益

该策略的潜在最大收益是策略构建之初所收到的净权利金，到期时若标的资产价格突破了上方或下方的损益平衡点，则能够取得其正收益。潜在最大收益与潜在最大亏损公式如下。

$$潜在最大收益=收到的净权利金$$

$$潜在最大亏损=相邻执行价格之差-付出的净权利金$$

> 在上面的例子中，潜在最大收益为0.32元/股，潜在最大亏损为1-0.32=0.68（元/股）。在该例子中，选择的执行价格分别是42元/股、43元/股、44元/股、45元/股，相邻执行价格之差是1元/股。

4. 该策略的风险收益特征

最大收益：有限。

最大亏损：有限。

5. 该策略的损益平衡点

该策略有两个损益平衡点，标的资产价格向上突破较高损益平衡点和向下突破较低损益平衡点均可盈利。较低的损益平衡点公式如下。

较低的损益平衡点=较低的执行价格+收到的净权利金

在上例中，收到的净权利金=0.32元/股，较低的执行价格为42元/股，较低的损益平衡点=42+0.32=42.32（元/股）。

较高的损益平衡点公式如下。

较高的损益平衡点=较高的执行价格-收到的净权利金

在上例中，收到的净权利金=0.32元/股，较高执行价格为45元/股，较高的损益平衡点=45-0.32=44.68（元/股）。42.32元/股至44.68元/股是该策略的亏损区间，只要到期时标的资产价格突破该区间，就可以盈利。

6. 该策略的主要 Greek 图示

表6-25说明了标的资产价格变化时该策略各希腊字母的取值情况。设42元/股为A点，43元/股为B点，44元/股为C点，45元/股为D点。

表6-25 卖出秃鹰式价差期权策略各希腊字母的取值情况

希腊字母	下 降	平 值	上 升
Delta	- -	0	++
Gamma	+	++	+
Theta	+/-	-	+/-
Vega	-/+	++	-/+

注：++表示为正值，+表示略微偏正，- -表示为负值，-表示略微偏负。

Delta：中性（假设平值头寸），当标的资产价格移向D点时，Delta值变成较高的正数；当标的资产价格移向A点时，Delta值变成较高的负数。

Gamma：在 B 点和 C 点或其附近 Gamma 值最高，在此之外的任何方向，Gamma 值都降低。如果标的资产价格非常远离 ATM（平值），则 Gamma 值有可能变为负值。

Theta：时间的损耗可以忽略不计，直到期权临近到期月。当标的资产价格在 B 点和 C 点之间时对持有头寸者不利，如果标的资产价格在这个区域之外，则对持有头寸者有利。

Vega：波动率上升会增加头寸的理论价值。若标的资产价格在 A 点以下或 D 点以上，则波动率可能有负面的影响。

7. 该策略的优点

- 该策略是贷方策略，时间的流逝对投资者有利。
- 潜在最大收益与最大亏损都是可预知的。

8. 该策略的缺点

- 构建该策略需要较多头寸，花费手续费较多。
- 相对于卖出蝶式价差策略，该策略的损益平衡点间距更宽。
- 需要占用保证金。

9. 该策略在到期前的调整方法

- 如果标的资产价格显然要向上走，则可以把实值看涨期权空头头寸买回平仓，这样就把该策略转换成牛市看涨期权价差策略，外加一个看涨期权多头。
- 如果标的资产价格下跌，而且预期它还会继续下跌，则可以把看涨期权多头头寸平掉，仅持有看涨期权空头头寸，不过这时可能需要占用保证金。

6.11 卖出信天翁式价差（Short Albatross Spread）

卖出信天翁式价差策略是比较高级的大波动策略，能够在标的资产价格大幅上涨或大幅下跌的时候获利，可以把该策略理解为信天翁式价差策略完全反过来，所以其到期损益等与信天翁式价差是正好相反的（如图 6-16 所示）。该策略本质上也是一种卖出秃鹰式价差。

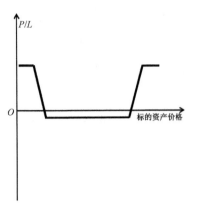

图 6-16　卖出信天翁式价差策略的到期损益

1．适用场景

如果交易者预计标的资产价格能够有很大幅度的突破，则可以考虑这个策略。

2．怎样构建卖出信天翁式价差策略

在构建该策略时，以下四个操作可以同时进行：

- 卖出 1 手深度实值看涨期权。
- 买入 1 手实值看涨期权。
- 买入 1 手虚值看涨期权。
- 卖出 1 手深度虚值看涨期权。

卖出信天翁式价差的构建思路与卖出秃鹰式价差的构建思路几乎是完全相同的。

> 假设股票 ABCD 的当前价是 43.57 元/股，表 6-26 所示的操作，就算是构建了一个卖出信天翁式价差策略，收到的净权利金为 3.35-2.38-0.60+0.10=0.47（元/股）。
>
> 在这个例子中，我们认为股票 ABCD 至少能够突破从 41 元/股到 46 元/股的价格区间，如果到期时股票价格还在 42 元/股到 45 元/股价格区间内，那么我们将遭受最大损失。

表 6-26　卖出信天翁式价差策略操作示例

操　作	类　型	执行价格（元/股）	到期月份（月）	数量（手）	期权价格（元/股）
卖出	看涨期权	41	1	1	3.35
买入	看涨期权	42	1	1	2.38
买入	看涨期权	45	1	1	0.60
卖出	看涨期权	46	1	1	0.10

3. 该策略的潜在收益

该策略的潜在最大收益是策略构建之初所收到的净权利金,到期时若标的资产价格突破了上方或下方的损益平衡点,则能够取得正收益。潜在最大收益与最大亏损公式如下。

$$潜在最大收益=收到的净权利金$$

$$潜在最大亏损=相邻多空两头寸执行价格之差-付出的净权利金$$

> 在上面的例子中,潜在最大收益为 0.47 元/股;潜在最大亏损为 1-0.47=0.53(元/股)。在该例子中,选择的执行价格分别是 41 元/股、42 元/股、45 元/股、46 元/股,相邻多空两头寸执行价格之差是 1 元/股(46-45 或者 42-41)。

4. 该策略的风险收益特征

最大收益:有限。

最大亏损:有限。

5. 该策略的损益平衡点

该策略有两个损益平衡点,标的资产价格向上突破较高损益平衡点和向下突破较低损益平衡点均可盈利。较低的损益平衡点公式如下。

$$较低的损益平衡点=较低的执行价格+收到的净权利金$$

> 在上例中,收到的净权利金=0.47 元/股,较低的执行价格为 41 元/股,较低的损益平衡点为 41+0.47=41.47(元/股)。

较高的损益平衡点公式如下。

$$较高的损益平衡点=较高的执行价格-收到的净权利金$$

> 在上例中,收到的净权利金=0.47 元/股,较高的执行价格为 46 元/股,较高的损益平衡点为 46-0.47=45.53(元/股)。41.47 元/股至 45.53 元/股是该策略的亏损区间,这个区间相比卖出秃鹰式价差策略中的亏损区间(42.32 元/股至 44.68 元/股)要更宽,所以说,该策略只适用于预期标的资产价格能够有很大幅度的突破情况。

6. 该策略的优点

- 该策略是贷方策略，时间的流逝对投资者有利。

- 潜在最大收益与最大亏损都是可预知的。

- 潜在最大亏损要比基本的大波动策略的最大亏损小。

7. 该策略的缺点

- 构建该策略需要较多的头寸，花费手续费较多。

- 相对于卖出蝶式价差策略，该策略的损益平衡点间距更宽，很难达到盈利的局面。

- 需要占用保证金。

8. 该策略在到期前的调整方法

- 如果认为标的资产价格显然会继续上行，则可以把实值看涨期权空头头寸买回平仓，以把利润最大化，这样就把该策略转换成了"牛市看涨期权价差"，外加一个看涨期权多头策略。

- 如果标的资产价格下跌，而且预期它还会继续下跌，则可以把看涨期权多头头寸平掉，仅持有看涨期权空头头寸。

6.12 反向铁蝶式价差（Reverse Iron Butterfly Spread）

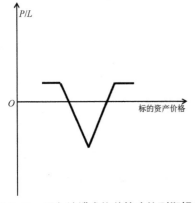

图 6-17　反向铁蝶式价差策略的到期损益

反向铁蝶式价差策略是比较高级的大波动策略，适用于突破行情。该策略可以理解为把铁蝶式价差策略完全反过来（如图 6-17 所示）。该策略是借方价差策略。

1. 适用场景

如果交易者预计标的资产价格会快速向上或向下突破，则可以考虑这个策略。

2. 怎样构建反向铁蝶式价差策略

在构建该策略时以下四个操作可以同时进行：

- 卖出 1 手虚值看涨期权。

- 买入 1 手平值看涨期权。

- 卖出 1 手虚值看跌期权。

- 买入 1 手平值看跌期权。

该策略也可以理解为由一个"牛市看涨期权价差"与一个"熊市看涨期权价差"组合而成，如图 6-18 所示。

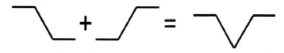

图 6-18 反向铁蝶式价差策略的构成

假设股票 ABCD 的当前价是 43.57 元/股，表 6-27 所示的操作，就算是构建了一个反向铁蝶式价差策略，付出的净权利金为(1.63-1.06)+(0.85-0.59)=0.83 （元/股）。

表 6-27 反向铁蝶式价差策略操作示例

操 作	类 型	执行价格（元/股）	到期月份（月）	数量（手）	期权价格（元/股）
卖出	看涨期权	44	1	1	1.06
买入	看涨期权	43	1	1	1.63
卖出	看跌期权	42	1	1	0.59
买入	看跌期权	43	1	1	0.85

3. 该策略的潜在收益

在期权到期时，若标的资产价格突破了上方或下方的损益平衡点，则能够取得正收益。潜在最大收益与最大亏损公式如下。

潜在最大收益=执行价格的最大间距-付出的净权利金

潜在最大亏损=付出的净权利金

在上面的例子中，潜在最大亏损为 0.83 元/股；潜在最大收益为 44-43-0.83=0.17（元/股）。

4. 该策略的风险收益特征

最大收益：有限。

最大亏损：有限。

5. 该策略的损益平衡点

该策略有两个损益平衡点，标的资产价格向上突破较高的损益平衡点或向下突破较低的损益平衡点均可盈利。较低的损益平衡点公式如下。

较低的损益平衡点=看跌期权多头执行价格-付出的净权利金

在上例中，付出的净权利金为 0.83 元/股，看跌期权多头执行价格为 43 元/股，较低的损益平衡点为 43-0.83=42.17（元/股）。

较高的损益平衡点公式如下。

较高的损益平衡点=看涨期权多头执行价格-付出的净权利金

在上例中，付出的净权利金为 0.83 元/股，看涨期权多头执行价格为 43 元/股，较高的损益平衡点为 44+0.83=44.83（元/股）。

6. 该策略的主要 Greek 图示

表 6-28 说明了标的资产价格变化时该策略各希腊字母的取值情况。设 42 元/股为 A 点，43 元/股为 B 点，44 元/股为 C 点。

表6-28　反向铁蝶式价差各希腊字母的取值情况

希 腊 字 母	下　　降	平　　值	上　　升
Delta	++	0	− −
Gamma	−	− −	−
Theta	+/−	+	+/−
Vega	−/+	− −	−/+

注：++表示为正值，+表示略微偏正，− −表示为负值，−表示略微偏负。

Delta：中性（假设平值头寸），在标的资产价格大幅下跌（上涨）时，Delta
值变成较大的正数（负数）。

Gamma：Gamma 值在 B 点或其附近最高，在低于 A 点和高于 C 点的区域，
Gamma 值降低。如果标的资产价格非常远离 B 点，则 Gamma 有可能变为正值。

Theta：在标的资产价格快速移向 B 点时，头寸的时间价值将增加，在低于 A
点和高于 C 点的区域，时间的损耗对持有头寸者不利。

Vega：如果波动率上升，则头寸价值降低。

7. 该策略的优点

- 相比跨式与宽跨式策略而言，该策略的损益平衡点间距更窄，更易被突破，
可以理解为获利的可能性更大。
- 潜在最大收益与最大亏损都是可预知的。

8. 该策略的缺点

- 相比卖出蝶式价差策略及卖出秃鹰式价差策略，该策略的潜在最大收益更
小，潜在亏损更大。
- 潜在最大亏损要比潜在最大收益大很多。

9. 该策略在到期前的调整方法

- 如果标的资产价格有所上涨，而且预期会继续上涨，则可以把所有的看跌
期权头寸都平掉，这样就把该策略转换成了牛市看涨期权价差策略。
- 如果标的资产价格下跌，而且预期它还会继续下跌，则可以把看涨期权头
寸都平掉，这样就把该策略转换成了熊市看跌期权价差策略。

6.13　反向铁鹰式价差（Reverse Iron Condor Spread）

反向铁鹰式价差策略是比较高级的大波动策略，适用于突破行情。该策略可以理

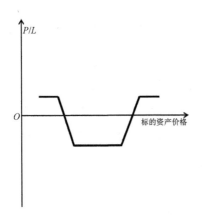

图 6-19 反向铁鹰式价差策略的到期损益

解为把铁鹰式价差策略完全反过来。该策略是借方价差策略，其到期损益如图 6-19 所示。

1. 几个策略的对比

表 6-29 列出了常见的几个高级价差策略的对比。

2. 适用场景

如果交易者预计标的资产价格会快速向上或向下突破，则可以考虑这个策略。

表 6-29 价差策略的对比

对 比 项	卖出秃鹰式价差	反向铁鹰式价差	卖出蝶式价差	反向铁蝶式价差
借方/贷方	贷方	借方	贷方	借方
最大收益	最高	更高	高	小
最大损失	低	高	更高	最大
头寸成本	—	高	—	低
损益平衡点间距	宽	最宽	窄	更宽

3. 怎样构建反向铁鹰式价差策略

在构建该策略时以下四个操作可以同时进行：

- 卖出 1 手深度虚值看涨期权。

- 买入 1 手虚值看涨期权。

- 卖出 1 手深度虚值看跌期权。

- 买入 1 手虚值看跌期权。

该策略也可以理解为由一个"牛市看涨期权价差"与一个"熊市看涨期权价差"组合而成，如图 6-20 所示。

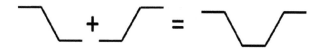

图6-20　反向铁鹰式价差策略的构成

假设股票 ABCD 的当前价是 43.57 元/股，表 6-30 所示的操作，就算是构建了一个反向铁鹰式价差策略，付出的净权利金为(1.03−0.60)+(0.85−0.59)=0.69（元/股）。该策略是借方价差策略，前文介绍的卖出秃鹰式价差策略是净贷方价差策略。

表6-30　反向铁鹰式价差策略操作示例

操　　作	类　　型	执行价格（元/股）	到期月份（月）	数量（手）	期权价格（元/股）
卖出	看涨期权	45	1	1	0.60
买入	看涨期权	44	1	1	1.03
卖出	看跌期权	42	1	1	0.59
买入	看跌期权	43	1	1	0.85

4. 该策略的潜在收益

在期权到期时，若标的资产价格突破了上方或下方的损益平衡点，则能够取得正收益。潜在最大收益与最大亏损公式如下。

潜在最大收益=连续执行价格的最大间距−付出的净权利金

潜在最大亏损=付出的净权利金

在上面的例子中，潜在最大损失为 0.69 元/股；潜在最大收益为 44−43−0.69=0.31（元/股）。

5. 该策略的风险收益特征

最大收益：有限。

最大亏损：有限。

6. 该策略的损益平衡点

该策略有两个损益平衡点，标的资产价格向上突破较高的损益平衡点和向下突破较低的损益平衡点均可盈利。较低的损益平衡点公式如下。

较低的损益平衡点=看跌期权多头执行价格−付出的净权利金

在上例中，付出的净权利金为 0.69 元/股，看跌期权多头执行价格为 43 元/股，较低的损益平衡点为 43−0.69=42.31（元/股）。

较高的损益平衡点公式如下。

较高的损益平衡点=看涨期权多头执行价格+付出的净权利金

在上例中，付出的净权利金为 0.69 元/股，看涨期权多头执行价格为 44 元/股，较高的损益平衡点为 44+0.69=44.69（元/股）。

7. 该策略的主要 Greek 图示

表 6-31 说明了标的资产价格变化时该策略各希腊字母的取值情况。设 42 元/股为 A 点，43 元/股为 B 点，44 元/股为 C 点，45 元/股为 D 点。

表 6-31　反向铁鹰式价差策略各希腊字母的取值情况

希 腊 字 母	下 降	平 值	上 升
Delta	++	0	− −
Gamma	−	− −	−
Theta	+/−	+	+/−
Vega	−/+	− −	−/+

注：++表示为正值，+表示略微偏正，− −表示为负值，−表示略微偏负。

Delta：中性（假设平值头寸），当标的资产价格移向 A 点时，Delta 值变成较大的正数；当标的资产价格移向 D 点时，Delta 值变成较大的负数。

Gamma：Gamma 值在 B 点和 C 点或其附近最高，在此之外的任何方向，Gamma 值都降低。如果标的资产价格非常远离 ATM（平值），则 Gamma 有可能变为正值。

Theta：时间的损耗可以忽略不计，直到期权临近到期月。当标的资产价格在 B 点和 C 点之间时对持有头寸者有利，如果标的资产价格在这个区域之外，则对持有头寸者不利。

Vega：波动率上升对持有头寸者不利。当标的资产价格在 A 点以下或 D 点以上时，波动率可能有正面的影响。

8. 该策略的优点

- 相比跨式与宽跨式策略，该策略的损益平衡点间距更窄，更易被突破，可以理解为获利的可能性更大。
- 行情向上或向下突破都可盈利。
- 潜在最大收益与亏损都是可预知的。
- 潜在最大收益比反向铁蝶式价差策略要大。

9. 该策略的缺点

- 相比卖出蝶式价差策略及卖出秃鹰式价差策略，该策略的潜在最大收益更小，潜在亏损更大。
- 该策略潜在最大亏损要比潜在最大收益大很多。
- 比反向铁蝶式价差策略损益平衡点间距要大，更不易达到盈利。

10. 该策略在到期前的调整方法

- 如果标的资产价格有所上涨，而且预期会继续上涨，则可以把所有的看跌期权头寸都平掉，把该策略转换成牛市看涨期权价差策略。
- 如果标的资产价格下跌，而且预期它还会继续下跌，则可以把看涨期权头寸都平掉，把该策略转换成熊市看跌期权价差策略。

6.14 反向铁信天翁式价差（Reverse Iron Albatross Spread）

反向铁信天翁式价差策略是比较高级的大波动策略，适用于很大幅度的突破行情，如图 6-21 所示。

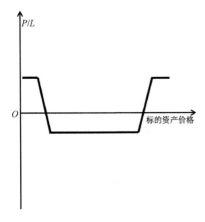

图 6-21　反向铁信天翁式价差策略的
到期损益

1．适用场景

如果交易者预计标的资产价格会上演很大幅度的突破行情，则可以考虑这个策略。

2．怎样构建反向铁信天翁式价差策略

在构建该策略时以下四个操作可以同时进行：

- 卖出 1 手深度虚值看涨期权。
- 买入 1 手虚值看涨期权。
- 卖出 1 手深度虚值看跌期权。
- 买入 1 手虚值看跌期权。

该策略也可以理解为由一个"虚值牛市看涨期权价差"与一个"虚值熊市看涨期权价差"组合而成。

> 假设股票 ABCD 的当前价是 43.57 元/股，表 6-32 所示的操作，就算是构建了一个反向铁信天翁价差策略，付出的净权利金为 (0.60－0.10)+(0.59－0.20)=0.89（元/股）。该策略是借方价差策略，前文介绍的卖出秃鹰式价差策略是贷方价差策略。

表 6-32　反向铁信天翁式价差操作示例

操　作	类　型	执行价格（元/股）	到期月份（月）	数量（手）	期权价格（元/股）
卖出	看涨期权	46	1	1	0.10
买入	看涨期权	45	1	1	0.60
卖出	看跌期权	41	1	1	0.20
买入	看跌期权	42	1	1	0.59

3．该策略的潜在收益

该策略的潜在收益、亏损及损益平衡点的计算与反向铁鹰式价差策略类似。

> 在上面的例子中,潜在最大亏损为 0.89 元/股;潜在最大收益为 46-45-0.89=0.11（元/股）。
>
> 较低的损益平衡点为 42-0.89=41.11（元/股）。
>
> 较高的损益平衡点为 45+0.89=45.89（元/股）。

4. 该策略的优点

- 行情向上或向下突破都可盈利。

- 潜在最大收益与最大亏损都是可预知的。

5. 该策略的缺点

- 相比卖出信天翁式价差策略,该策略的潜在最大收益更小,潜在亏损更大。

- 比反向铁鹰式价差损益平衡点间距要大,更不容易盈利。

6. 该策略在到期前的调整方法

- 如果标的资产价格已经有所上涨,而且预期会继续上涨,则可以把所有的看跌期权头寸都平掉,把该策略转换成牛市看涨期权价差策略。

- 如果标的资产价格已经有所下跌,而且预期它还会继续下跌,则可以把看涨期权头寸都平掉,把该策略转换成熊市看跌期权价差策略。

7

第 7 章

小波动交易策略

本章为读者介绍小波动交易策略，这里的"小波动"是与第 6 章的"大波动"相对而言的。所谓"小波动"，是指横盘不动或者仅在可预知的很小范围内波动。小波动交易策略是指当预期标的资产价格横盘或窄幅波动时所采取的交易策略。小波动交易策略仅在期权交易里才有，单独使用传统的股票、期货等工具在股票或期货合约横盘的行情中是无法盈利的，这凸显了期权工具损益非线性的优势。

在股票、期货等市场里经常会遇到横盘震荡的"牛皮"行情，在这种行情里，可以通过期权小波动交易策略来盈利。利用小波动交易策略，无论行情是完全横盘不动的，还是略微上涨或略微下跌的都可以盈利。期权交易是一个概率游戏，多方向盈利的特征在一定程度上提高了小波动交易策略获利的概率。

小波动交易策略有很多，但所有小波动交易策略盈利的来源都是期权的时间价值，或者说是从期权时间价值的损耗中获利的。

所有的小波动交易策略都会包含看涨期权或看跌期权的空头。我们在买入期权时总盼望时间慢一点流逝，好留有充足的时间"发生一点大事儿"，让我们的期权多头头寸变成实值的甚至深度实值的。如果我们卖出了期权，则希望时间快速流逝，如果到期时期权是虚值的，那么就踏实地把期权的时间价值赚到手了，我们也可高价卖出，然后在其价值损耗之后低价买回平仓获利。从期权风险指标的角度讲，无论是卖出看涨期权还是卖出看跌期权，只要我们是期权的卖方，就都拥有正的 Theta 值，时间的流逝对我们就有利。

所有的小波动交易策略都有一个共同的缺点：潜在最大收益是有限的，小波动交易策略不可能拥有无限大的潜在收益。小波动交易策略的潜在最大收益都可以在策略建立之初通过计算得到，因为小波动交易策略的收益来源于其时间价值，而在策略建立那一刻的时间价值可以通过精确计算得到。这算是小波动交易策略的缺点，但利用它可以提前计算最大收益，从而让交易者更好地把控交易。

7.1 卖出跨式（Short Straddle）

本节介绍卖出跨式期权策略，在所有的小波动交易策略里，它是最容易理解的，也是最基础的一个策略。可以把"卖出跨式期权策略"理解为把"买入跨式期权策略"完全反过来，其到期损益如图 7-1 所示。买入跨式期权策略在标的资产行情大幅向上或大幅向下时会盈利。卖出跨式期权策略相当于我们把一个"买入跨式期权策略"卖给交易对手，当行情大幅向上或大幅向下波动时，交易对手会盈利，我们就会亏损；当行情横盘不动时，买入跨式期权的交易对手会亏损，我们就会盈利。我们的盈利来自交易对手为"买入跨式期权"所付出的权利金。

图 7-1　卖出跨式期权策略的到期损益

从收益风险特征来看，卖出跨式期权策略与买入跨式期权策略内容也正好相反，若标的资产价格横盘不动，则我们卖出跨式期权的收益是有限的。而如果标的资产价格向上或向下大幅波动，那么我们的潜在亏损是无限的。

1. 适用场景

如果交易者自信标的资产价格在期权到期之前仅会在很小的范围内波动，就可以使用该策略。

2. 怎样构建该策略

构建一个卖出跨式期权策略很简单，在卖出平值看涨期权的同时卖出相同数量的平值看跌期权即可，当然，不要忘了两者是相同标的和相同到期日。卖出看涨期权在标的资产价格上行时收益有限，而在下行时损失无限，卖出看跌期权在标的资产价格下行时收益有限，而在上行时损失无限。把卖出看涨期权与卖出看跌期权结合起来就能够实现在标的资产横盘过程中获利。策略构建：

卖出平值看涨期权+卖出平值看跌期权

> 卖出跨式期权的例子：假设股票 ABCD 的当前价格是 44 元/股。你卖出 1 月份到期执行价格为 44 元/股的看涨期权，同时卖出同等数量 1 月份到期执行价格为 44 元/股的看跌期权，如此就算构建了卖出跨式期权策略。

3. 该策略的损益平衡点

该策略有两个损益平衡点。前面讲过，可以把"卖出跨式期权策略"理解为把"买入跨式期权策略"卖给了交易对手，这不难理解，因为这两个策略的损益平衡点算法是完全一样的，公式如下。

较高的损益平衡点=执行价格+收到的权利金

较低的损益平衡点=执行价格−收到的权利金

4. 该策略到期收益的计算方法

> 接着上面的例子：策略构建时的操作如表 7-1 所示。
> 该策略的潜在最大收益=收到的权利金=4.2 元/股，仅当股票价格还维持在 44 元/股的时候发生。
> 较高的损益平衡点=执行价格+收到的权利金=44.0+4.2=48.20（元/股）。
> 较低的损益平衡点=执行价格−收到的权利金=44.0−4.2=39.80（元/股）。

计算该策略到期收益的思路是:收到的权利金-到期时期权头寸所具有的内涵价值。

假设到期时股票价格上涨到 46 元/股,则该策略的收益是 4.2-(46-44)=2.2 (元/股)。

假设到期时股票价格下跌到 40 元/股,则该策略的收益是 4.2-(44-40)=0.2 (元/股)。

表 7-1　卖出跨式期权操作示例

操　作	类　型	执行价格(元/股)	到期月份(月)	数量(手)	期权价格(元/股)
卖出	看涨期权	44	1	1	2.20
卖出	看跌期权	44	1	1	2.00

5. 该策略的风险收益特征

潜在最大亏损:无限。

潜在最大收益:有限,限于策略构建时所收到的权利金。

6. 该策略的主要 Greek 图示

表 7-2 说明了标的资产价格变化时该策略各希腊字母的取值情况。图 7-2 也展示了该策略主要希腊字母的取值情况,主要参数为:标的股票价格为 44 元/股,剩余期限为 0.5 年,波动率为 20%,无风险收益率为 3.5%,股息收益率为 2%。

表 7-2　卖出跨式期权策略各希腊字母的取值情况

希腊字母	下　降	平　值	上　升
Delta	++	0	− −
Gamma	− −	− − −	− −
Theta	+	+++	+
Vega	−	− −	−

注:+++表示明显为正,++表示为正值,+表示略微偏正,− − −表示明显为负,− −表示为负值,−表示略微偏负。

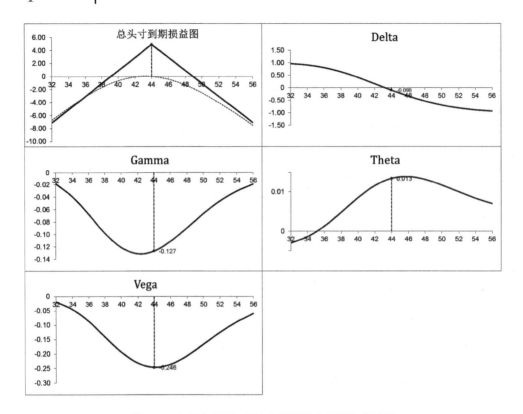

图 7-2　卖出跨式期权策略主要希腊字母的取值情况

Delta：中性（假设平值部位），在标的资产价格大幅上涨（下跌）时，Delta 值变成较大的负数（正数）。在做波动率交易时，部位通过对冲保持 Delta 值中性，直到平仓或者等市场有比较明确的走势方向时再考虑改变交易策略。

Gamma：当期权平值且临近到期日时 Gamma 值最高。

Theta：随着期权时间价值的衰减，其部位的价值在不断增加。如果部位是深虚值和（或）临近到期日，Theta 值可能是负的。

Vega：如果预期波动率上升，则部位价值将减少。

7. 该策略的优点

- 在标的资产价格不动时可以盈利，即便标的资产价格小幅上涨或小幅下跌，只要不突破损益平衡点，该策略就也可以盈利。

- 该策略是贷方策略，构建该策略时除了占用保证金，不需要其他成本。

8. 该策略的缺点

- 相比仅卖出看涨期权策略或仅卖出看跌期权策略，该策略需要付出更多的交易手续费。

- 潜在亏损无限。

- 潜在最大收益仅限于所收到的权利金。

- 会占用比较多的保证金。

9. 该策略在到期前的调整方法

- 如果交易者认为标的资产价格未来还会震荡，但震荡的范围会比当前稍大，则可以把该策略转换成"卖出宽跨式期权策略"。

- 如果标的资产价格朝一个方向剧烈运动，所卖出的期权中会有一个变成实值的，则应该把这个实值期权买入平仓，为该策略止损。

7.2 卖出宽跨式（Short Strangle）

卖出宽跨式期权策略是卖出跨式策略的"孪生"策略，还可以将其理解为把"买入宽跨式期权策略"完全反过来。卖出宽跨式期权策略相当于我们把一个"买入宽跨式期权策略"卖给交易对手，当行情大幅向上波动或大幅向下波动时，交易对手会盈利，我们会亏损；当行情横盘不动时，买入宽跨式期权的交易对手会亏损，我们会盈利。我们的盈利可以理解为来自交易对手为"买入宽跨式期权策略"所付出的权利金。从收益风险特征来看，卖出宽跨式期权策略与买入宽跨式期权策略也正好相反。该策略的到期损益如图 7-3 所示。

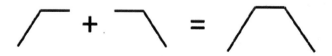

图 7-3 卖出宽跨式期权策略的到期损益

1. 适用场景

如果认为标的资产价格在期权到期之前仅会在很小的范围内波动甚至根本不动，就可以使用该策略。

2. 怎样构建该策略

构建一个卖出宽跨式期权策略的过程与卖出跨式期权策略类似，在卖出虚值看涨期权的同时卖出相同数量的虚值看跌期权即可。卖出虚值看涨期权在标的资产价格上行时收益有限，而在下行时损失无限，卖出虚值看跌期权在标的资产价格下行时收益有限，而在上行时损失无限。把卖出虚值看涨与卖出虚值看跌结合起来，就能够实现在标的资产价格的横盘过程中获利。策略构建：

卖出虚值看涨期权+卖出虚值看跌期权

在其他条件相同的前提下，虚值看涨/看跌期权的执行价格要比平值看涨/看跌期权的执行价格离标的当前价格远一些，所以卖出的虚值看涨/看跌期权更有可能以虚值的状态到期，从这个角度看，卖出宽跨式期权策略的"胜算"要比卖出跨式期权策略大。不过卖出宽跨式期权策略在构建时收到的权利金要比卖出跨式期权策略少一些。

> 示例：假设股票 ABCD 的当前价格是 44 元/股，你卖出 1 月份到期执行价格为 45 元/股的看涨期权，同时卖出同等数量 1 月份到期执行价格为 43 元/股的看跌期权，如此就算构建了卖出宽跨式期权策略。

3. 该策略的风险收益特征

潜在最大亏损：无限。

潜在最大收益：有限，限于策略构建时所收到的权利金。

4. 该策略到期收益的计算方法

该策略到期收益的计算要比传统买入跨式期权策略稍复杂，因为涉及两个执行价格。该策略中虚值看涨期权的执行价格要高于虚值看跌期权的执行价格，我们不妨分别称这两个执行价格为"较高的执行价格"与"较低的执行价格"。

标的资产价格上行时,收益=收到的权利金-(标的资产价格-较高的执行价格)。

标的资产价格下行时,收益=收到的权利金-(较低的执行价格-标的资产价格)。

> 接着上面的例子:构建卖出宽跨式期权策略时的操作如表 7-3 所示。
>
> 该策略的潜在最大收益=收到的权利金=1.55 元/股,仅当股票价格还维持在 43 元/股至 45 元/股区间的时候发生。
>
> 假设到期时股票价格上涨到 46 元/股,则该策略的收益是 1.55-(46-45)=0.55(元/股)。
>
> 假设到期时股票价格下跌到 42 元/股,则该策略的收益是 1.55-(43-42)=0.55(元/股)。
>
> 假设到期时股票价格上涨到 50 元/股,则该策略的收益是 1.55-(50-45)=-3.45(元/股)。
>
> 假设到期时股票价格跌到 35 元/股,则该策略的收益是 1.55-(43-35)=-6.45(元/股)。

表 7-3 卖出宽跨式期权策略操作示例

操 作	类 型	执行价格(元/股)	到期月份(月)	数量(手)	期权价格(元/股)
卖出	看涨期权	45	1	1	0.80
卖出	看跌期权	43	1	1	0.75

5. 该策略的损益平衡点

该策略与卖出跨式期权策略类似,也有两个损益平衡点,且两个损益平衡点计算的思路类似,差别之处在于该策略中看涨/看跌期权的执行价格并不一致。不过,可以把"卖出宽跨式期权策略"理解为把"买入宽跨式期权策略"卖给了交易对手,这两个策略的损益平衡点算法是完全一样的,公式如下。

较高的平衡点=看涨期权的执行价格+收到的权利金

较低的平衡点=看跌期权的执行价格-收到的权利金

> 接着上面的例子：较高的损益平衡点=看涨期权的执行价格+收到的权利金=45+1.55=46.55（元/股）。
>
> 较低的损益平衡点=看跌期权的执行价格-收到的权利金=43-1.55=41.45（元/股）。

6. 该策略的主要 Greek 图示

表 7-4 说明了标的资产价格变化时该策略各希腊字母的取值情况。图 7-4 也展示了该策略主要希腊字母的取值情况，主要参数为：标的资产价格为 44 元/股，卖出 1 手执行价格为 46 元/股（B）的看涨期权，同时卖出 1 手执行价格为 42 元/股（A）的看跌期权。剩余期限为 0.5 年，波动率为 20%，无风险收益率为 3.5%，股息收益率为 2%。

表 7-4　卖出宽跨式期权策略各希腊字母的取值情况

希腊字母	下　降	平　值	上　升
Delta	++	0	- -
Gamma	- -	- - -	- -
Theta	+	++	+
Vega	-	- -	-

注：++表示为正值，+表示略微偏正，- - -表示明显为负，- -表示为负值，-表示略微偏负。

Delta：中性（假设平值部位），在标的资产价格大幅上涨（下跌）时，Delta 值变成较大的负数（正数）。

Gamma：在 A 点和 B 点最高，但当标的资产价格大幅下跌或上涨时，Gamma 值降低。

Theta：随着时间的损耗，部位的价值在增加。

Vega：如果波动率上升，则部位的价值将减少。

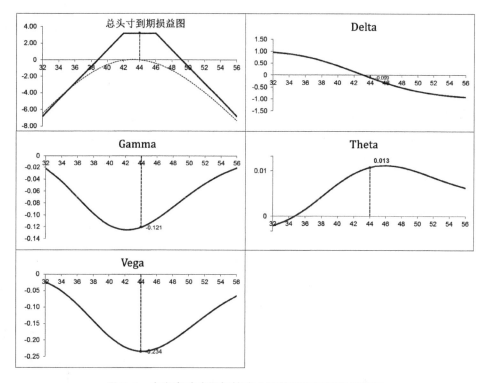

图 7-4 卖出宽跨式期权策略主要希腊字母的取值情况

7．该策略的优点

- 在标的资产价格不动时可以盈利，即便标的资产价格小幅上涨或小幅下跌，该策略也可以盈利，只要不突破损益平衡点就行。

- 该策略为贷方价差策略，在策略构建之初就收到了权利金。

- 相比卖出跨式期权策略，该策略的两个损益平衡点间距较大，说明胜算较大。

- 如果在策略构建之初隐含波动率较高，那么交易者甚至可以从隐含波动率下降的过程中盈利。

8．该策略的缺点

- 相比卖出跨式期权策略，该策略在构建之初收到的权利金较少。

- 潜在亏损无限，如果标的资产价格朝一个方向大幅运动，则有可能遭受重大损失。

- 会占用比较多的保证金。

9. 该策略在到期前的调整方法

如果标的资产价格朝一个方向剧烈运动，那么你所卖出的期权中会有一个变成实值的，此时应该把这个实值期权买入平仓，为该策略止损。

7.3 卖出飞碟式（Short Gut）

卖出飞碟式期权策略是卖出跨式期权策略的另一个"孪生"策略，读者可以把该策略与卖出跨式、卖出宽跨式期权策略对照学习。卖出飞碟式期权策略相当于我们把一个"买入飞碟式期权策略"卖给交易对手，当行情大幅向上波动或大幅向下波动时，交易对手会盈利，我们会亏损；当行情横盘不动时，买入飞碟式期权会导致对手亏损，我们会盈利。我们的盈利来自交易对手为"买入飞碟式期权"所付出的权利金的时间价值部分。从收益风险特征来看，卖出飞碟式期权策略与买入飞碟式期权策略也正好相反。该策略的到期损益如图 7-5 所示。

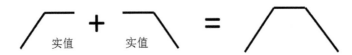

图 7-5　卖出飞碟式期权策略的到期损益

1. 适用场景

如果认为标的资产价格在期权到期之前仅会在预知的很小范围内波动甚至根本不动，就可以使用该策略。

2. 与其他策略的对比

卖出飞碟式期权策略与卖出跨式和卖出宽跨式期权策略有什么不同？卖出飞蝶式期权策略可盈利的价格区间比较宽，能够抵御更多的不确定性，比卖出跨式和卖出宽跨式期权策略更安全，但该策略收益能力更低。有得必有失，有舍才有得，在期权策略选择中到处都是权衡取舍的过程。

3．怎样构建该策略

构建一个卖出飞碟式期权策略并不复杂，在卖出实值看涨期权的同时卖出相同数量的实值看跌期权即可。卖出跨式期权策略中所买入的看涨期权与看跌期权执行价格是相同的，卖出飞碟式期权策略中所卖出的看涨期权与看跌期权的执行价格肯定是一高一低的两个价格。

卖出的实值看涨期权在标的资产价格下行时潜在收益有限，而在上行时损失无限，卖出的实值看跌期权在标的资产价格上行时潜在收益有限，而在下行时损失无限。把卖出看涨期权与卖出看跌期权结合起来就能够在标的资产价格窄幅震荡时获利。策略构建：

卖出实值看涨期权+卖出实值看跌期权

在该策略中应该卖出多少实值的期权？这与盈利范围有关，你卖出的期权越是实值的，则盈利范围越大，但潜在最大盈利越小。

> 下面看一个卖出飞碟式期权策略的例子：假设股票 ABCD 的当前价格是 44 元/股，你卖出 1 月份到期执行价格为 39 元/股的看涨期权，同时卖出同等数量 1 月份到期执行价格为 49 元/股的看跌期权，如此就算构建了卖出飞碟式期权策略。

4．该策略的风险收益特征

潜在最大亏损：无限。

潜在最大收益=收到的权利金-（看跌期权执行价格-看涨期权执行价格）。

5．该策略的损益平衡点

该策略与卖出跨式期权策略类似，也有两个损益平衡点，且两个损益平衡点计算的思路类似，差别之处在于在该策略中看涨期权与看跌期权的执行价格并不一致。不过，可以把"卖出飞碟式期权策略"理解为把"买入飞碟式期权策略"卖给了交易对手，这两个策略的损益平衡点算法是完全一样的，公式如下。

较高的平衡点=看涨期权的执行价格+收到的权利金

较低的平衡点=看跌期权的执行价格-收到的权利金

接着上面的例子：较高的损益平衡点=看涨期权的执行价格+付出的权利金=39+10.95=49.95（元/股）。

较低的损益平衡点=看跌期权的执行价格-付出的权利金=49-10.95=38.05（元/股）。

6. 该策略到期收益的计算方法

该策略到期收益的计算要比传统的买入跨式期权策略稍复杂，因为涉及两个执行价格。

当标的资产价格上行超过了较高损益平衡点时，亏损=（标的资产价格-看涨期权执行价格）-收到的权利金。

当标的资产价格下行跌破了较低损益平衡点时，亏损=（看跌期权执行价格-标的资产价格）-收到的权利金。

接着上面的例子：构建卖出飞碟式期权策略时的操作如表7-5所示。

该策略的潜在最大收益=收到的权利金-（看跌期权执行价格-看涨期权执行价格）=10.95-(49-39)=0.95（元/股），仅当股票价格还维持在 39 元/股至 49 元/股区间的时候发生。

假设到期时股票价格上涨到 50 元/股，则该策略的亏损是(50-39)-10.95=0.05（元/股）。

假设到期时股票价格下跌到 35 元/股，则该策略的亏损是(49-35)-10.95=3.05（元/股）。

表7-5　卖出飞碟式期权策略操作示例

操　作	类　型	执行价格（元/股）	到期月份（月）	数量（手）	期权价格（元/股）
卖出	看涨期权	39	1	1	5.50
卖出	看跌期权	49	1	1	5.45

7．该策略的主要 Greek 图示

表 7-6 说明了标的资产价格变化时该策略各希腊字母的取值情况。图 7-6 也展示了该策略主要希腊字母的取值情况，主要参数为：标的股票价格为 44 元/股，卖出 1 手执行价格为 42 元/股（A）的看涨期权，同时卖出 1 手执行价格为 46 元/股（B）的看跌期权。剩余期限为 0.5 年，波动率为 20%，无风险收益率为 3.5%，股息收益率为 2%。

表 7-6　卖出飞碟式期权策略各希腊字母的取值情况

希 腊 字 母	下　　降	平　　值	上　　升
Delta	++	0	－ －
Gamma	－ －	－ － －	－ －
Theta	+	++	+
Vega	－	－ －	－

注：++表示为正值，+表示略微偏正，－－－表示明显为负，－－表示为负值，－表示略微偏负。

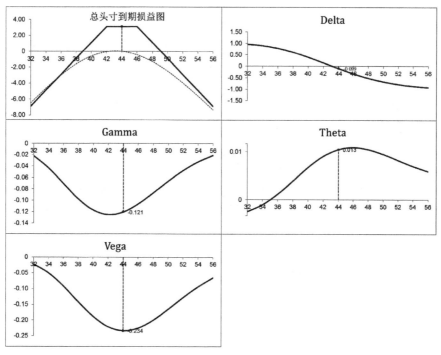

图 7-6　卖出飞碟式期权策略主要希腊字母的取值情况

可以把"卖出飞碟式期权策略"理解为把"买入飞碟式期权策略"完全反过来，其希腊字母的形状也是反过来的。

Delta：中性（假设平值部位），当标的资产价格大幅上涨（下跌）时，Delta 值变成较大的负数（正数）。

Gamma：临近到期日，标的资产价格在 A 和 B 之间时，Gamma 值最高。

Theta：随着时间的损耗，部位的价值在增加。

Vega：如果波动率上升，则部位价值将减少。

8. 该策略的优点

- 在标的资产价格不动时可以盈利，即便标的资产价格小幅上涨或小幅下跌，该策略也可以盈利，只要不突破损益平衡点即可。

- 相比卖出跨式期权策略与卖出宽跨式期权策略，该策略的两个损益平衡点间距较大，胜算较大。

- 如果在策略构建之初隐含波动率较高，则交易者甚至可以从隐含波动率下降的过程中盈利。

9. 该策略的缺点

- 相比卖出跨式期权策略与卖出宽跨式期权策略，该策略的潜在最大收益不高。

- 潜在亏损无限，如果标的资产价格朝一个方向大幅运动，则有可能遭受重大损失。

- 会占用比较多的保证金。

10. 该策略在到期前的调整方法

如果标的资产价格朝一个方向剧烈运动，并突破了损益平衡点，则应该为该策略止损。

7.4 看涨期权水平价差（Horizontal Calendar Call Spread）

在第3章曾重点讲述过水平价差的机制，接下来的几节将讲述用水平价差及对角价差思路构建的小波动策略。

看涨期权水平价差策略是一种小波动策略，当标的资产价格完全静止不动或仅在很小的范围内波动时，该策略可以获利，这种策略的获利机制在于：远月期权与近月期权的时间价值的衰减速度是不一致的。该策略是一种借方价差策略，不需要缴纳保证金，其到期损益如图7-7所示。

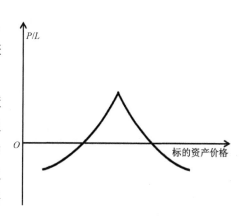

图 7-7　看涨期权水平价差策略的到期损益

1. 看涨期权水平价差策略与看涨期权对角价差策略的区别

看涨期权时间价差策略可以分为看涨期权水平价差策略与看涨期权对角价差策略，相比于看涨期权对角价差策略，看涨期权水平价差策略的潜在最大利润要少一些，可获利区间也要窄一些，不过看涨期权水平价差策略有一个优点，就是如果标的资产价格保持完全不动，则该策略的利润要比看涨期权对角价差策略大得多，而且获利的可能性也要大得多。所以，如果你认为标的资产价格能保持不动，那么在这两个策略中应该优先选择看涨期权水平价差策略。

2. 适用场景

如果认为标的资产价格短期内将保持不动或仅在很小的范围内波动，而且从长期看标的资产价格有可能向上突破，需要为之备有看涨期权多头头寸，在这种情况下，你就可以选择该策略。

3. 怎样构建该策略

在一个看涨期权水平价差策略中，需要买入较远到期月份的平值看涨期权，同时卖出较近到期月份的平值看涨期权。

> **举例：** 假设股票 ABCD 当前价是 45 元/股，如表 7-7 所示的操作，算是构建了一个看涨期权水平价差策略，付出的净权利金为 4.70-0.75=3.95（元/股）。

表 7-7　看涨期权水平价差策略操作示例

操　作	类　型	执行价格（元/股）	到 期 月 份	数量（手）	期权价格（元/股）
卖出	看涨期权	45	2007 年 1 月	10	0.75
买入	看涨期权	45	2008 年 1 月	10	4.70

4. 该策略的潜在收益

当标的资产价格在近月看涨期权到期时收于近月看涨期权的执行价格时，该策略能够获得其潜在最大收益。

> 假设股票 ABCD 在近月期权到期时收于 45 元/股，所持有头寸价值操作如表 7-8 所示。
>
> 净利润为 0.75-0.4=0.35（元/股）。
>
> 其中，0.75 元/股是策略中看涨期权空头头寸所得权利金，0.4 元/股是策略中看涨期权多头头寸权利金损失。

表 7-8　看涨期权水平价差策略损益计算

头　寸	类　型	执行价格（元/股）	到 期 月 份	数量（手）	价值（元/股）
空头	看涨期权	45	2007 年 1 月	10	0
多头	看涨期权	45	2008 年 1 月	10	4.30

5. 该策略的风险收益特征

潜在最大收益：有限。

潜在最大亏损：有限，限于所付出的净权利金。

6. 该策略的损益平衡点

该策略损益平衡点不能够提前预知，该策略是一个小波动策略，损益平衡点的计算思路是：当标的资产价格上涨或下跌突破哪个点位时，该策略开始亏钱。

7. 该策略的优点

- 在标的资产价格保持不动的时候可以盈利。
- 可以向前滚动操作。
- 潜在损失仅限于所付出的净权利金。
- 不需要保证金。

8. 该策略的缺点

- 收益有限。
- 与看涨期权对角价差策略相比，该策略的获利区间要窄得多，潜在最大获利也更少。

9. 该策略在到期前的调整方法

随着行情的变化，如果你改变了对标的资产价格走势的看法，认为其会上涨，则可以把看涨期权空头头寸买回平仓，只留下看涨期权多头头寸去追逐利润。

7.5 看涨期权对角价差（Diagonal Calendar Call Spread）

看涨期权对角价差策略是一种小波动策略，当标的资产价格完全静止不动或仅在很小范围内波动时，该策略可以获利，这种策略的获利机制在于：远月期权与近月期权时间价值的衰减速度是不一致的。该策略是一种借方价差策略，不需要缴纳保证金，其到期损益如图 7-8 所示。

1. 适用场景

如果认为标的资产价格短期内将保持不动或小幅上涨，而且从长期看标的资产价格有可能向上突破，需要为之备有看涨期权多头头寸，在这种情况下，你就可以选择该策略。

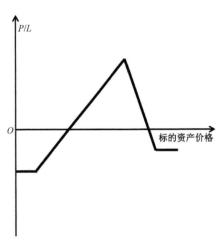

图 7-8 看涨期权对角价差策略的到期损益

2. 怎样构建该策略

在一个看涨期权对角价差策略中，需要买入较远到期月份的平值看涨期权，同时卖出较近到期月份的虚值看涨期权。

> 举例：假设股票 ABCD 当前价是 45 元/股，如表 7-9 所示的操作，算是构建了一个看涨期权对角价差策略，付出的净权利金为 4.70−0.50=4.20（元/股）。

表 7-9 看涨期权对角价差策略操作示例

操 作	类 型	执行价格（元/股）	到 期 月 份	数量（手）	期权价格（元/股）
卖出	看涨期权	46	2007 年 1 月	10	0.50
买入	看涨期权	45	2008 年 1 月	10	4.70

3. 该策略的潜在收益

当标的资产价格在近月看涨期权到期时上涨到近月看涨期权的执行价格，该策略能够获得其潜在最大收益。

当近月看涨期权到期时，该对角价差策略的价值是多少？无法准确预知，仅能通过期权定价模型估计，因为那时看涨期权多头的到期价值仅能通过模型计算而得。

假设股票 ABCD 在近月期权到期时收于 46 元/股，所持有头寸的价值如表 7-10 所示。

净利润为 0.50+0.3=0.80（元/股）。

其中，0.75 元/股是策略中看涨期权空头头寸所得权利金，0.3 元/股是策略中看涨期权多头头寸收益。

表 7-10 看涨期权对角价差策略损益计算

头　寸	类　型	执行价格（元/股）	到期月份	数量（手）	价值（元/股）
空头	看涨期权	46	2007 年 1 月	10	0
多头	看涨期权	45	2008 年 1 月	10	5.00

4. 该策略的潜在最大亏损

该策略是小波动策略，当标的资产价格向上或向下突破时会遭受亏损。当行情向下突破时，该策略的最大亏损是所付出的净权利金。看涨期权空头的获利能够对冲掉看涨期权多头亏损。

当行情向上突破时，则看涨期权多头的增值速度要稍快于看涨期权空头的贬值速度，这使得行情上涨时该策略的最大亏损要小于行情下跌时该策略的最大亏损。

5. 该策略的风险收益特征

潜在最大收益：有限。

潜在最大亏损：有限，限于所付出的净权利金，当标的资产价格大幅下挫时发生。

6. 该策略的损益平衡点

该策略是一个小波动策略，其损益平衡点不能够提前预知，损益平衡点的计算思路是：当标的资产价格上涨或下跌突破哪个点位时，该策略开始亏钱。

7. 该策略的优点

- 在标的资产价格保持不动的时候可以盈利，当其小幅度上涨时盈利更高。

- 可以向前滚动操作。

- 潜在损失仅限于所付出的净权利金。

- 不需要保证金。

8. 该策略的缺点

- 收益有限。

- 与看涨期权水平价差策略相比，如果标的资产价格完全不动，则其获利要少一些。

9. 该策略在到期前的调整方法

随着行情的变化，如果你改变了对标的资产价格走势的看法，认为其会上涨，则可以把看涨期权空头头寸买回平仓，只留下看涨期权多头头寸去追逐利润。

7.6 看跌期权水平价差（Horizontal Calendar Put Spread）

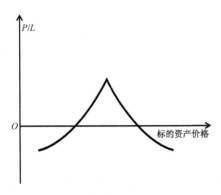

图 7-9 看跌期权水平价差策略的到期损益

本节介绍看跌期权时间价差策略，读者可与看涨期权时间价差策略进行对比研究。

看跌期权水平价差策略也是一种小波动策略，当标的资产价格完全静止不动或仅在很小范围内波动的时候，该策略可以获利，这种策略的获利机制与看涨期权时间价差一样：远月期权与近月期权的时间价值的衰减速度是不一致的。该策略也是一种借方价差策略，不需要缴纳保证金，其到期损益如图 7-9 所示。

1. 看跌期权水平价差策略与看跌期权对角价差策略的区别

根据看跌期权多头/空头头寸执行价格是否一致，可以将看跌期权时间价差策略分为看跌期权水平价差策略和看跌期权对角价差策略。与看跌期权对角价差策略相比，看跌期权水平价差策略的潜在最大利润要小一些，可获利区间也要窄一些，不过看跌期权水平价差策略有一个优点，就是如果标的资产价格保持完全不动，则该策略的利润要比看跌期权对角价差策略大得多，而且获利的可能性也要大得多。所以，如果认为标的资产价格能保持不动，在这两个策略中应该优先选择看跌期权水平价差策略。

2. 适用场景

如果认为标的资产价格短期内将保持不动或仅在很小范围内波动，而且从长期看标的资产价格有可能向下突破，需要为之备有看跌期权多头头寸，在这种情况下，就可以选择该策略。

3. 怎样构建该策略

在一个看涨期权水平价差策略中，需要买入较远到期月份的平值看跌期权，同时卖出较近到期月份的平值看跌期权。

> 举例：假设股票 ABCD 当前价是 45 元/股，如表 7-11 所示的操作，算是构建了一个看跌期权水平价差策略，付出的净权利金为 4.70-0.75=3.95（元/股）。

表 7-11　看跌期权水平价差策略操作示例

操　作	类　型	执行价格（元/股）	到 期 月 份	数量（手）	期权价格（元/股）
卖出	看跌期权	45	2007 年 1 月	10	0.75
买入	看跌期权	45	2008 年 1 月	10	4.70

4. 该策略的潜在收益

在近月看跌期权到期时，若标的资产价格收于近月看跌期权的执行价格，则该策略能够获得其潜在最大收益。

> 假设股票 ABCD 在近月期权到期时收于 45 元/股，所持有头寸价值如表 7-12 所示。

净利润为 0.75-0.4=0.35（元/股）。

其中，0.75 元/股是策略中看跌期权空头头寸所得权利金，0.4 元/股是策略中看跌期权多头头寸权利金损失。

表 7-12　看跌期权水平价差策略损益计算

头　寸	类　　型	执行价格（元/股）	到 期 月 份	数量（手）	价值（元/股）
空头	看跌期权	45	2007 年 1 月	10	0
多头	看跌期权	45	2008 年 1 月	10	4.30

5. 该策略的风险收益特征

潜在最大收益：有限。

潜在最大亏损：有限，限于所付出的净权利金。

6. 该策略的损益平衡点

该策略是一个小波动策略，其损益平衡点不能够提前预知，损益平衡点的计算思路是：当标的资产价格上涨或下跌突破哪个点位时，该策略开始亏钱。这只能通过期权定价模型估算。

7. 该策略的优点

- 在标的资产价格保持不动的时候可以盈利。

- 可以向前滚动操作，甚至多次向前滚动操作。

- 潜在损失仅限于所付出的净权利金。

- 不需要保证金。

8. 该策略的缺点

- 收益有限。

- 与看涨期权对角价差策略相比，该策略的获利区间要窄得多，潜在最大收益也更少。

9. 该策略在到期前的调整方法

随着行情的变化，如果你改变了对标的资产价格走势的看法，认为其会下跌，则可以把看跌期权空头头寸买回平仓，只留下看跌期权多头头寸去追逐利润。

7.7 看跌期权对角价差（Diagonal Calendar Put Spread）

看跌期权对角价差策略是一种小波动策略，当标的资产价格完全静止不动或仅在很小的范围内波动时，该策略可以获利。该策略的获利机制在于：远月期权与近月期权时间价值的衰减速度是不一致的。该策略是一种借方价差策略，不需要缴纳保证金，其到期损益如图 7-10 所示。

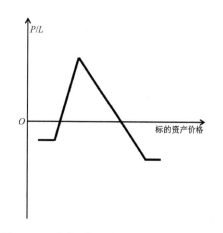

图 7-10 看跌期权对角价差策略的到期损益

1. 适用场景

如果认为标的资产价格短期内将保持不动或小幅下跌，而且从长期看标的资产有可能向下突破，需要为之备有看跌期权多头头寸，那么在这种情况下，可以选择该策略。

2. 怎样构建该策略

在一个看跌期权对角价差策略中，需要买入较远到期月份的平值看跌期权，同时卖出较近到期月份的虚值看跌期权。

举例：假设股票 ABCD 的当前价是 45 元/股，如表 7-13 所示的操作，算是构建一个看跌期权对角价差策略，付出的净权利金为 4.70-0.50=4.20（元/股）。

表 7-13　看跌期权对角价差策略操作示例

操　　作	类　　型	执行价格（元/股）	到 期 月 份	数量（手）	期权价格（元/股）
卖出	看跌期权	44	2007 年 1 月	10	0.50
买入	看跌期权	45	2008 年 1 月	10	4.70

对比看跌期权水平价差策略的构建过程可以看出，看跌期权对角价差策略卖出的是虚值，而不是平值的看跌期权，所以整个策略构建过程花费的净权利金要多一些。

3．该策略的潜在收益

在近月看跌期权到期时，若标的资产价格下跌到近月看跌期权的执行价格，则该策略能够获得其潜在最大收益。

当近月看跌期权到期时，该策略的价值是多少？无法准确预知，仅能通过期权定价模型估计，因为那时看跌期权多头还未到期，其到期价值仅能通过模型计算而得。

> 假设股票 ABCD 在近月期权到期时收于 44 元/股，所持有头寸的价值如表 7-14 所示。
>
> 净利润为 0.50+0.3=0.80（元/股）。
>
> 其中，0.75 元/股是策略中看跌期权空头头寸所得权利金，0.3 元/股是策略中看跌期权多头头寸收益。

表 7-14　看跌期权对角价差策略损益计算

头　　寸	类　　型	执行价格（元/股）	到 期 月 份	数量（手）	价值（元/股）
空头	看跌期权	44	2007 年 1 月	10	0
多头	看跌期权	45	2008 年 1 月	10	5.00

4．该策略的潜在最大亏损

该策略是小波动策略，当标的资产价格向上或向下突破时会遭受亏损。当行情向上快速突破时，该策略最大亏损是所付出的净权利金。看跌期权空头的获利能够对冲掉看跌期权多头价值的缩减。

当行情向下快速突破时，看跌期权多头的增值速度要稍快于看跌期权空头的贬值速度，这使得在行情下跌时该策略的最大亏损要小于行情上涨时该策略的最大亏损。

5. 该策略的风险收益特征

潜在最大收益：有限。

潜在最大亏损：有限，限于所付出的净权利金，当标的资产价格大幅上涨时发生。

6. 该策略的损益平衡点的

该策略损益平衡点不能够提前预知，损益平衡点的计算思路是：当标的资产价格上涨或下跌突破哪个点位时，该策略开始亏钱。

7. 该策略的优点

- 在标的资产价格保持不动的时候可以盈利，当其小幅度下跌时收益更大。
- 可以向前滚动操作。
- 潜在损失仅限于所付出的净权利金。
- 不需要保证金。

8. 该策略的缺点

- 收益有限。
- 与看跌期权水平价差策略相比，如果标的资产价格完全不动，则其获利要少一些。

9. 该策略在到期前的调整方法

随着行情的变化，如果认为标的资产短期内会下跌，则可以把看跌期权空头头寸买回平仓，只留下看跌期权多头头寸去追逐利润。

7.8 蝶式价差（Butterfly Spread）

蝶式价差策略是比较高级的小波动策略，适用于标的资产价格横盘不动或仅在很窄的范围内波动的行情。之所以叫作蝶式价差策略，是因为该策略的到期损益图很像一只舞动的蝴蝶（如图 7-11 所示）。从分类来看，该策略是一种垂直价差策略，也是一种借方价差策略。

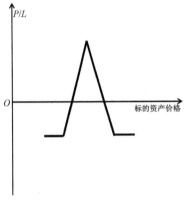

图 7-11　蝶式价差策略的到期损益

1．适用场景

如果交易者预计标的资产价格在期权存续期内仅会出现幅度窄的波动，就可以考虑这个策略。

2．怎样构建该策略

在构建该策略时以下三个操作可以同时进行：

- 买入 N 手实值看涨期权。
- 买入 N 手虚值看涨期权。
- 卖出 2N 手平值看涨期权。

策略构建：

买入 1 手实值看涨期权+卖出 2 手平值看涨期权+买入 1 手虚值看涨期权

有点经验的读者可能一下就能看出，该策略实际上是由一个牛市看涨期权价差策略与一个熊市看涨期权价差策略组合而成的，如图 7-12 所示。

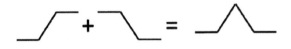

图 7-12　蝶式价差策略的构成

后文将要介绍的秃鹰式价差策略也是类似的构建思路，蝶式价差策略的不同之处在于把中间的两个执行价格合二为一了，产生的效果是潜在最大收益更大，但盈利区间更窄。

在构建蝶式价差策略的过程中，涉及买入一个实值和一个虚值的看涨期权，具体应该怎么选执行价格呢？这与交易者预期标的资产价格的窄幅波动区间有关，这两个多头头寸的执行价格离当前价越远，该策略越安全，因为这需要标的资产价格波动更大才能突破损益平衡点。另外，两个多头头寸的执行价格离当前价越远，就会导致该策略的潜在最大收益越小，因为买入越实值的期权，花费越高。

读者从图 7-12 的构建思路大概已经想到，该策略也可以用看跌期权来构造，效果是一样的，这两种情况分别叫作看涨期权蝶式价差策略与看跌期权蝶式价差策略，本书中不再详细介绍看跌期权蝶式价差策略。

> 假设股票 ABCD 的当前价是 43.57 元/股，表 7-15 所示的操作，算是构建了一个蝶式价差策略，权利金为 1.63×2-2.38-1.06=-0.18（元/股），即该策略构建时付出净权利金为 0.18 元/股。

表 7-15 蝶式价差策略操作示例

操 作	类 型	执行价格（元/股）	到期月份（月）	数量（手）	期权价格（元/股）
买入	看涨期权	42	1	1	2.38
卖出	看涨期权	43	1	2	1.63
买入	看涨期权	44	1	1	1.06

该策略在构建过程中，中间的空头头寸执行价格选择也可以变通，如果选择的是比标的资产当前价更高一些的执行价格，就把该策略转换成了牛市蝶式价差策略。牛市蝶式价差策略是一种牛市策略。

3．该策略的潜在收益

如果到期时标的资产价格正好等于中间的执行价格，则该策略取得其潜在最大收益。

> 接上面的例子：若到期时股票 ABCD 的价格为 43 元/股，该策略取得其最大收益。

该策略最大收益公式如下。

最大收益=中间执行价格-较低执行价格-付出的净权利金

> 在上面的例子中，如果到期时股票 ABCD 的价格为 43 元/股，则最大收益为 43-42-0.18=0.82（元/股）。

4．该策略的风险收益特征

最大收益：有上限。

最大亏损：有限，限于所付出的净权利金。

5．该策略的损益平衡点

该策略有两个损益平衡点，两个损益平衡点组成的区间就是该策略的盈利区间，具体公式如下。

较低的损益平衡点=较低的执行价格+付出的净权利金

在上例中，付出的净权利金为 0.18 元/股，较低的执行价格为 42 元/股，较低的损益平衡点为 42+0.18=42.18（元/股）。

较高的损益平衡点=较高的执行价格−付出的净权利金

在上例中，付出的净权利金为 0.18 元/股，较高的执行价格为 44 元/股，较高的损益平衡点为 44−0.18=43.82(元/股)。42.18 至 43.82 是该策略的盈利区间，只要到期时标的资产价格在此区间之内，就可以结束盈利。

6．该策略的主要 Greek 图示

表 7-16 说明了标的资产价格变化时该策略各希腊字母的取值情况。图 7-13 也展示了该策略主要希腊字母的取值情况，主要参数为：标的资产价格为 43.57 元/股，剩余期限为 0.5 年，波动率为 20%，无风险收益率为 3.5%，股息收益率为 2%。设 42 元/股为 A 点，43 元/股为 B 点，44 元/股为 C 点。

表 7-16　买入蝶式价差策略各希腊字母的取值情况

希腊字母	下　降	平　值	上　升
Delta	+	0	−
Gamma	−	− −	−
Theta	+/−	+	+/−
Vega	−/+	− −	−/+

注：+表示略微偏正，− −表示为负值、−表示略微偏负。

Delta：中性（假设平值部位），当标的资产价格移向 A 时，Delta 值变成较大的正数；当标的资产价格移向 C 时，Delta 值变成绝对值较大的负数。

Gamma：Gamma 值在 B 或其附近最高，在 A 以下或 C 以上，Gamma 值降低。

如果标的资产价格远离 B，Gamma 值有可能为正数。

Theta：时间的损耗可以忽略不计，直到期权临近到期月。当标的资产价格在 A 和 C 之间时对持有部位者有利，在 B 时最有利。如果标的资产价格在这个区域之外，则对持有部位者不利。

Vega：如果波动率上升，则部位价值将减少。若标的资产价格在 A 以下或 C 以上，则波动率可能对其有正面的影响。

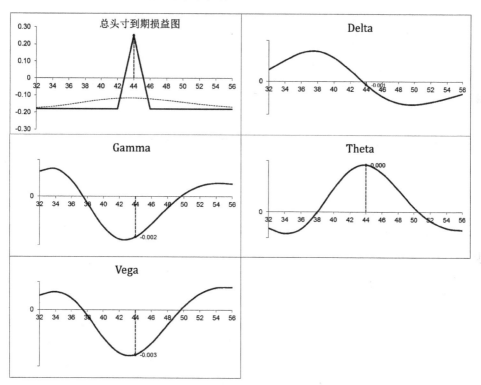

图 7-13　买入蝶式价差策略主要希腊字母的取值情况

7. 该策略的优点

- 构建该策略需要付出的净权利金较少，若有盈利，则往往收益率较高。

- 即使标的资产价格出现了大幅上涨或大幅下跌，该策略的风险也是有限的，这一点与卖出跨式期权策略不同。

- 潜在最大风险与收益都是可预知的。

8. 该策略的缺点

- 构建该策略需要较多的头寸，花费手续费较多。

- 相对较复杂，不易执行。

9. 该策略在到期前的调整方法

- 如果标的资产价格上涨，而且预期它还会继续上涨，则可以把看涨期权空头头寸平掉，仅持有看涨期权多头头寸。

- 如果标的资产价格下跌，而且预期它还会继续下跌，则可以把看涨期权多头头寸平掉，仅持有看涨期权空头头寸，不过此时可能需要占用保证金。

7.9 秃鹰式价差（Condor Spread）

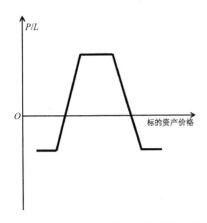

图 7-14 秃鹰式价差策略的到期损益

　　秃鹰式价差策略是比较高级的小波动策略，适用于标的资产价格横盘不动或窄幅盘整的行情。之所以叫作秃鹰式价差策略，是因为该策略的到期损益图很像一只滑翔的秃鹰（如图 7-14 所示）。秃鹰式价差策略与蝶式价差策略是"孪生"策略，不同之处在于秃鹰式价差策略涉及 4 个执行价格，而不是 3 个。这带来的结果是该策略的盈利区间比较宽，但其潜在最大盈利更小。从分类来看，该策略是一种垂直价差策略，也是一种借方价差策略。这里有必要提前说明一下，该策略与后文将要讲述的铁鹰式价差策略是不一样的，秃鹰式价差策略是借方价差策略，而铁鹰式价差策略是贷方价差策略。

1. 适用场景

　　如果交易者预计标的资产价格在期权存续期内仅会出现幅度很窄的波动，则可以考虑这个策略。

2. 怎样构建该策略

与蝶式价差策略类似，该策略完全可以使用看涨期权构建，也完全可以使用看跌期权构建，效果是一样的，这里仅介绍用看涨期权怎么构建。

在构建该策略时以下四个操作可以同时进行：

- 买入 1 手深度实值看涨期权。

- 卖出 1 手实值看涨期权。

- 卖出 1 手虚值看涨期权。

- 买入 1 手深度虚值看涨期权。

有经验的读者可能一下就能看出，该策略实际上是由一个牛市看涨期权价差策略与一个熊市看涨期权价差策略组合而成的，如图 7-15 所示。

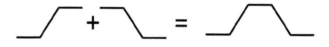

图 7-15 秃鹰式价差策略的构成

前文介绍过的蝶式价差策略也是类似的构建思路，该策略与蝶式价差策略的不同之处在于把中间的一个执行价格分成两个了，产生的效果是盈利区间更宽一些，但潜在最大收益更小。

在该策略的构建中涉及两个期权多头（第 1 个和第 4 个操作）和两个期权空头（第 2 个和第 3 个操作）。第 1 个和第 4 个操作执行价格的选择与交易者预期标的资产的波动区间有关，这两个多头头寸的执行价格离当前价越远，该策略越安全，获利的可能性越大，因为这需要标的资产价格波动更大的范围才能突破损益平衡点，为此付出的代价是潜在最大收益要小一些。

两个期权空头（第 2 个和第 3 个操作）执行价格的选择影响着该策略能取得最大收益的盈利区间。这两个空头头寸的执行价格离当前价越远，该策略越能够在更宽的范围内取得最大收益，为此付出的代价是这个最大收益也要小一些。

秃鹰式价差策略是一个很高级的策略，可盈利区间及最大盈利区间都是可以调节的。有时候，交易者甚至还可以把策略调整为只有单方向风险的情况。所谓折翅秃鹰式价差策略就是这种策略，本书后文会讨论。

> 假设股票 ABCD 的当前价是 43.57 元/股。表 7-17 所示的操作，算是构建了一个秃鹰式价差策略，权利金为-2.38+1.63+1.03-0.60=-0.32（元/股），即该策略构建时付出净权利金为-0.32 元/股。

表 7-17　秃鹰式价差策略操作示例

操　　作	类　　型	执行价格（元/股）	到期月份（月）	数量（手）	期权价格（元/股）
买入	看涨期权	42	1	1	2.38
卖出	看涨期权	43	1	1	1.63
卖出	看涨期权	44	1	1	1.03
买入	看涨期权	45	1	1	0.60

3. 该策略的潜在收益

如果到期时标的资产价格在中间两个执行价格区间内，则该策略取得其潜在最大收益。

> 接着上面的例子：若到期时股票 ABCD 的价格在 43 元/股至 44 元/股区间，则该策略取得其最大收益。

该策略最大收益公式如下。

$$最大收益=总头寸的净时间价值$$

> 在上面的例子中，该策略的潜在最大收益为（1.06+1.03）-（0.81+0.6）=0.68（元/股）。

4. 该策略的风险收益特征

最大收益：有上限。

最大亏损：有限，限于所付出的净权利金。

5. 该策略的损益平衡点

该策略有两个损益平衡点，两个损益平衡点组成的区间就是该策略的盈利区间，具体公式如下。

较低的损益平衡点=较低的执行价格+付出的净权利金

在上例中,付出的净权利金为 0.32 元/股,较低的执行价格为 42 元/股,较低的损益平衡点为 42+0.32=42.32 元/股。

较高的损益平衡点=较高的执行价格-付出的净权利金

在上例中,付出的净权利金为 0.32 元/股,较高的执行价格为 45 元/股,较高的损益平衡点为 45-0.32=44.68 元/股。42.32 元/股至 44.68 元/股是该策略的盈利区间,只要到期时标的价格在此区间之内,就可以结束盈利。

6. 该策略的主要 Greek 图示

表 7-18 说明了标的资产价格变化时该策略各希腊字母的取值情况。设 42 元/股为 A 点,43 元/股为 B 点,44 元/股为 C 点,45 元/股为 D 点。

表 7-18　买入秃鹰式价差期权策略各希腊字母的取值情况

希 腊 字 母	下　　降	平　　值	上　　升
Delta	++	0	−
Gamma	−	− −	−
Theta	+/−	+	+/−
Vega	−/+	− −	−/+

注:++表示为正值,+表示略微偏正, − −表示为负值,−表示略微偏负。

Delta:中性(假设平值部位),当标的资产价格移向 A 时,Delta 值变成较大的正数;当标的资产价格移向 D 时,Delta 值变成较大的负数。

Gamma:Gamma 值在 B 和 C 或其附近最高,在 A 以下或 D 以上,Gamma 值降低。如果标的资产价格远离 ATM(平值),则 Gamma 值有可能变为正数。

Theta:时间的损耗可以忽略不计,直到期权临近到期月。则标的资产价格在 A 和 D 之间时对持有部位者有利,如果标的资产价格在这个区域之外,则对持有部位者不利。

Vega:波动率上升对持有部位者不利。当标的资产价格在 A 以下或 D 以上时,波动率可能有正面的影响。

7. 该策略的优点

- 构建该策略需要付出的净权利金较少，若有盈利，则往往收益率较高。

- 即使标的资产价格出现了大幅上涨或大幅下跌，该策略的风险也是有限的，这一点与卖出跨式期权策略不同。

- 潜在最大风险与收益都是可预知的。

- 相比蝶式价差策略，该策略的可盈利区间更宽。

- 可盈利区间与最大收益区间可自行调节。

8. 该策略的缺点

- 构建该策略需要较多的头寸，花费手续费较多。

- 相比蝶式价差策略，该策略的潜在最大收益要小一些。

- 相对较复杂，不易执行。

9. 该策略在到期前的调整方法

- 如果标的资产价格上涨，而且预期它还会继续上涨，则可以把看涨期权空头头寸平掉，仅持有看涨期权多头头寸。

- 如果标的资产价格下跌，而且预期它还会继续下跌，则可以把看涨期权多头头寸平掉，仅持有看涨期权空头头寸，不过此时可能需要占用保证金。

- 如果该策略已有浮盈，则交易者可以把头寸调整为 Delta 中性，以保护浮盈。

7.10　信天翁式价差（Albatross Spread）

信天翁是最善于滑翔的鸟类之一，其翼展为 178 ~ 256 厘米至 250 ~ 350 厘米，在有风的气候条件下，能在空中停留几小时而无须拍动其极长而窄的翅膀。

信天翁式价差策略本质上也是一种秃鹰式价差策略，但比传统的秃鹰式价差策略的"翅膀"更长。信天翁式价差策略"翅膀"长的原因是两个空头头寸的执行价格间距很宽，如图 7-16 所示。

1. 适用场景

如果交易者预计标的资产价格在期权存续期内会在幅度相对较宽的区间内波动，则可以考虑这个策略。

2. 怎样构建该策略

该策略完全可以使用看涨期权构建，也完全可以使用看跌期权构建，效果是一样的，这里仅介绍用看涨期权怎么构建。

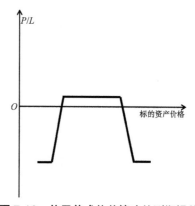

图 7-16　信天翁式价差策略的到期损益

在构建该策略时以下四个操作可以同时进行：

- 买入 1 手深度实值看涨期权。

- 卖出 1 手实值看涨期权。

- 卖出 1 手虚值看涨期权。

- 买入 1 手深度虚值看涨期权。

信天翁式价差策略的构建思路与传统的秃鹰式价差策略的构建思路几乎是完全相同的。

> 假设股票 ABCD 的当前价是 43.57 元/股，表 7-19 所示的操作，算是构建了一个秃鹰式价差策略，权利金为-3.35+2.38+0.60-0.10=-0.47（元/股），即该策略构建时付出净权利金为-0.47 元/股。

表 7-19　信天翁式价差策略操作示例

操　作	类　　型	执行价格（元/股）	到期月份（月）	数量（手）	期权价格（元/股）
买入	看涨期权	41	1	1	3.35
卖出	看涨期权	42	1	1	2.38
卖出	看涨期权	45	1	1	0.60
买入	看涨期权	46	1	1	0.10

3. 信天翁式价差策略的潜在收益

如果到期时标的资产价格在中间两个执行价格区间内，则该策略取得其潜在最大收益。该策略最大收益公式如下。

$$最大收益=总头寸的净时间价值$$

> 接着上面的例子：若到期时股票 ABCD 的价格在 43 元/股至 44 元/股之间，则该策略取得其最大收益。
>
> 在上例中，该策略的潜在最大收益为(0.81+0.6)−(0.78+0.1)=0.53（元/股）。

4. 该策略的风险收益特征

最大收益：有上限。

最大亏损：有限，限于所付出的净权利金。

5. 该策略的损益平衡点

该策略有两个损益平衡点，两个损益平衡点组成的区间就是该策略的盈利区间，具体公式如下。

$$较低的损益平衡点=较低的执行价格+付出的净权利金$$

> 在上例中，付出的净权利金为 0.47 元/股，较低的执行价格为 41 元/股，较低的损益平衡点为 41+0.47=41.47（元/股）。

$$较高的损益平衡点=较高的执行价格−付出的净权利金$$

> 在上例中，付出的净权利金为 0.47 元/股，较高的执行价格为 46 元/股，较高的损益平衡点为 46−0.47=45.53（元/股）。41.47 元/股至 45.53 元/股是该策略的盈利区间，这个盈利区间要比传统的秃鹰式价差策略的盈利区间宽很多。

6. 该策略的优点

在同类策略中具有最宽的可盈利区间。

7. 该策略的缺点

- 在同类策略中，潜在最大收益最小。
- 在同类策略中，策略构建之初所付出的净权利金最多。
- 在同类策略中，潜在最大亏损最大。

8. 该策略在到期前的调整方法

- 如果标的资产价格上涨，而且预期它还会继续上涨，则可以把看涨期权空头头寸平掉，仅持有看涨期权多头头寸。

- 如果标的资产价格下跌，而且预期它还会继续下跌，则可以把看涨期权多头头寸平掉，仅持有看涨期权空头头寸，不过这时可能需要占用保证金。

- 如果该策略已有浮盈，则交易者可以把头寸调整为 Delta 中性，以保护浮盈。

7.11　铁蝶式价差（Iron Butterfly Spread）

铁蝶式价差策略是复杂且高级的小波动策略，该策略是从蝶式价差策略发展而来的（如图 7-17 所示），两者名称上虽仅有一字之差，实际上有很大的区别。从分类来看，该策略是一种垂直价差策略，也是一种贷方价差策略。

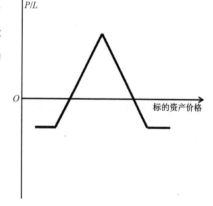

图 7-17　铁蝶式价差策略的到期损益

1. 铁蝶式价差策略与蝶式价差策略的区别

- 蝶式价差仅由看涨期权组成或仅由看跌期权组成，铁蝶式价差的头寸中既有看涨期权，又有看跌期权。

- 铁蝶式价差策略是一个贷方价差策略，而蝶式价差策略是一个借方价差策略。

- 铁蝶式价差策略的盈利区间要比蝶式价差策略的盈利空间宽很多。

2. 适用场景

如果交易者预计标的资产价格在期权存续期内仅会出现幅度很窄的波动，则可以考虑铁蝶式价差策略。

3. 怎样构建该策略

在构建该策略时以下四个操作可以同时进行：

- 买入 1 手虚值看涨期权。

- 卖出 1 手平值看涨期权。

- 买入 1 手虚值看跌期权。

- 卖出 1 手平值看跌期权。

有经验的读者可能一下就能看出，该策略实际上是由一个熊市看涨期权价差策略与一个牛市看跌期权价差策略组合而成的，这两个组成部分都是贷方价差策略，如图 7-18 所示。

牛市看跌期权价差策略　　熊市看涨期权价差策略

图 7-18　铁蝶式价差策略的构成

在构建铁蝶式价差策略的过程中，期权多头（第 1 个和第 3 个操作）执行价格的选择与交易者预期标的资产的窄幅波动区间有关，这两个多头头寸的执行价格离当前价越远，该策略越安全，但潜在最大亏损也越大。

> 铁蝶式价差策略的例子：假设股票 ABCD 的当前价是 43.57 元/股，表 7-20 所示的操作，算是构建了一个铁蝶式价差策略，收到的净权利金为(1.63-1.06)+(0.85-0.59)=0.83（元/股）。

表 7-20　铁蝶式价差策略操作示例

操　　作	类　　型	执行价格（元/股）	到期月份（月）	数量（手）	期权价格（元/股）
买入	看涨期权	44	1	1	1.06
卖出	看涨期权	43	1	1	1.63
买入	看跌期权	42	1	1	0.59
卖出	看跌期权	43	1	1	0.85

从上面的例子可以看出，铁蝶式价差策略是贷方价差策略，而蝶式价差策略是借方价差策略，两者具有重大区别。

4. 该策略的潜在收益

如果到期时标的资产价格正好等于中间执行价格，则该策略取得其潜在最大收益。该策略潜在最大收益与潜在最大亏损公式如下。

潜在最大收益=收到的净权利金

潜在最大亏损=执行价格的最大间距-收到的净权利金

> 接着上面的例子：若到期时股票 ABCD 的价格为 43 元/股，该策略的所有 4 条腿都是虚值的，则该策略取得其最大收益。
>
> 在上面的例子中，最大收益为 0.83 元/股。
>
> 潜在最大亏损为= (44-43)-0.83=0.17（元/股）。

5. 该策略的风险收益特征

最大收益：有上限，限于所收到的净权利金。

最大亏损：有限。

6. 该策略的损益平衡点

铁蝶式价差策略有两个损益平衡点，两个损益平衡点组成的区间就是该策略的盈利区间，具体公式如下。

较低的损益平衡点=看跌期权空头执行价格-收到的净权利金

> 在上例中，收到的净权利金为 0.83 元/股，看跌期权空头执行价格为 43 元/股，较低的损益平衡点为 43-0.83=42.17（元/股）。

较高的损益平衡点=看涨期权空头执行价格+收到的净权利金

> 在上例中，收到的净权利金为 0.83 元/股，看涨期权空头执行价格为 43 元/股，较高的损益平衡点为 44+0.83=44.83（元/股）。42.17 元/股至 44.83 元/股是该策略的盈利区间，只要到期时标的资产价格在此区间之内，就可以结束盈利。

7．该策略的主要 Greek 图示

表 7-21 说明了标的资产价格变化时该策略各希腊字母的取值情况。设 42 元/股为 A 点，43 元/股为 B 点，44 元/股为 C 点。

表 7-21　买入铁蝶式价差期权策略各希腊字母的取值情况

标 的 物	下 降	平 值	上 升
Delta	− −	0	++
Gamma	+	++	+
Theta	+/−		+/−
Vega	−/+	++	−/+

注：++表示为正值，+表示略微偏正，− −表示为负值，−表示略微偏负。

Delta：中性（假设平值部位），当标的资产价格大幅下跌（上涨）时，Delta 值变成较大的负数（正数）。

Gamma：Gamma 值在 B 或其附近最高，标的资产价格离开 B 的任何波动，Gamma 值都会降低。如果标的资产价格远离 B，Gamma 值有可能变为负数。

Theta：时间的损耗可以忽略不计，直到期权临近到期月。当标的资产价格在 A 和 C 之间时对持有部位者不利，在 B 时最不利。如果标的资产价格在这个区域之外，则对持有部位者有利。

Vega：如果波动率上升，部位价值将增加。

8．该策略的优点

- 在标的资产价格横盘时可以盈利。
- 该策略是贷方价差策略，相比借方价差策略，其盈利可能性更大。
- 潜在最大风险与最大收益都是可预知的。
- 非常灵活，因为其头寸可以方便地转换成熊市看涨期权价差与牛市看跌期权价差。

9．该策略的缺点

- 构建该策略需要较多的头寸，花费手续费也较多。
- 相对较复杂，不易执行。

10. 该策略在到期前的调整方法

- 如果标的资产价格上涨，而且预期它还会继续上涨，则可以把所有的看涨期权头寸都平掉，这就把该策略转换成了牛市看跌期权价差策略。

- 如果标的资产价格下跌，而且预期它还会继续下跌，则可以把所有的看跌期权头寸都平掉，这就把该策略转换成了熊市看涨期权价差策略。

- 可以把两个铁蝶式价差策略组合为一个双重铁蝶式价差策略。

7.12　铁鹰式价差（Iron Condor Spread）

铁鹰式价差策略是比较高级的小波动策略，适用于标的资产价格横盘不动或窄幅盘整的行情（如图 7-19 所示）。该策略是从秃鹰式价差策略发展而来的，名称上虽仅有一字之差，实际上有很大的区别。从分类来看，该策略是一种垂直价差策略，也是一种贷方价差策略。

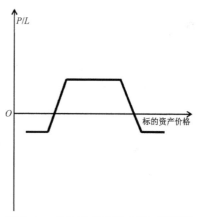

图 7-19　铁鹰式价差策略的到期损益

1. 铁鹰式价差策略与秃鹰式价差策略的区别

- 秃鹰式价差仅由看涨期权组成或仅由看跌期权组成，铁鹰式价差的头寸中既有看涨期权，又有看跌期权。

- 铁鹰式价差策略是一个贷方价差策略，而秃鹰式价差策略是一个借方价差策略。

- 铁鹰式价差策略的潜在最大利润要更大一些，潜在最大亏损要小一些。

总体来说，相比秃鹰式价差策略而言，铁鹰式价差策略潜在最大收益更大，潜在亏损更小，盈利可能性更大。但该策略需要占用保证金。

2. 几个相似的价差策略的对比

通过表 7-22 对比可知，各个价差策略都有其优点和缺点，期权策略的选择过程都是一个权衡的过程。

表 7-22 几个相似的价差策略的对比

名　　称	秃鹰式	铁鹰式	蝶式	铁蝶式
借方/贷方	借方	贷方	借方	贷方
最大收益	低	高	更高	最高
最大亏损	最高	更高	高	低
头寸成本	高	–	低	–
盈利区间	宽	最宽	窄	更宽

3. 适用场景

如果交易者预计标的资产价格在期权存续期内仅会出现幅度很窄的波动，则可以考虑这个策略。

4. 怎样构建该策略

在构建该策略时以下四个操作可以同时进行：

- 买入 1 手深度虚值看涨期权。

- 卖出 1 手虚值看涨期权。

- 买入 1 手深度虚值看跌期权。

- 卖出 1 手虚值看跌期权。

该策略实际上是由一个熊市看涨期权价差策略与一个牛市看跌期权价差策略组合而成的，这两个组成部分都是贷方价差策略，如图 7-20 所示。

牛市看跌期权价差策略　　熊市看涨期权价差策略

图 7-20 铁鹰式价差策略的构成

前面介绍过，该策略的构建中涉及两个期权多头（第 1 个和第 3 个操作）和两个期权空头（第 2 个和第 4 个操作）。第 1 个和第 3 个操作执行价格的选择与交易者预期标的资产波动区间有关，这两个多头头寸的执行价格间距越宽，该策略越安全，获利可能性越大，因为这需要标的资产价格波动更大的范围才能突破损益平衡点，为此付出的代价是潜在最大亏损也要大一些。

两个期权空头（第 2 个和第 4 个操作）执行价格的选择影响着该策略能取得最大收益的盈利区间。这两个空头头寸的执行价格间距越宽，该策略越能够在更宽的范围内取得最大收益，可以理解获利的可能性越大，但为此付出的代价是这个最大收益要小一些。

假设股票 ABCD 的当前价是 43.57 元/股。表 7-23 所示的操作，算是构建了一个铁鹰式价差策略，收到的净权利金为(1.03-0.60)+(0.85-0.59)=0.69(元/股)。

表 7-23　铁鹰式价差策略操作示例

操　作	类　　型	执行价格（元/股）	到期月份（月）	数量（手）	期权价格（元/股）
买入	看涨期权	45	1	1	0.60
卖出	看涨期权	44	1	1	1.03
买入	看跌期权	42	1	1	0.59
卖出	看跌期权	43	1	1	0.85

5. 该策略的潜在收益

如果到期时标的资产价格在两个空头头寸（上面第 2 个和第 4 个操作）的执行价格区间内，则该策略取得其潜在最大收益，最大收益为策略构建之初所收到的净权利金，具体公式如下。

$$最大收益=收到的净权利金$$

$$最大亏损=期权多头与空头的执行价格之差-收到的净权利金$$

接着上面的例子：若到期时股票 ABCD 的价格在 43 元/股至 44 元/股区间，该策略的所有 4 条腿都是虚值的，则该策略取得其最大收益。

在上面的例子中，该策略的潜在最大收益为 0.69 元/股，潜在最大亏损为45-44-0.69=0.31（元/股）。

讨论：在这个例子中使用的执行价格间距为 1 元/股。如果我们选定的执行价格是 40 元/股、44 元/股、48 元/股，则执行价格间距大一些，带来的效果是在构建之初我们收到的净权利金更大，潜在收益大，但与此同时，我们的潜在最大亏损也会更大，收益风险比例要小得多。

6. 该策略的风险收益特征

最大收益：有上限，限于所收到的净权利金。

最大亏损：有限。

7. 该策略的损益平衡点

该策略有两个损益平衡点，两个损益平衡点组成的区间就是该策略的盈利区间，具体公式如下。

较低的损益平衡点=看跌期权空头执行价格-收到的净权利金

较高的损益平衡点=看涨期权空头执行价格+收到的净权利金

在上例中，收到的净权利金为 0.69 元/股，看跌期权空头执行价格为 43 元/股，较低的损益平衡点为 43-0.69=42.31（元/股）。

在上例中，付出的净权利金为 0.69 元/股，看涨期权空头执行价格为 44 元/股，较高的损益平衡点为 44+0.69=44.69（元/股）。42.31 元/股至 44.69 元/股是该策略的盈利区间，只要到期时标的资产价格在此区间之内，就可以结束盈利。

8. 该策略的主要 Greek 图示

表 7-24 说明了标的资产价格变化时该策略各希腊字母的取值情况。设 42 元/股为 A 点，43 元/股为 B 点，44 元/股为 C 点，45 元/股为 D 点。

表 7-24　买入铁蝶式价差期权策略各希腊字母的取值情况

希 腊 字 母	下　降	平　值	上　升
Delta	- -	0	++
Gamma	+	++	+
Theta	+/-	-	+/-
Vega	-/+	++	-/+

注：++表示为正值，+表示略微偏正，- -表示为负值，-表示略微偏负。

Delta：中性（假设平值部位），当标的资产价格移向 D 时，Delta 值变成较大的正数；当标的资产价格移向 A 时，Delta 值变成较大的负数。

Gamma：Gamma 值在 B 和 C 或其附近最高，在此之外的任何方向，Gamma

值都降低。如果标的资产价格远离 ATM（平值），则 Gamma 值有可能变为负数。

Theta：时间的损耗可以忽略不计，直到期权临近到期月。当标的资产价格在 B 和 C 之间时对持有部位者不利，如果标的资产价格在这个区域之外，则对持有部位者有利。

Vega：波动率上升会增加部位的理论价值。若标的资产价格在 A 以下或 D 以上，则波动率可能有负面的影响。

9. 该策略的优点

- 该策略在标的资产价格横盘时可以盈利。
- 该策略是贷方价差策略，相比借方价差策略，其盈利可能性更大。
- 潜在最大风险与收益都是可预知的。
- 该策略可灵活方便地转换成熊市看涨期权价差策略与牛市看跌期权价差策略。

10. 该策略的缺点

- 构建该策略需要较多的头寸，花费手续费较多。
- 该策略相对较复杂，不易执行。

11. 该策略在到期前的调整方法

- 如果标的资产价格上涨，而且预期它还会继续上涨，则可以把所有的看涨期权头寸都平掉，这就把该策略转换成了牛市看跌期权价差策略。
- 如果标的资产价格下跌，而且预期它还会继续下跌，则可以把所有的看跌期权头寸都平掉，这就把该策略转换成了熊市看涨期权价差策略。

7.13　铁信天翁式价差（Long Iron Albatross Spread）

铁信天翁式价差策略是从信天翁式价差策略发展而来的，名称上虽仅有一字之差，实际上有很大的区别。铁信天翁式价差策略比传统的铁鹰式价差策略"翅膀"

更长，本质上也是一种铁鹰式价差策略（如图 7-21 所示）。从分类来看，该策略是一种垂直价差策略，也是一种贷方价差策略。

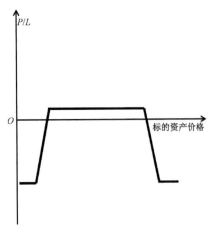

图 7-21　铁信天翁式价差策略的到期损益

1. 适用场景

如果交易者预计标的资产价格在期权存续期内会在相对较宽的区间内波动，就可以考虑这个策略。

2. 怎样构建该策略

在构建该策略时以下四个操作可以同时进行：

- 买入 1 手深度虚值看涨期权。
- 卖出 1 手虚值看涨期权。
- 买入 1 手深度虚值看跌期权。
- 卖出 1 手虚值看跌期权。

铁信天翁式价差策略的构建思路与传统的铁鹰式价差策略的构建思路几乎是完全相同的。

> 假设股票 ABCD 的当前价是 43.57 元/股，表 7-25 所示的操作，算是构建了一个铁信天翁式价差策略，收到的净权利金为(0.60-0.10)+(0.59-0.20)=0.89（元/股）。

表 7-25　铁信天翁式价差策略操作示例

操作	类型	执行价格（元/股）	到期月份（月）	数量（手）	期权价格（元/股）
买入	看涨期权	46	1	1	0.10
卖出	看涨期权	45	1	1	0.60
买入	看跌期权	41	1	1	0.20
卖出	看跌期权	42	1	1	0.59

3. 该策略的潜在收益

如果到期时标的资产价格在两个空头头寸（上面第 2 个和第 4 个操作）的执行价格区间内，则该策略取得其潜在最大收益，最大收益为策略构建之初所收到的净权利金。该策略的最大收益与最大亏损公式如下。

$$最大收益=收到的净权利金$$

$$最大亏损=期权多头与空头的执行价格之差-收到的净权利金$$

在上面的例子中，该策略的潜在最大收益为 0.89 元/股，潜在最大亏损为 46-45-0.89=0.11（元/股）。

4. 该策略的风险收益特征

最大收益：有上限，限于所收到的净权利金。

最大亏损：有限。

5. 该策略的损益平衡点

该策略较低的损益平衡点和较高的损益平衡点公式如下。

$$较低的损益平衡点=看跌期权空头执行价格-收到的净权利金$$

$$较高的损益平衡点=看涨期权空头执行价格+收到的净权利金$$

在上例中，收到的净权利金为 0.89 元/股，看跌期权空头执行价格为 42 元/股，较低的损益平衡点为 42-0.89=41.11（元/股）。

在上例中，付出的净权利金为 0.89 元/股，看涨期权空头执行价格为 45 元/股，较高的损益平衡点为 45+0.89=45.89（元/股）。41.11 元/股至 45.89 元/股 是该策略的盈利区间，只要到期时标的价格在此区间内，就可以结束盈利，该区间要明显宽于铁鹰式价差策略案例中的盈利区间。

6. 该策略的优点

- 在标的资产价格横盘时可以盈利。
- 该策略是贷方价差策略，相比借方价差策略，其盈利可能性更大。
- 潜在最大风险与收益都是可预知的。
- 可灵活方便地转换成熊市看涨期权价差策略与牛市看跌期权价差策略。

7. 该策略的缺点

- 构建该策略需要交易较多的头寸，花费手续费较多。

- 该策略相对复杂，对交易者要求较高。

8. 该策略在到期前的调整方法

- 如果标的资产价格上涨，且预期它还会继续上涨，则可以把所有的看涨期权头寸都平掉，这就把该策略转换成了牛市看跌期权价差策略。

- 如果标的资产价格下跌，而且预期它还会继续下跌，则可以把所有的看跌期权头寸都平掉，这就把该策略转换成了熊市看涨期权价差策略。

7.14　看涨期权折翅蝶式价差（Call Broken Wing Butterfly Spread）

在介绍看涨期权折翅蝶式价差策略之前，先说明一下"折翅蝶式价差"的概念。蝴蝶折了翅膀后便不再对称，只能"偏着飞"，如图 7-22 所示的两个损益图是折翅的两种类型，左侧是看涨期权折翅蝶式价差策略，右侧是看跌期权折翅蝶式价差策略。

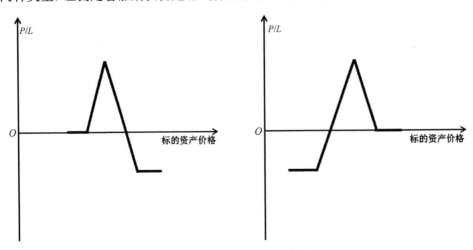

图 7-22　两种折翅蝶式价差策略的到期损益

1. 折翅蝶式价差策略的机制

在传统的蝶式价差策略中，无论标的资产价格是向上突破的还是向下突破的，都面临相同的风险。可以把折翅蝶式价差策略理解为把蝶式价差策略的风险都偏向了一边，而不再对称。当标的资产价格向一个方向突破的时候会遭遇最大亏损，而向另一个方向突破的时候却可以非常安全。折翅蝶式价差策略与传统的蝶式价差策略的另一个不同之处还在于折翅蝶式价差策略构建通常是零成本的，甚至是贷方价差策略。

折翅蝶式价差策略的目的是要调整传统的蝶式价差策略的收益风险特征，把两侧的风险调到了一侧，如果认为标的资产价格会保持稳定不动，即使突破也只可能向某一确定方向突破，就可以进行这种调整。

怎么调整呢？传统的蝶式价差策略是买入一个实值、一个虚值和两个平值的看涨/看跌期权，3 个执行价格间距相等。折翅蝶式价差策略的调整方法是买入的虚值期权的执行价格比实值期权的执行价格距中间执行价格更远。这样就把风险从实值的一边调到了虚值的一边。看涨期权折翅蝶式价差策略可以消除向下突破的风险，看跌期权折翅蝶式价差策略可以消除向上突破的风险。

表 7-26 把折翅蝶式价差策略与传统的蝶式价差策略进行了对比。

表 7-26　折翅蝶式价差策略与传统的蝶式价差策略对比

传统的蝶式价差策略	折翅蝶式价差策略
两期权多头的执行价格与中间执行价格差是等距离的	虚值期权执行价格比实值期权执行价格距中间执行价格更远
借方价差	零成本或贷方价差
保证金占用少	保证金占用多
较低的风险与收益	较高的风险与收益

下面来介绍看涨期权折翅蝶式价差策略，该策略把蝶式价差策略中的行情向下时的风险全部转移到了向上时的行情中。

2. 适用场景

如果交易者预计标的资产价格在期权存续期内仅会出现幅度很窄的波动，即便突破也只可能向下突破，就可以考虑这个策略。

3. 怎样构建该策略

在构建该策略时以下三个操作可以同时进行：

- 买入 1 手实值看涨期权。
- 买入 1 手深度虚值看涨期权。
- 卖出 2 手平值看涨期权。

其中，第 2 个操作的执行价格比第 1 个操作的执行价格距当前价格要更远。策略构建：

买入 1 手实值看涨期权+卖出 2 手平值看涨期权+买入 1 手深度虚值看涨期权

我们来对比一下看涨期权蝶式价差策略与看涨期权折翅蝶式价差策略的构建过程。

> 假设股票 ABCD 的当前价是 43.57 元/股。
>
> 表 7-27 所示的操作，算是构建了一个看涨期权蝶式价差策略，付出净权利金为(2.38+1.06)−(1.63+1.63)=0.18（元/股）。
>
> 表 7-28 所示的操作，算是构建了一个看涨期权折翅蝶式价差策略，收到的净权利金为(2.38+0.40)−(1.63+1.63)=− 0.48（元/股）。

表 7-27　看涨期权蝶式价差策略操作示例

操　作	类　型	执行价格（元/股）	到期月份（月）	数量（手）	期权价格（元/股）
买入	看涨期权	42	1	1	2.38
卖出	看涨期权	43	1	2	1.63
买入	看涨期权	44	1	1	1.06

表 7-28　看涨期权折翅蝶式价差策略操作示例

操　作	类　型	执行价格（元/股）	到期月份（月）	数量（手）	期权价格（元/股）
买入	看涨期权	42	1	1	2.38
卖出	看涨期权	43	1	2	1.63
买入	看涨期权	45	1	1	0.40

在构建看涨期权折翅蝶式价差策略的过程中，涉及买入一个实值和一个深度虚值的看涨期权，具体应该怎么选执行价格呢？实值看涨期权执行价格的选择与交易

者预期窄幅波动的下限有关，如果标的资产价格波动大，则对应的实值看涨期权是更实值的，但更深度实值的看涨期权往往要贵很多，甚至使整个策略都失效，一般而言，选择执行价格离当前价格最近的实值期权即可。

虚值看涨期权的作用是降低该策略的保证金占用，虚值看涨期权的执行价格对应着该策略在标的资产价格一旦大幅向上突破时的"止损点"。这个虚值看涨期权必须"足够虚值"，才能保证整个策略是零成本的或者是贷方价差策略，但也"不能太过虚值"，否则整个策略需要占用的保证金会很多，而且潜在最大亏损也会很大，这是一个"度"的权衡。

4. 该策略的潜在收益

如果到期时标的资产价格正好等于中间执行价格，则该策略取得其潜在最大收益，最大收益与最大亏损公式如下。

最大收益=中间执行价格-较低执行价格+收到的净权利金

最大亏损=较高执行价格-被跳过的执行价格-收到的净权利金

> 接着上面的例子：若到期时股票 ABCD 的价格为 43 元/股，则该策略取得其最大收益。
>
> 在上面的例子中，最大收益=43-42+0.48 =1.48（元/股）。
>
> 最大亏损为 45-44-0.48=0.52（元/股），在本例中，相比传统的蝶式价差策略，44 元/股是被跳过的执行价格。

5. 该策略的风险收益特征

最大收益：有限。

最大亏损：有限。

6. 该策略的损益平衡点

该策略仅有一个损益平衡点，是标的资产价格向上波动时的盈亏分界点，公式如下。

损益平衡点=被跳过的执行价格+收到的净权利金

> 在上例中，损益平衡点为 42+0.48=42.48（元/股）。

7. 该策略的优点

- 把双侧风险转换为单侧风险，该策略仅有上侧风险。
- 与传统的蝶式价差策略相比，该策略的潜在最大收益更大。

8. 该策略的缺点

- 与传统的蝶式价差策略相比，该策略需要占用更多的保证金。
- 与传统的蝶式价差策略相比，该策略的潜在最大亏损更大。

9. 该策略在到期前的调整方法

如果标的资产价格有所上涨，而且预期它还会继续上涨，则可以把看涨期权空头头寸平掉，仅持有看涨期权多头头寸。

7.15 看跌期权折翅蝶式价差（Put Broken Wing Butterfly Spread）

1. 适用场景

如果交易者预计标的资产价格在期权存续期内仅会出现幅度很窄的波动，即便突破也只可能向上突破，就可以考虑这个策略。

2. 怎样构建该策略

在构建该策略时以下三个操作可以同时进行：

- 买入 1 手实值看跌期权。
- 买入 1 手深度虚值看跌期权。
- 卖出 2 手平值看跌期权。

其中，第 2 个操作的执行价格比第 1 个操作的执行价格距当前价格要更远。策略构建：

买入 1 手实值看跌期权+卖出 2 手平值看跌期权+买入 1 手深度虚值看跌期权

我们来对比一下看跌期权蝶式价差策略与看跌期权折翅蝶式价差策略的构建过程。

> 假设股票 ABCD 的当前价是 43.57 元/股。表 7-29 所示的操作，算是构建了一个看跌期权蝶式价差策略，付出的净权利金为(1.63-1.06)+(1.63-2.38)=0.18（元/股）。
>
> 表 7-30 所示操作，算是构建了一个看跌期权折翅蝶式价差策略，收到的净权利金为(1.63-0.40) +(1.63-2.38)=0.48（元/股）。

表 7-29　看跌期权蝶式价差策略操作示例

操　作	类　型	执行价格（元/股）	到期月份（月）	数量（手）	期权价格（元/股）
买入	看跌期权	44	1	1	2.38
卖出	看跌期权	43	1	2	1.63
买入	看跌期权	42	1	1	1.06

表 7-30　看跌期权折翅蝶式价差策略操作示例

操　作	类　型	执行价格（元/股）	到期月份（月）	数量（手）	期权价格（元/股）
买入	看跌期权	44	1	1	2.38
卖出	看跌期权	43	1	2	1.63
买入	看跌期权	41	1	1	0.40

在构建看跌期权折翅蝶式价差策略的过程中，涉及买入一个实值和一个深度虚值的看跌期权，具体应该怎么选执行价格呢？实值看跌期权执行价格的选择与交易者预期窄幅波动的上限有关，如果标的资产价格波动大，则对应的实值看跌期权是更实值的，但更深度实值的看跌期权往往要贵很多，甚至使整个策略都失效，一般而言，选择执行价格离当前价格最近的实值期权即可。

虚值看跌期权的作用是降低该策略的保证金占用，虚值看跌期权的执行价格对应着该策略在标的资产价格大幅向下突破时的"止损点"。这个虚值看跌期权必须"足够虚值"才能保证整个策略是零成本的或者是贷方价差策略，但也"不能太过虚值"，否则整个策略需要占用的保证金会很多，而且潜在最大亏损也会很大，这是一个"度"的权衡。

3. 该策略的潜在收益

如果到期时标的资产价格正好等于中间执行价格，则该策略取得其潜在最大收益。该策略的最大收益与最大亏损公式如下。

$$最大收益=较高执行价格-中间执行价格+收到的净权利金$$

$$最大亏损=被跳过的执行价格-较低执行价格-收到的净权利金$$

> 接着上面的例子：若到期时股票 ABCD 的价格为 43 元/股，该策略取得其最大收益。
>
> 在上面的例子中，最大收益=44-43+0.48 =1.48（元/股）。
>
> 最大亏损为 42-41-0.48=0.52（元/股）。在本例中，相比传统的蝶式价差策略，42 元/股是被跳过的执行价格。

4. 该策略的风险收益特征

最大收益：有限。

最大亏损：有限。

5. 该策略的损益平衡点

该策略仅有一个损益平衡点，是标的资产向下波动时的盈亏分界点，公式如下。

$$损益平衡点=被跳过的执行价格-收到的净权利金$$

> 在上例中，损益平衡点为 42-0.48=41.52（元/股）。

6. 该策略的优点

- 把双侧风险转换为单侧风险，该策略仅有下侧风险。
- 与传统的蝶式价差策略相比，该策略的潜在最大收益更大。

7. 该策略的缺点

- 与传统的蝶式价差策略相比，该策略需要占用更多的保证金。

- 与传统的蝶式价差策略相比，该策略的潜在最大亏损更大。

8. 该策略在到期前的调整方法

如果标的资产价格有所下跌，而且预期它还会继续下跌，则可以把看跌期权空头头寸平掉，仅持有看跌期权多头头寸。

7.16 看涨期权折翅秃鹰式价差（Call Broken Wing Condor Spread）

在介绍看涨期权折翅秃鹰式式价差策略之前，先说明一下折翅秃鹰式价差策略的概念。秃鹰折了翅膀后便不再对称，只能"偏着飞"，如图 7-23 所示的两个损益图是折翅的两种类型，左侧是看涨期权折翅秃鹰式价差策略，右侧是看跌期权折翅秃鹰式价差策略。

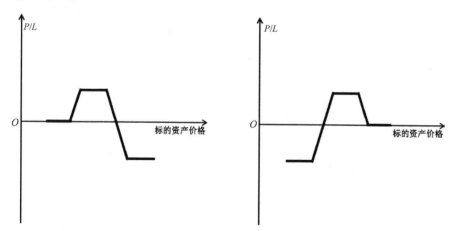

图 7-23　两种折翅秃鹰式价差策略的到期损益

1. 折翅秃鹰式价差策略的机制

在传统的秃鹰式价差策略中，无论标的资产价格是向上突破的还是向下突破的，均面临相同的风险。可以把折翅秃鹰式价差策略理解为秃鹰式价差策略把风险都偏向了一边。当标的资产价格向一个方向突破的时候会遭遇最大亏损，而向另一个方向突破的时候却可以非常安全。折翅秃鹰式价差策略的与传统的秃鹰式价差策略的不同之处还在于折翅秃鹰式价差策略的构建通常是零成本的，甚至是贷方价差策略。

折翅秃鹰式价差策略的目的是要调整传统的秃鹰式价差策略的收益风险特征，把两侧的风险调到了一侧，如果你认为标的资产价格会保持稳定不动，即使突破也只可能向某一确定的方向突破，就可以进行这种调整。

怎么调整呢？传统的秃鹰式价差策略是买入两个实值和两个虚值的看涨/看跌期权，4 个执行价格间距相等。折翅秃鹰式价差策略的调整方法是将买入的深度虚值期权的执行价格调得更远。看涨期权折翅秃鹰式价差策略可以消除向下突破的风险，看跌期权折翅秃鹰式价差策略可以消除向上突破的风险。

表 7-31 把折翅秃鹰式价差策略与传统的秃鹰式价差策略进行了对比。

表 7-31　折翅秃鹰式价差策略与传统的秃鹰式价差策略对比

传统的秃鹰式价差策略	折翅秃鹰式价差策略
两期权多头的执行价格距期权空头的执行价格是等距离的	深度虚值的期权执行价格被调得更远
借方价差	零成本或贷方价差
保证金占用少	保证金占用多
最大风险与最大收益较低	最大风险与最大收益较高

下面来介绍看涨期权折翅秃鹰式价差策略，该策略把秃鹰式价差策略中的行情下时的风险全部转移到了向上时的行情中。

2. 适用场景

如果交易者预计标的资产价格在期权存续期内仅会出现幅度很窄的波动，即便突破也只可能向下突破，就可以考虑这个策略。

3. 怎样构建该策略

在构建该策略时以下四个操作可以同时进行：

- 买入 1 手深度实值看涨期权。
- 卖出 1 手实值看涨期权。
- 卖出 1 手虚值看涨期权。

- 买入 1 手深度虚值看涨期权。

其中第 4 个操作的执行价格比第 1 个操作的执行价格距当前价格要更远。

我们来对比一下看涨期权秃鹰式价差策略与看涨期权折翅秃鹰式价差策略的构建过程。

假设股票 ABCD 的当前价是 43.57 元/股。

表 7-32 所示的操作，算是构建了一个看涨期权秃鹰式价差策略，付出的净权利金为(2.38+0.60)−(1.63+1.03)=0.32（元/股）。

表 7-33 所示的操作，算是构建了一个看涨期权折翅秃鹰式价差策略，收到的净权利金为(2.38+0.20)−(1.63+1.03)= −0.08（元/股）。

表 7-32 看涨期权秃鹰式价差策略操作示例

操 作	类 型	执行价格（元/股）	到期月份（月）	数量（手）	期权价格（元/股）
买入	看涨期权	42	1	1	2.38
卖出	看涨期权	43	1	1	1.63
卖出	看涨期权	44	1	1	1.03
买入	看涨期权	45	1	1	0.60

表 7-33 看涨期权折翅秃鹰式价差策略操作示例

操 作	类 型	执行价格（元/股）	到期月份（月）	数量	期权价格（元/股）
买入	看涨期权	42	1	1	2.38
卖出	看涨期权	43	1	1	1.63
卖出	看涨期权	44	1	1	1.03
买入	看涨期权	46	1	1	0.20

该策略的可盈利区间与两个看涨期权空头头寸的执行价格间距有关，间距越宽，执行价格可盈利区间越宽，但潜在最大盈利要小一些。

该策略在构建过程中，虚值看涨期权多头的执行价格对应该策略在标的资产价格一大幅向上突破时的"止损点"。这个执行价格必须"足够远"才能保证整个策略是零成本的或者是贷方价差策略，但也"不能太远"，否则整个策略需要占用的保证金会很多，而且潜在最大亏损也会很大，这是一个"度"的权衡。

4. 该策略的潜在收益

如果到期时标的资产价格在中间两个执行价格区间内，则该策略取得其潜在最大收益。该策略最大收益与最大亏损公式如下。

$$最大收益=两个最低执行价格之差+收到的净权利金$$

$$最大亏损=最高执行价格-被跳过的执行价格-收到的净权利金$$

> 接着上面的例子：若到期时股票 ABCD 的价格在 43 元/股至 44 元/股之间，则该策略取得其最大收益。
>
> 在上面的例子中，最大收益为 43-42+0.08 =1.08（元/股）。
>
> 最大亏损为 46-45-0.08=0.92（元/股），在本例中，相比传统的秃鹰式价差策略，45 元/股是被跳过的执行价格。

5. 该策略的风险收益特征

最大收益：有限。

最大亏损：有限。

6. 该策略的损益平衡点

该策略仅有一个损益平衡点，是标的资产向上波动时的盈亏分界点，损益平衡点公式如下。

$$损益平衡点=被跳过的执行价格+收到的净权利金$$

> 在上例中，损益平衡点为 45+0.08=45.08（元/股）。

7. 该策略的优点

- 把双侧风险转换为单侧风险，该策略仅有上侧风险。
- 与传统的秃鹰式价差策略相比，该策略的潜在最大收益更大。

8. 该策略的缺点

- 与传统的秃鹰式价差策略相比，该策略需要占用更多的保证金。

- 与传统的秃鹰式价差策略相比，该策略的潜在最大亏损更大。

9. 该策略在到期前的调整方法

如果标的资产价格有所上涨，而且预期它还会继续上涨，则可以把看涨期权空头头寸平掉，仅持有看涨期权多头头寸。

7.17　看跌期权折翅秃鹰式价差（Put Broken Wing Condor Spread）

1. 适用场景

如果交易者预计标的资产价格在期权存续期内仅会出现幅度很窄的波动，即便突破也只可能向上突破，就可以考虑这个策略。

2. 怎样构建该策略

在构建该策略时以下四个操作可以同时进行：

- 买入 1 手深度实值看跌期权。

- 卖出 1 手实值看跌期权。

- 卖出 1 手虚值看跌期权。

- 买入 1 手深度虚值看跌期权。

其中第 4 个操作的执行价格比第 1 个操作的执行价格距当前价格要更远。

我们来对比一下看跌期权秃鹰式价差策略与看跌期权折翅秃鹰式价差策略的构建过程。

> 假设股票 ABCD 的当前价是 43.57 元/股。
>
> 表 7-34 所示的操作，算是构建了一个看跌期权秃鹰式价差策略，付出的净权利金为(2.38+0.60)−(1.63+1.03)=0.32（元/股）。
>
> 表 7-35 所示的操作，算是构建了一个看跌期权折翅秃鹰式价差策略，收到的净权利金为(2.38+0.20)−(1.63+1.03)=−0.08（元/股）。

表 7-34   看跌期权秃鹰式价差策略操作示例

操　　作	类　　型	执行价格（元/股）	到期月份（月）	数量（手）	期权价格（元/股）
买入	看跌期权	45	1	1	2.38
卖出	看跌期权	44	1	1	1.63
卖出	看跌期权	43	1	1	1.03
买入	看跌期权	42	1	1	0.60

表 7-35   看跌期权折翅秃鹰式价差策略操作示例

操　　作	类　　型	执行价格（元/股）	到期月份（月）	数量（手）	期权价格（元/股）
买入	看跌期权	45	1	1	2.38
卖出	看跌期权	44	1	1	1.63
卖出	看跌期权	43	1	1	1.03
买入	看跌期权	41	1	1	0.20

该策略的可盈利区间与两个看跌期权空头头寸的执行价格间距有关，间距越宽，执行价格可盈利区间越宽，但潜在最大盈利要小一些。

该策略在构建过程中，虚值看跌期权多头的执行价格对应着该策略在标的资产价格大幅向下突破时的"止损点"。这个执行价格必须"足够远"才能保证整个策略是零成本的或者是贷方价差策略，但也"不能太远"，否则整个策略需要占用的保证金会很多，而且潜在最大亏损也会很大。

3. 该策略的潜在收益

如果到期时标的资产价格在中间两个执行价格区间内，则该策略取得其潜在最大收益。该策略最大收益与最大亏损公式如下。

最大收益=两个最高执行价格只差+收到的净权利金

最大亏损=被跳过的执行价格–最低执行价格–收到的净权利金

> 接着上面的例子：若到期时股票 ABCD 的价格在 43 元/股至 44 元/股之间，则该策略取得其最大收益。
>
> 在上面的例子中，最大收益=45-44+0.08=1.08（元/股）。
>
> 最大亏损为 42-41-0.08=0.92（元/股），在本例中，相比传统的秃鹰式价差策略，42 元/股是被跳过的执行价格。

4. 该策略的风险收益特征

最大收益：有限。

最大亏损：有限。

5. 该策略的损益平衡点

该策略仅有一个损益平衡点，是标的资产价格向下波动时的盈亏分界点，损益平衡点公式如下。

$$损益平衡点=被跳过的执行价格-收到的净权利金$$

> 在上例中，损益平衡点为 42-0.08=41.92（元/股）。

6. 该策略的优点

- 把双侧风险转换为单侧风险，该策略仅有上侧风险。
- 与传统的秃鹰式价差策略相比，该策略的潜在最大收益更大。

7. 该策略的缺点

- 与传统的秃鹰式价差策略相比，该策略需要占用更多的保证金。
- 与传统的秃鹰式价差策略相比，该策略的潜在最大亏损会更大。

8. 该策略在到期前的调整方法

如果标的资产价格有所下跌，而且预期它还会继续下跌，则可以把看跌期权空头头寸平掉，仅持有看跌期权多头头寸。

第 8 章

8

期权套利策略

本章为大家梳理期权套利交易的概念，指出期权套利机会存在于哪里，并深入介绍几个典型的期权套利交易策略。

8.1 从单边交易到对冲

在期货与期权交易里，套利是十分重要的一种交易方式。什么叫作套利呢？在金融工程中，广义的套利是指可以通过金融工具的组合建立一种投资组合，建立该组合时不需要成本，而且将来可以产生非负的收益。投资组合中的金融工具可以是同种类的，也可以是不同种类的。

所谓对冲，是指建立一个头寸，用来缓冲另一个头寸的风险或收益。简单地说，对冲是用来减少投资者重大损失的一种交易方式。对冲可以通过多种金融工具来实现，包括股票、保险、期货、期权甚至场外衍生工具等。

在期货交易中，套利从操作层面定义为：在买入或卖出某种商品（合约）的同时卖出或买入相关的另一种商品（合约），当两者的差价收缩或扩大到一定程度时，平仓了结的交易方式。

根据套利的操作层面定义，业内有人士指出，从套利机制上讲，期货套利分为两种套利类型：内因套利和关联套利。内因套利是指当期货投资对象间价格关系因某种原因过分背离时，通过内在纠正力量而产生的套利行为。关联套利是指套利对象之间没有必然的内因约束，但价格受共同因素所主导，因受影响的程度不同，通过两种对象对同一影响因素表现不同而建立的套利关系称为关联套利。在期货套利这个讨论范围内，内因套利是真正意义上的套利，而关联套利属于对冲的范畴。套利的范畴包含于对冲的范畴。

在期权交易中，应该怎样定义套利呢？一笔期权交易可能涉及多个执行价格、多个到期日的期权合约与标的资产的多样组合，照搬期货套利的操作定义显然不太合适。笔者认为，期权套利交易的实质是，通过用期权及其标的构建一个组合头寸，在该组合头寸到期时或到期之前能够确定产生一个非负的收益率。

期权作为一个双向交易的工具，可以方便地与相关头寸形成对冲。比如，用沪深300指数期权可以与上证综合指数形成对冲，但这并不能称为套利。

8.2 期权的套利机会

从理论上说，在一个高效的市场中，所有的市场信息会第一时间反映在价格上，任何资产价格都不会偏离其应有的价值，利用价差进行无风险套利的机会应该是不存在的。但大量研究和实践经验表明，现实中的市场并不是完全有效的市场，不同的资产价格之间有可能在极短的时间产生失衡，这就使无风险期权套利成为可能。

无风险期权套利交易听起来很有诱惑力，那么怎么才能发现期权的交易机会呢？本节从期权定价的角度为大家梳理一下无风险期权套利的机会。

1. 期权上限套利

权利有可能是很有价值的，但不可能是无价之宝。无论是看涨期权还是看跌期权，其价格都有一个上限。任何时候，看涨期权价格都不应该超过其标的资产价格，即期权价格的上限为标的资产价格。这是因为：如果看涨期权价格超过标的资产价格，则人们可以卖出看涨期权，同时以现价买进标的资产，从而获取无风险利润。

类似的道理，对于欧式看跌期权而言，其价格在任何时候都不应该高于其执行价格的贴现值。这是因为：如果看跌期权价格高于其执行价格的贴现值，则人们可以卖出看跌期权，同时买入其执行价格贴现值大小的标的资产，从而获取无风险利润。

2．期权下限套利

"有权不用，过期无效"，只要一个期权没有过期，或多或少就有价值。期权下限套利的含义是：期权价格应当大于其内涵价值，最小不得小于零。我们在第1章曾讲过，期权的价值由内涵价值和时间价值构成，其中，期权的内涵价值是指买方立即行权所能获得的收益。

3．买卖权平价套利

所谓"买卖权平价套利"，是指任何时刻，同一执行价格的看涨期权与看跌期权之间都存在一种均衡关系：对同一标的、同一到期日、同一执行价格的看涨和看跌期权的差价应该等于标的资产现价与期权执行价格贴现值之差。该平价关系成立的条件是期权定价模型的假设条件。

4．多个期权价格差套利

（1）垂直方向两个期权价格差上限

所谓"垂直方向两个期权"，是指同一标的、同一到期日，不同执行价格的两个看涨期权或两个看跌期权。垂直方向两期权合约间的价格差存在特定的均衡关系，该价格差既有上限，也有下限。当上下限被突破时，便可以构建组合进行套利。

垂直方向两个看涨期权价格之差的上限是指：较高的执行价格与较低的执行价格之差的贴现值。

垂直方向两个看跌期权价格之差的上限是指：较高的执行价格与较低的执行价格之差的贴现值。

（2）垂直方向两期权价格差下限

垂直方向两个看涨期权价格差下限是指：较低执行价格的看涨期权价格与较高执行价格的看涨期权价格之差应当大于零。

垂直方向两个看跌期权价格差下限是指：较高执行价格的看跌期权价格与较低执行价格的看跌期权价格之差应当大于零。

（3）凸性价差套利

期权凸性价差套利是利用期权的凸性关系来进行套利。所谓"期权的凸性关系"，是指对看涨期权而言，随着标的资产价格升高，期权权利金升高的速度越来越快；随着标的资产价格下降，期权权利金下降的速度越来越慢。对看跌期权而言，其变化特征和看涨期权恰好相反。

（4）箱式套利

箱式套利又称为盒式套利，是由四种基本期权头寸组成的无风险套利策略，相关内容将在后文详述。

8.3　买卖权平价关系

1. 买卖权平价关系的本质

买卖权平价关系（Put Call Parity，PCP）也叫价格唯一定理，是指在套利机制顺畅的条件下，看涨期权与看跌期权的时间价值应该达到均衡。买卖权平价关系是Stoll 最早于 1969 年提出的，最早只针对欧式期权。看跌期权、看涨期权以及它们的标的股票组成了一个相互联系的资产组合，其中任意两个资产的组合都可以模拟第三个资产的风险收益特征。买卖权平价关系在合成头寸方面是非常重要的。如果一种工具与其合成工具之间（比如股票与合成股票）存在价格错配，理论上就存在套利的机会。

从本质上看，买卖权平价关系要求具有相同风险收益特征的头寸在头寸到期时同样具有相同的风险收益特征，如此才能使套利空间不存在。举一个信托看涨期权策略与买入保护性看跌期权策略的例子。如图 8-1 所示，信托看涨期权策略与买入保护性看跌期权策略拥有相同的风险收益特征，如果标的股票在这两种策略到期前一直保持着绝对横盘，没有一丝波动，则在到期时这两个策略没有区别。

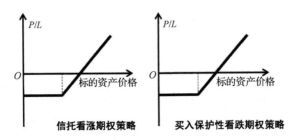

图 8-1 信托看涨期权策略与买入保护性看跌期权策略的到期损益

2. 买卖权平价关系的一个例证

接下来通过一个实例说明买卖权平价关系。

假设当前时间是 1 月 1 日，股票 XYZ 的当前价格是为 50 元/股，以 XYZ 为标的的 2 月份到期执行价格为 50 元/股的看涨期权与看跌期权价格均为 2 元/股。

信托买权：买入 1 手 2 月份到期执行价格为 50 元/股的看涨期权，总花费为 200 元。

买入保护性看跌期权：买入 100 股 XYZ 股票，同时买入 1 手 2 月份到期执行价格为 50 元/股的看跌期权，总花费为 500+200=700（元）。

假设直至期权到期，股票 XYZ 的股价一直是 50 元/股，我们来看一下到期损益。

信托买权：损失了所有的权利金 200 元，净损失为 200 元。

买入保护性看跌期权：损失了所有的权利金 200 元，净损失为 200 元。

在上面这个例子中，我们可以看到两种头寸的净损失是一样的，所以买入一种头寸的同时卖出另一种头寸，到期并没有套利空间，由此也可以看出买卖权平价关系的成立。

我们对上面的例子做一下改变。

假设当前时间是 1 月 1 日，股票 XYZ 的当前价格是 50 元/股，以股票 XYZ 为标的，2 月份到期执行价格为 50 元/股的看涨期权与看跌期权价格均为 2 元/股。

信托买权：买入 1 手 2 月份到期执行价格为 50 元/股的看涨期权，总花费为 200 元。

> 买入保护性看跌期权：买入 100 股 XYZ 股票，同时买入 1 手 2 月份到期执行价格为 50 元/股的看跌期权，总花费为 500+200=700（元）。
>
> 如果 2 月份期权到期的时候，股票 XYZ 股价涨到 60 元/股，又会怎样呢？
>
> 信托买权：净盈利=[(60−50)−2]×100=800（元）。
>
> 买入保护性看跌期权：股票 XYZ 的收益是 (60−50)×100=1000（元），看跌期权的损失是 200 元，净盈利是 800 元。

通过上面这个例子可以看出，两种头寸的到期盈利是完全一致的，买卖权平价关系是成立的。在实际的交易中是怎么样的呢？在实际交易中，买卖权平价关系是很少严格成立的。

3. 买卖权平价关系

在上一个例子中，平值看涨期权与平值看跌期权的时间价值恰好是一样的，但在实际中，平值看涨期权与平值看跌期权的时间价值很少符合买卖权平价关系，即使有做市商在。如果市场对股票预期偏强，则平值看涨期权的时间价值要比平值看跌期权的时间价值高，因为其隐含波动率更高。同理，如果市场预期股票偏弱，则其平值看跌期权的时间价值要高于平值看涨期权的时间价值。

在上面的例子中，如果市场预期股票 XYZ 偏强，则其平值看跌期权比平值看跌期权有更高的时间价值，这将导致如果股票 XYZ 保持横盘，信托买权（Fiduciary Call）要比买入保护性看跌期权（Protective Put）损失更多。在这种情况下，若买入保护性看跌期权头寸，卖出信托买权头寸，就有套利空间。

如果信托买权与保护性看跌期权存续期间很长，因外在构建策略是前者比后者占用资金少，那么节省下来的资金占用还可以有一部分无风险利率收入，这也导致了套利空间。

尽管上文说明了套利关系的存在，但在真正的期权交易中，即使在买卖权平价关系被打破的时候，套利也很少真正可行，因为 bid/ask 价差与交易手续费往往吞噬了套利空间。

买卖权平价关系的失衡还可以用来分析股票价格的走向。根据经验统计，那些看涨期权相对较贵的股票的表现往往要好于看跌期权相对较贵的股票。

如果买卖权平价关系的失衡严重到了一定程度，还可以通过箱式价差等策略来实现套利。

8.4　执行价格套利

执行价格套利策略是一种期权套利策略，同一标的相同到期月份和不同执行价格的两个期权，它们的时间价值如果出现错乱，就会存在执行价格套利。

期权的时间价值如果出现不合理的大幅上涨，则有可能导致买卖权平价关系严重失衡，执行价格套利机会便出现了。期权时间大幅上涨的情况大多出现在某个虚值期权的隐含波动率暂时失调的时候。简单地说，如果虚值期权的价格比实值期权的价格还要高，潜在的执行价格套利的机会就出现了。当然，这种套利机会是很少见的，即使出现了也会被很快修复，在考虑到交易手续费的影响下，这种套利机会更是少见。这种执行价格套利策略仅仅在场内交易者及做市商等有手续费优惠的交易者群体里才算可行。

1. 执行价格套利的作用

当处于买卖权平价关系均衡的状态时，同一标的相同到期月份和不同执行价格的两个期权的价格之差不应该超过两个执行价格之差，虚值期权的价格应该比实值期权便宜。比如，同样是 3 月份到期的期权，执行价格为 50 元/股的看涨期权时间价值要比执行价格为 55 元/股的看涨期权时间价值更高，但不应该超过 5 元/股。我们在构建牛市看涨期权价差的时候，同样是 3 月到期的期权，我们买入执行价格为 50 元/股的看涨期权，卖出执行价格为 55 元/股的看涨期权，总体来说，还是要付出权利金的。在牛市看涨期权策略中，当标的资产价格上涨时，我们有盈利，当标的价格下跌时，我们有亏损，之所以如此，也是因为执行价格套利机制的存在。

有时候，买卖权平价关系被严重背离，以至于不同执行价格期权的时间价值之差超过了执行价格的差，或者虚值期权比实值期权还贵。如果真的发生了这种现象，则进行执行价格的套利。

怎么套利呢？买入价值低估的实值期权的同时卖出价值高估的虚值期权即可。

这种操作和建立牛市看涨期权价差的操作相同，但这时我们不仅没有付出净权利金，而且实际上是收到了净权利金。

如果在进行执行价格套利后，标的资产价格保持横盘不动，两个期权的时间价值在到期时都将消失，套利操作时，两个期权的时间价值之差就都成了盈利。

如果在进行执行价格套利后，标的资产价格快速上涨，并且在到期时超过了较高的执行价格，时间价值都消失了，在到期行权时两个期权的内涵价值之差就是两个执行价格之差。执行价格套利的盈利有多少呢？执行价格之差扣除先前付出的净权利金所剩余的部分就是该套利操作的盈利。

如果在进行执行价格套利后，标的资产价格下跌，并且在到期时跌破了较低的执行价格，则这时套利头寸价值归零。先前收到的净手续费是套利操作的盈利。

2. 执行价格套利策略的应用时机

对于同一标的，相同到期月份的两个不同执行价格的期权而言，当其时间价值之差超过执行价格之差时，是进行执行价格套利的时机。

> 案例：假设股票 XYZ 的当前价格是 51 元/股，3 月份到期执行价格为 50 元/股的看涨期权的价格是 1.50 元/股。3 月份到期执行价格为 52 元/股的看涨期权的执行价格是 3 元/股。
>
> 两个期权的时间价值之差为 3-(1.50-1)=2.50（元/股）。
>
> 执行价格之差是 52-50=2（元/股）。
>
> 时间价值之差超过了执行价格之差，有执行价格套利机会。

3. 执行价格套利策略的具体操作

简单地买入实值期权的同时卖出相同数量的虚值期权即可。

> 接上面的案例：买入执行价格为 50 元/股的看涨期权，同时卖出执行价格为 52 元/股的看涨期权即可。
>
> 净权利金收入为 3-1.50=1.50（元/股）。

4．该策略的潜在收益

如果执行价格套利策略按照正确的套路执行，就没有损失的可能。如果标的资产价格完全横盘不动，直至期权到期，则套利操作能达到最大收益。该策略最小收益与最大收益公式如下。

最小收益=时间价值之差−执行价格之差（当标的资产价格
超过较大的执行价格时）

最大收益=净时间价值（当标的资产价格完全横盘不动时）

接上面的案例：最小收益为 2.50−2=0.50（元/股）。

最大收益为 2.50 元/股。

5．该策略的风险收益特征

最大收益：有上限。

最大亏损：无亏损的可能。

6．该策略的优点

能够获得无风险收益。

7．该策略的缺点

执行价格套利的机会难以发现，因为一旦出现就会被快速追逐殆尽。对于业务的交易者而言，手续费可能使得这种套利交易很困难，甚至根本不可能。

8.5 转换套利与反转套利（Conversion/Reversal Arbitrage）

转换套利/反转套利策略是一种期权套利策略，这种策略的主要思想是利用了合成头寸与其代表的等价物之间在价格上的差异，从而达到无风险套利的目的。比如，可以使用期权合成的股票多头与股票本身之间的价格差异进行套利。

对买卖平价理论的明显违背会导致合成头寸与原本标的之间价格的较大差异，

转换套利/反转套利正是利用了这一点。比如，当合成股票多头的价格与标的股票的价格差异较大时，就存在一个转换套利/反转套利的机会。这些机会实际上在期权交易中是较少见的，有时候出现了，但完成一笔套利所赚的利润甚至抵不上所付出的手续费。因为转换套利/反转套利仅是场内交易者和做市商常用的，他们几乎不用付手续费。

1. 什么是转换套利与反转套利

在建立一个头寸之后，要了结这个头寸并不一定要反向平仓。比如，在用买入看涨期权与卖出看跌期权合成一个股票多头之后，为了了结，并不一定卖出看涨期权和买入看跌期权，而是通过卖出真实的股票来实现。这样，整体的头寸已经没有了方向性风险，也可不再理会短期价格的波动。

转换套利是指买入股票的同时卖出合成股票，反转套利是指卖出股票的同时买入合成股票。但转换与反转的概念不局限于合成股票多头或合成股票空头。

实际上，只要以合成的方式锁定的头寸中含有股票多头，就可称为转换套利。只要以合成的方式锁定头寸中含有股票空头，就可称为反转套利。举例来说，通过买入看跌期权与买入股票可以合成一个看涨期权，如果要锁定这些头寸，可以通过卖出看涨期权的方式，这就可以称为转换套利，因为在整体头寸中包含有股票多头。通过买入看涨期权与卖出股票可以合成一个看跌期权，如果要锁定这个合成的看跌期权，可以通过卖出看跌期权来实现，这被称为反转套利，因为整体头寸中包含股票空头。常见的转换套利/反转套利操作如表8-1所示。

表8-1 常见的转换套利/反转套利操作

合 成 头 寸	组 成 部 分	对 锁 工 具	分 类
合成股票多头	买入看涨期权+卖出看跌期权	卖出股票	反转套利
合成股票空头	卖出看涨期权+卖出看跌期权	买入股票	转换套利
合成买入看涨期权	买入股票+买入看跌期权	卖出看涨期权	转换套利
合成卖出看涨期权	买入股票+买入看跌期权	买入看涨期权	反转套利
合成买入看跌期权	卖出股票+买入看涨期权	卖出看跌期权	反转套利
合成卖出看跌期权	卖出看跌期权+买入股票	卖出看跌期权	转换套利

如果一个头寸被用转换或反转的方式给锁定了，则整个头寸价值仅有 Theta 风险，即总体头寸中的多头时间价值随时间而衰减的风险。

2. 什么是转换套利/反转套利

如果买卖平价理论严格有效，则合成头寸中的总体时间价值应该与其所对应的原工具的时间价值完全一致。比如，一个合成股票多头（Long Call + Short Put）的时间价值应该为零，因为所卖出的看跌期权的权利金完全冲抵所买入的看涨期权的权利金。一个合成买入看涨期权应该与真实的买入看涨期权具有相同的时间价值。

然而，买卖平价关系有时被违背，合成的头寸与原本的头寸在时间价值上有较大的差异。这时，通过转换/反转的方式把合成头寸与原本工具进行锁定并持有到期，就能获得一定的利润，这就是转换套利/反转套利。

如果期权的价值被相对高估，场内交易者与做市商们就会采用转换套利。当期权的价值被相对低估时，可以采用反转套利。尽管可以把转换/反转的思路拓展到各种类型的合成头寸，但大多数的场内交易者与做市商们仅做股票与合成股票多头或股票与合成股票空头之间的套利。当然，期货与合成期货之间也完全适用。

事实上，合成头寸与原头寸之间在时间价值上的差异是很常见的，但这种差异往往较小，以至于抵消不了买卖这些头寸所花费的手续费，如果再考虑期权的每一腿上的 bid/ask 价差，则更难以实现套利。

3. 什么时候利用转换套利/反转套利策略

如果一个金融工具与其合成头寸在时间价值上有明显的差异，则可以考虑转换套利/反转套利。我们来看几个例子：合成股票空头转换套利、合成股票多头反转套利、合成买入看涨期权转换套利以及合成卖出看涨期权反转套利。

> 合成股票空头转换套利案例：
>
> 假设股票 ABC 的当前价格为 51 元/股，其 3 月到期的执行价格为 51 元/股的看涨期权的价格是 2.50 元/股，3 月到期执行价格为 51 元/股的看跌期权的价格是 1.50 元/股。
>
> 合成股票空头的时间价值为 1.50-2.50=-1（元/股）。

股票空头的时间价值为 0。

合成股票空头与原本的股票空头在时间价值上有 1 元/股的差异，有实现转换套利的可能。

应该怎样执行套利呢？在构建合成股票空头头寸的同时买入 1 手 ABC 的股票，持有至期权到期时，你的每一组套利头寸将获得 100（即 1×100）元的无风险收益。

合成股票多头反转套利案例：

假设股票 ABC 的当前价格为 51 元/股，其 3 月到期执行价格为 51 元/股的看涨期权的价格是 1.50 元/股，3 月到期执行价格为 51 元/股的看跌期权的价格是 2.50 元/股。

合成股票多头的时间价值为 1.50-2.50=-1（元/股）。

股票多头的时间价值为 0。

合成股票多头与原本的股票多头在时间价值上有 1 元/股的差异，有实现反转套利的可能。

应该怎样执行套利呢？

在构建合成股票多头头寸的同时卖出 1 手 XYZ 股票，持有至期权到期时，你的每一组套利头寸将获得 100（即 1×100）元的无风险收益。

合成买入看涨期权转换套利案例：

假设股票 ABC 的当前价格为 51 元/股，其 3 月到期的执行价格为 51 元/股的看涨期权的价格是 2.50 元/股，3 月到期执行价格为 51 元/股的看跌期权的价格是 1.50 元/股。

合成买入看涨期权的时间价值是 0+1.50=1.50（元/股）。

买入看涨的时间价值为 2.50 元/股。

合成买入看涨期权与原本的买入看涨在时间价值上有 1 元/股的差异，有实现转换套利的可能。

应该怎样执行套利呢？

在构建合成买入看涨期权头寸的同时卖出 1 手 3 月到期执行价格为 52 元/股的看涨期权。卖出看涨前期所获权利金为 250 元。持有至到期后，你的每一组套利头寸将获得 100（即 250-150）元的无风险收益。

> 合成卖出看涨期权反转套利案例：
>
> 假设股票 ABC 的当前价格为 51 元/股，其 3 月到期的执行价格为 51 元/股的看涨期权的价格是 1.50 元/股，3 月到期执行价格为 51 元/股的看跌期权的价格是 2.50 元/股。
>
> 合成卖出看涨期权的时间价值是 0-2.50=-2.50（元/股）。
>
> 卖出看涨期权的时间价值为 1.50 元/股。
>
> 合成卖出看涨期权与原本的卖出看涨期权在时间价值上有 1 元/股的差异，有实现反转套利的可能。
>
> 应该怎样执行套利呢？
>
> 在构建合成买卖出看涨期权头寸的同时买入 1 手 3 月到期执行价格为 51 元/股的看涨期权。买入看涨前期所付权利金为 150 元。持有至到期后，你的每一组套利头寸将获得 100（即 250-150）元的无风险收益。

4. 该策略的潜在收益

如果正确操作转换套利/反转套利策略，则无论标的资产价格怎么运动，都不会有亏损的可能。

最大收益为持有至期权到期后套利头寸的净收入。

5. 该策略的风险收益特征

最大收益：有限。

最大风险：无亏损可能。

6. 该策略的优点

- 能够获得无风险收益。

7. 该策略的缺点

- 转换套利/反转套利策略难以发现，因为一旦发生，就会被快速追逐殆尽。

- 对于业务的交易者而言，高昂的手续费可能使得这种套利交易很困难，甚至根本不可能完成交易。

8.6 箱式套利（Box Spread）

箱式套利策略又称为盒式套利策略，是由四种基本期权头寸组成的无风险套利策略，有时候，箱式套利策略也叫短吻鳄套利策略，因为手续费很可能吞噬掉套利空间。这种套利策略也是基于买卖权平价关系的，如果买卖权平价关系被严重违背，该策略就能锁定一定的套利利润。箱式套利策略的损益曲线是一条水平的直线，如图 8-2 所示。

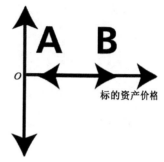

图 8-2　箱式套利策略的到期损益

当然，市场对买卖权平价关系的背离往往是小幅度的，而且存在时间也不会很长。箱式套利策略可能来不及去捕捉，或者即使捕捉到也会花费不少的手续费。从这个意义上讲，箱式套利策略仅适合期权市场上的高级玩家，谁能够获得手续费优惠，谁就可以使用该策略，期权做市商可以考虑该策略。

1. 适用场景

箱式套利策略只有在买卖权平价关系被严重背离的时候才可以使用。市场在大多数时候都会背离买卖权平价关系，只不过不是很严重，手续费问题会使箱式套利策略失效。有多种方式可以监测买卖权平价关系的严重背离情况，但鉴于这种可行的套利机会很少，而且一旦出现也会被快速追逐殆尽，要想发现机会并能快速执行这种套利操作，则必须借助专业软件才行。

2. 怎样构建该策略

箱式套利策略的执行过程略微有些复杂，一个箱式套利策略的头寸中包括一高一低两个执行价格的四个期权头寸。策略构建：

买入看涨@A+卖出看涨@B+买入看跌@B+卖出看跌@A

我们来看一个具体的例子。

2014 年 6 月 13 日，HS300 期权合约 IO1407 的箱式套利策略构建：假设进行如下操作，买入看涨@ 2150，卖出看涨@ 2200，卖出看跌@ 2150，买入看

跌 @ 2200，数量均为 1 手，期权价格如图 8-3 所示。这样我们就完成了箱式套利策略的构建过程。

C最新价	C买量	C买价	C卖价	C卖量	期货买差	执...	期货卖差	P买价	P买量	P卖价	P卖量	P最新价
230.7	20	230.6	231.6	10	220.8	1950	-221.2	7.8	45	8.5	30	8.0
186.8	10	186.6	187.5	11	170.8	2000	-171.2	13.3	10	13.7	8	13.7
147.6	10	146.3	146.7	10	120.8	2050	-121.2	20.5	10	20.7	10	20.7
108.1	10	107.0	107.9	10	70.8	2100	-71.2	32.8	10	33.0	10	32.8
74.9	1	74.9	75.0	10	20.8	2150	-21.2	53.1	20	53.2	10	53.1
52.6	50	52.2	53.1	10	-29.2	2200	28.8	78.5	9	79.4	10	77.9
34.3	1	34.3	34.9	10	-79.2	2250	78.8	111.3	1	112.0	11	111.3
21.8	40	21.0	21.9	30	-129.2	2300	128.8	148.3	10	149.2	10	148.3
13.5	10	13.3	14.0	128	-179.2	2350	178.8	187.8	9	192.3	10	187.8

图 8-3　HS300 期货合约报价

我们把操作在表 8-2 中表示出来。

表 8-2　箱式套利策略操作示例

名　称	牛市看涨期权价差	熊市看跌期权价差
合成标的资产多头	买入看涨 @ 2150	卖出看跌 @ 2150
合成标的资产空头	卖出看涨 @ 2200	买入看跌 @ 2200

如果从纵向看，则这种操作是牛市看涨期权价差策略与熊市看跌期权价差策略的组合。如果从横向看，则这种操作是合成标的资产多头与合成标的资产空头的组合。

3．该策略到期收益的计算方法

箱式套利策略的构建头寸组成可以有多重观察思路，从而使该策略收益的计算也有多重思路。关于该策略收益的计算，笔者建议从合成多头与合成空头两头寸价差的角度来计算。

把这些头寸组合持有到期，就能够获利。经过计算，我们合成标的资产价格多头的持仓价格相当于 2150+74.90-53.10=2171.80（元）。

我们合成标的资产空头的持仓价格相当于 2200-(77-52.60)=2174.70（元）。

如果持有到期，相当于以 2171.80 元的价格买入 HS300 指数，然后以 2174.70 元价格卖掉。HS300 股指期权的合约乘数是 100，该策略的总收益是 100×(2174.70-2171.80)=290（元），减去开平仓时每手 5 元的手续费，持有到期后的收益是 270 元。

第9章

期权套期保值策略

期权对于不同的使用者有不同的用途,期权工具的功能之一是规避风险,实际上是通过对冲操作把风险对冲掉,在国内也叫作套期保值。投资者可以借助多种工具实现套期保值,期权是其中的重磅工具之一。本章主要介绍期权套期保值策略。

9.1 买入保护性看跌期权(Protective Put)

买入保护性看跌期权策略是一种期权对冲策略,用以规避标的资产价格下跌的风险。投资者买入看跌期权的同时持有先前买入的标的股票,这种策略就叫保护性看跌期权策略。买入保护性看跌期权与配对看跌期权类似,是股票交易者常用的交易策略。买入保护性看跌期权能够保护股票的浮盈,你不用平掉股票头寸也能够锁定利润。其到期损益如图9-1所示。

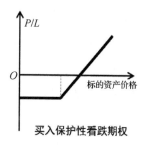

买入保护性看跌期权

图9-1 买入保护性看跌期权策略的到期损益

如果没有股票期权，股票投资者又在有浮盈后想锁定利润，唯一的方法就是卖出一部分股票，但卖出一部分股票并锁定利润的同时也丧失了万一股票继续走好而获取更多收益的机会。

前面曾指出，期权对买方来说类似于一份保险。对股票投资者而言，买入股票的看跌期权就相当于为其股票买了一个保险，如果股票下跌，期权的收益能够百分之百地补偿股票的损失。买入保护性看跌期权是指当你想锁定股票收益的时候买入平值的看跌期权。一旦有了看跌期权的保护，股票价格下跌多少，看跌期权就能给你补偿多少。

我们在买保险时需要缴纳保险费，同理，买入保护性看跌期权要缴纳权利金。如果期权到期时最终变成了虚值期权，则所缴纳的权利金便付诸东流。根据买权卖权平价关系，该策略实际上相当于一个合成的买入看涨期权。

1. 适用场景

当你的股票上涨到你感觉需要保护已获利润时，就应该选择该策略。

> 案例：假设你在 1 月 1 日以 40 元/股的价格购买了 1 手股票 ABCD，股票 ABCD 在短期内就冲到了 50 元/股。若你既不想错过这只股票今后继续上涨的空间，又担心它会有回调，则可使用该策略。

2. 怎样使用该策略

对于股票期权而言，1 手期权对应 100 股股票，每 100 股股票对应买 1 手平值看跌期权即可。

> 接上面的案例：为了锁定股价涨到 50 元/股时的浮盈，你只要买入 1 手执行价格为 50 元/股，几个月之后到期的看跌期权即可。比如，可以以 0.8 元/股的价格买入 1 手 3 月份到期的看跌期权。

3. 该策略的潜在收益

只要股票价格继续上涨，潜在收益空间就是无限的，收益公式如下。

收益＝（股票价格−看跌期权执行价格−看跌期权权利金）×股票数量

在上面的例子中：假设在 3 月份期权到期时，股票 ABCD 继续上涨到 60 元/股，则该策略收益为(60−50−0.80) ×100 = 920（元）。

4．该策略的风险收益特征

最大收益：无限。

最大亏损：有限（执行价格−股票买入价格+权利金）。

到期时可获利润公式如下。

到期时可获利润=标的股票从买入起升值幅度−权利金

（1）波动率的影响：波动率上升为正面影响，下降为负面影响

波动率对期权价格的影响发生在时间价值的那一部分。

（2）时间衰减：负面影响

期权价格的时间价值部分通常会随着时间流逝而下降或衰减。随着合约接近到期日，时间价值会加速衰减。与看涨期权相比，看跌期权的时间衰减会略微慢一点。

5．该策略的损益平衡点

因为你在买入看跌期权的时候花费了权利金，所以当股票价格上涨到足以覆盖期权成本的时候才开始盈利。损益平衡点公式如下。

损益平衡点=股票买入价格+权利金

在上面的例子中：损益平衡点=50+0.80=50.80（元/股）。

6．该策略的优点

- 在规避下跌风险的同时，还保留了向上盈利的空间。
- 该策略可以快速地转换为买入合成跨式期权。

7．该策略的缺点

看跌期权的成本会侵占一部分盈利空间。

8. 该策略在到期前的调整方法

- 如果标的股票继续大幅上涨，则原来买入的看跌期权会变成虚值的，交易者可以卖掉虚值的看跌期权，然后买入实值的看跌期权。如此可以重新建立保值头寸。

- 如果标的资产价格快速下跌，交易者可继续持有整个头寸，直至期权到期。

9. 该策略在期权到期时的调整方法

- 在期权到期时，如果标的股票已经下跌一定幅度，当时买入的看跌期权是实值期权，则交易者可以在期权到期当天把这个看跌期权卖出平仓，然后用所获的收益买入更多的标的股票，以备股票反弹，如果股票反弹，则可以有效地获得利润。

- 在期权到期时，如果标的股票已经有所上涨，则看跌期权是虚值期权，交易者宁可简单地放任看跌期权变得一文不值，也不要卖出这些看跌期权。一旦你平掉了这些看跌期权，在股票回落时就得不到保护。

9.2　配对看跌期权（Married Put）

　　配对看跌期权策略是一种对冲策略，是把看跌期权和股票结合起来构建一个潜在收益无限但潜在风险有限的组合头寸。配对看跌期权策略与买入保护性看跌期权策略很相似，区别在于配对看跌期权策略的股票与期权头寸是同时构建的，这也是配对看跌期权策略名称的由来。该策略的到期损益如图 9-2 所示。

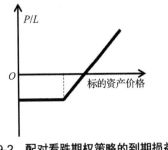

图 9-2　配对看跌期权策略的到期损益

　　配对看跌期权策略与保护性看跌期权策略在时间与策略目标上是不同的。保护性看跌期权策略是为了保护股票的浮盈，是在股票已经上涨并且产生了浮盈之后才进行的保护性措施。配对看跌期权策略是在买入股票的同时就买入看跌期权，所以你的股票因为立马与看跌期权配对而有了保护，在策略构建完成之后，你立刻就知道你的潜在最大亏损是多少。

投资者采用配对看跌期权策略是想要获得长期持有股票的利益（比如股息或投票权等），但又担心未知的短期下行风险。买入看跌期权的同时买入标的股票是一种方向性的看涨策略。投资者的主要动机是保护所持有的标的证券免遭价格下跌的影响。配对看跌期权相当于给股票头寸买了一份保险，其本身的成本是事先确定的和有限的（权利金）。在期权到期之前，无论标的股票价格如何变动，投资者都可以确保在看跌期权的执行价格卖出股份。如果标的股票价格出现剧烈的大幅下跌，期权持有者有充分的时间去应对。如果不使用期权，而是对股票头寸设置止损，则可能会在不恰当的时间和价位出场。相反，持有看跌期权可以事先锁定一个卖出价，然后由自己决定何时以及是否要卖出股票。

1. 适用场景

当你想建立一个风险有限的股票头寸时，可以考虑该策略。

> 案例：假设你在1月1日的时候以40元/股的价格买入了1手股票ABCD，如果你想在股票ABCD突然回落的时候也不遭受损失，就应该使用该策略。

2. 怎样使用该策略

简单地讲，在买入股票的同时立马买入与股票数量相当的看跌期权。

> 接上面的例子：你应该立即买入1手几个月后到期执行价格为40元/股的看跌期权（比如以0.80元/股的价格买入1手3月份到期执行价格为40元/股的看跌期权）。

3. 该策略到期收益的计算方法

该策略的收益公式如下。

$$收益 = （股票价格 - 看跌期权执行价格 - 看跌期权权利金）× 股票数量$$

> 接上面的案例：假设在3月份看跌期权到期时，股票ABCD继续上涨到60元/股，则该策略收益为$(60-40-0.80)×100=1920$（元）。

4. 该策略的风险收益特征

最大收益：无上限。

最大亏损：有限（股票买入价格-执行价格+权利金）

到期时可获利润：标的股票升值-权利金

最大利润仅与标的股票的潜在价格上涨有关，从理论上讲是无限的。当看跌期权到期时，如果标的股票刚好收在最初的买入价，那么投资者的损失将是看跌期权的整个权利金。

（1）波动率的影响：波动率上升为正面影响，下降为负面影响

波动率对期权价格的影响发生在时间价值的那一部分。

（2）时间衰减：负面影响

期权价格的时间价值部分通常会随着时间流逝而下降或衰减。随着合约接近到期日，时间价值会加速衰减。与看涨期权相比，看跌期权的时间衰减会略微慢一点。

5. 该策略的损益平衡点

因为你在买入看跌期权的时候花费了权利金，所以当股票价格上涨到足以覆盖期权成本的时候才开始盈利。该策略损益平衡点公式如下。

损益平衡点=股票买入价格+权利金

> 在上面的例子中：损益平衡点=40+0.80=40.80（元/股）。

6. 该策略的优点

- 规避了股票下跌的风险，可以让你放心地持有股票。
- 该策略可以快速地转换为买入合成跨式期权。

7. 该策略的缺点

看跌期权的成本会侵占一部分盈利空间。

8. 该策略在到期前的调整方法

- 如果标的股票继续大幅上涨，则原来买入的看跌期权会变成虚值的，交易者可以卖掉虚值的看跌期权，然后买入实值的看跌期权，从而把策略转换为买入保护性看跌期权策略。

- 如果标的资产价格快速下跌，则交易者可继续持有整个头寸，直至期权到期。

9. 该策略在期权到期时的调整方法

- 在期权到期时，如果标的股票已经下跌一定幅度，当时买入的看跌期权是实值期权，则交易者可以在期权到期当天把这个看跌期权卖出平仓，然后用所获的收益买入更多的标的股票，如果股票反弹，则可以有效地获得利润。

- 在期权到期时，如果标的股票已经有所上涨，则看跌期权是虚值期权，交易者宁可简单地放任看跌期权变得一文不值，也不要卖出这些看跌期权。一旦你平掉了这些看跌期权，在股票回落时就得不到保护。

10. 在该策略中为何选择平值期权而不是虚值期权

在配对看跌期权策略中，是要买入平值的看跌期权还是买入虚值的看跌期权？这与交易者自身对行情的预期有关，也与想达到的保护效果有关。如果你想要保护效果好一些，则应该买入平值的看跌期权，如果感觉不需要那么好的保护效果，则可以买入虚值的看跌期权。当然，若想要更多的保护，你就要为此付出更多的权利金。在期权交易里，几乎没有一个能够同时满足所有人需求的策略，策略的选择过程往往是一个权衡的过程。

9.3 信托看涨期权（Fiduciary Call）

信托看涨期权策略是用买入看涨期权作为对买入保护性看跌期权策略及配对看跌期权策略的替代。

1. 信托看涨期权策略与买入保护性看跌期权策略的关系

在配对看跌期权策略与买入保护性看跌期权策略中，交易者通过买入看跌期权来保护股票免受损失，并为此付出权利金，这里的权利金相当于"保险费"。

通过案例来对比一下买入保护性看跌期权策略与信托看涨期权策略的不同。

> 案例：假设股票 ABCD 的当前价格为 30 元/股。该股票的到期月份为 11 月，执行价格为 30 元/股的看涨期权价格为 0.80 元/股。11 月到期执行价格为 30 元/股的看跌期权价格也为 0.80 元/股。

在买入保护性看跌期权策略里：

> 假设你有用 1 手股票 ABCD，价格为 30 元/股。用 0.80 元/股的价格买入 1 手 11 月到期执行价格为 30 元/股的看跌期权。
>
> 总头寸的资金占用为$(30\times100) + (0.80\times100) = 3080$（元）。

在信托看涨期权策略里：

> 以 0.80 元/股的价格买入 1 手 11 月到期执行价格为 30 元/股的看涨期权。
>
> 总头寸的资金占用为$(0.80\times100) = 80$（元）。

在上面的例子中，买入保护性看跌期权策略所需的总资金为 3080 元。用信托看涨期权可以达到同样的风险收益效果，但资金占用要少得多。

所谓信托看涨期权，是指用对应数量的平值看涨期权来代替想要买入的股票。在上面的例子中，就是用 1 手的看涨期权代替。

相对于买入保护性看跌期权策略而言，信托看涨期权策略可以节省不少资金，节省下来的资金可以用来购买无风险收益产品，从而比买入保护性看跌期权策略获得更多的总收益。

通过图 9-3 我们可以看到，这两个策略的损益图是完全相同的。

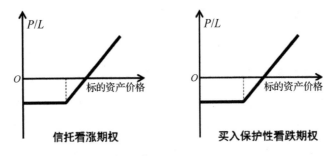

图 9-3　信托看涨期权策略与买入保护性看跌期权策略的到期损益的比较

2. 数据对比

表 9-1 说明了信托看涨期权策略的好处。

表 9-1　两种策略效果对比

对　比　项	信托看涨期权	买入保护性看跌期权
成本	80 元	3080 元
收益（如果股票 ABCD 涨到 50 元/股）	1920 元*	1920 元**
损失（如果股票 ABCD 跌到 10 元/股）	80 元	80 元
资金使用率***	1.60%	61.60%

* （当前股价-执行价格）×股票数量-付出的净权利金。

** （当前股价-初始股价）×股票数量-付出的净权利金。

***假设总资金为 5000 元。

通过表 9-1 可以明显地看出，使用信托看涨期权可以复制出完全一样的风险收益特征，但所占用的资金仅为买入保护性看跌期权策略的一小部分。通过这个案例也可以看出，用股票现货与看跌期权可以合成看涨期权。为了能与买入保护性看跌期权策略产生一样的收益特征，信托看涨期权策略的剩余资金应该投向无风险收益产品，而不能再额外购买股票或期权。"信托看涨期权"策略的名称也来源于此。通过这个案例还可以看出，用期权工具来代替股票是可以实现的。

在实际交易中，期权执行价格是离散分布的，有可能找不到平值的看跌期权和看涨期权，买权卖权平价关系也很少能严格成立。此时，执行价格只能就近选择近值期权，在这种情况下，信托看涨期权与买入保护性看跌期权两个策略可能不能产生一致的风险收益特征。

> 假设股票 ABCD 股价为 30.5 元/股，其 11 月到期执行价格为 30 元/股的看涨期权是浅实值期权，价格为 0.90 元/股。11 月到期执行价格为 30 元/股的看跌期权是浅虚值期权，价格为 0.70 元/股。

在买入保护性看跌期权策略里：

> 假设你当前拥有 1 手股票 ABCD，你以 0.70 元/股的价格买入 1 手 11 月到期执行价格为 30 元/股的看跌期权。
>
> 头寸资金总占用为(30.50×100)+(0.70×100)=3120（元）。

在信托看涨期权策略里：

> 以 0.90 元/股的价格买入 1 手 11 月到期执行价格为 30 元/股的看涨期权。
>
> 头寸资金总占用为 0.90×100=90 元。

下面再来看一下两个策略的详细对比，如表 9-2 所示。

表 9-2 两个策略的对比

对 比 项	信托看涨期权	买入保护性看跌期权
成本	90 元	3120 元
收益（如果股票 ABCD 涨到 50 元/股）	1910 元*	1880 元**
损失（如果股票 ABCD 跌到 10 元/股）	90 元	120 元
资金使用率***	1.80%	62.40%

* （当前股价–执行价格）×股票数量–付出的净权利金。

** （当前股价–初始股价）×股票数量–付出的净权利金。

***假设总资金为 5000 元。

从表 9-2 中可以看出，在这种情况下，信托看涨期权要比买入保护性看跌期权更好，所占用的资金少，潜在收益更高，潜在亏损更小。

你也许会有疑问，所谓的信托看涨期权与普通的看涨期权有什么区别？表面上没有区别，因为都需要简单地买入看涨期权。最大的区别在于买入看涨期权的数量与背后的目的是不同的。对一个期权操作而言，目的不同甚至会改变期权策略的本质。

9.4 备兑开仓策略（Covered Call）

备兑开仓策略是经典中的经典，大多数期权新手都要学习这个策略。如果投资者手中已经持有股票，则可以通过卖出持保看涨期权每月获得一些收入，即使股票保持横盘也可以；卖出持保看涨期权还可以保护交易者免受其股票下跌的风险。如果交易者打算长期持有股票，则该策略是其必须学会使用的法宝。

1. 适用场景

- 股票横盘，但交易者打算继续持有该股票，并且每月都打算有所收益。
- 股票面临回调的风险，投资者想要保护头寸。

2. 怎样使用该策略

该策略的操作很简单，仅需要卖出虚值的看涨期权即可，根据股票数量确定期权数量，100 股股票对应 1 手股票期权。

卖出持保看涨期权策略有三种构建方式：同时下单；保护股票；保护看涨期权空头。

同时下单指的是在买入股票的同时卖出虚值看涨期权。

案例：假设股票 ABCD 的当前价格是 44 元/股，你买入 7 手股票 ABCD，同时卖出开仓 7 手 1 月到期执行价格为 45 元/股的虚值看涨期权。

保护股票型指的是在已经持有股票的情况下，卖出虚值看涨期权，以对冲股票小幅回落的风险。

案例：假设你之前以 43 元/股的价格买入了 7 手股票 ABCD，当前股票 ABCD 的价格是 44 元/股，你预计该股票有可能会有小幅回落，并且想给以保护。卖出开仓 7 手 1 月到期执行价格为 45 元/股的虚值看涨期权。

保护看涨期权空头的构建方式是指先前卖出了虚值的看涨期权，通过买入标的股票的方式，把策略从裸卖空看涨期权转换为卖出持保看涨期权。

案例：假设你之前卖出了 7 手 1 月到期执行价格为 45 元/股的股票 ABCD 看涨期权，现在你预期股票 ABCD 近期会小幅上涨，想对冲一下股票上涨的风险，则可以以买入 7 手股票 ABCD 的方式把总体头寸转换成卖出持保看涨期权。

3. 卖出看涨期权应该选择哪种执行价格

期权 T 型报价中有很多执行价格，在该策略中应该怎样选择执行价格呢？卖出的看涨期权执行价格越高，交易者留给自己股票上涨盈利的空间就越大，但卖出期权时收到的权利金就越少。总体效果是总头寸的最大盈利空间较大，但一旦股票价格横盘不动或者下跌时，前期所收到的权利金对股票的保护作用较小。

如果你卖出虚值期权的执行价格越低，则股票上涨时留给自己的获利空间就越小，但卖出期权时收到的权利金相对更多。总体效果是：总头寸的最大盈利空间较小，但一旦股票价格横盘不动或者下跌时，前期所收到的权利金对股票的保护作用更大。

世界上没有免费的午餐，在期权策略选择上也是一样的，鱼与熊掌不可兼得。期权策略的选择到处都是风险与收益的权衡，在卖出持保看涨期权这个策略里，你对股票价格本身的预期很重要。如果你预期股票价格会大幅上涨，则应该卖出更加虚值的看涨期权。如果你预期股票价格仅会小幅上涨甚至不涨，则应该卖出浅虚值期权甚至平值期权。比较有经验的做法是，你预期股票价格能涨到多少就卖出执行价格为多少的看涨期权。

下面对比一下当卖出虚值期权的执行价格不同时，效果会有什么不同。

> 假设你目前拥有 7 手股票 ABCD，股票 ABCD 的当前价格是 44 元/股，1月到期执行价格为 45 元/股的看涨期权价格为 1.50 元/股。1 月到期执行价格为 48 元/股的看涨期权价格为 0.30 元/股。

在卖出浅虚值看涨期权策略里：

> 卖出 7 手 1 月到期执行价格为 45 元/股的看涨期权。
>
> 收到的权利金为 1.50×700=1050（元）。
>
> 最大收益为(1.50×700)+(1×700)=1750（元）。
>
> 股票下行时的保护程度为 1.50 元/股，即使股票下行，交易者总体也不会亏钱，只要股价不跌破 42.50 元/股即可。

在卖出深度虚值看涨期权策略里：

> 卖出 7 手 1 月到期执行价格为 48 元/股的看涨期权。
>
> 收到的权利金为 0.30×700=210（元）。
>
> 最大收益为(0.30×700)+(4×700)=3010（元）。
>
> 股票下行时的保护程度为 0.30 元/股，即使股票下行，交易者总体也不会亏钱，只要股价不跌破 43.70 元/股即可。

通过上面例子的对比可以看出，同样是卖出虚值看涨期权，卖出浅虚值期权与深度虚值期权是不一样的，潜在盈利空间与对股票的保护作用都不一样。事实上，还有一种做法就是卖出深度实值看涨期权，后面会单独讨论。

4. 使用该策略时应该怎样选择到期日

因为是卖出期权，所以时间价值的流逝对你有利。从这个角度看一定要选择离当前最近的到期月份，因为往往最后一个月期权的时间价值流逝最快。选择太远的到期月容易夜长梦多。

5. 该策略的潜在收益

该策略是有收益上限的。在期权到期时，如果股票价格上涨到你所卖出的虚值看涨期权执行价格，则能够获得最高收益。当然，这种情况毕竟不多，在大多数情况下，你所卖出的看涨期权要么变成实值的，要么还是虚值的。

在期权到期时，如果你的股票价格保持横盘不动或者仅有微幅上涨，但没有达到期权执行价格，那么先前卖出的看涨期权还是虚值的，不会被执行，先前得到的全部权利金将成为你的收益，股票若略有上涨，则股票的收益也是你的。

期权到期时，如果股票价格上涨超过了期权执行价格，则卖出的看涨期权变成实值的，会被行权。

6. 该策略的风险收益特征

最大利润：有限。

最大亏损：很大。

到期执行可获利润=所获权利金+（执行价格−股票买入价格）

到期不执行可获利润=股票升值+所获权利金

如果所持标的股票的价格位于或高于看涨期权的执行价格，投资者可获得最大的利润。这种策略真正的风险来自标的股票的价格。如果在期权到期时，股价继续下跌，这一损失可能会非常大，计算方法是用股票最初的买入价格减去当前市价，再减去卖出看涨期权所获得的权利金。

7. 该策略的损益平衡点

该策略损益平衡点公式如下。

$$损益平衡点=股票买入价格-获得的权利金$$

8. 波动率对该策略的影响

波动率上升为负面影响，下降为正面影响。

9. 时间衰减

随着时间的流逝，期权价格中的时间价值部分会逐步下降，这对于持有期权空头的投资者是有利的，属于正面影响。

10. 该策略的优点

● 即使股票价格横盘不动，也可以获利。

● 能够部分对冲股票价格下跌的风险。

● 在该策略中卖出看涨期权没有保证金的要求。

11. 该策略的缺点

● 如果要保留卖出看涨期权头寸，就要求继续持有股票。

● 如果到期时股票价格上涨超过了卖出期权的执行价格，则期权会被行权指派，你有可能因此而失去你的股票。

12. 该策略在到期前的调整方法

● 如果在期权到期之前，股票价格已经上涨超过你卖出的虚值期权的执行价格，要还想继续持有股票，则可以选择把卖出的看涨期权买回平仓，仅留下股票去追逐更大的利润。

● 上面这种情形还可以在把卖出的看涨期权买回平仓之后，用额外的资金买入平值看跌期权，以保护股票的已获利润，这种策略是买入保护性看跌期权策略。

● 在期权到期之前，如果股票价格在上涨的途中上涨动能明显减弱，则可以买入一定数量的平值看跌期权，数量与之前卖出的看涨期权相同。通过这种操作把该策略转换成了领口期权策略。

13. 对该策略的一些探讨

（1）卖出持保看涨期权不需要缴纳保证金吗？

在成熟的期权市场中，卖出持保看涨期权可以对冲标的资产价格下跌的风险，是不需要缴纳保证金的，这是因为保证金就是一种履约保证，而在这种策略中，你本身已经有了标的资产，随时可以履约，也就没有必要再缴纳保证金了。

（2）在此策略中，怎样保证一直持有股票而不会被行权指派呢？

假如构建了一个卖出持保看涨期权策略，随着股票价格上涨，卖出的看涨期权变成了实值期权，为了继续持有股票，则必须在到期日之前把卖出的看涨期权买入平仓。

（3）卖出持保看涨期权策略是最安全的期权策略吗？

实际上，没有所谓最安全的期权策略，除了无风险套利策略之外，每一个期权策略都有亏钱的可能。作为一个期权交易者，我们应该权衡最大的潜在损失，看它是否在我们的容忍范围之内。一些策略中亏损有限也不一定意味着亏损很小。一些期权策略理论上存在潜在亏损无限，这时应该设置一个合适的止损点。

（4）卖出持保看涨期权何以给人安全感？

交易者在买入股票的时候会占用不少资金，实际上在无形中降低了期权的仓位，轻仓给人以安全感。

卖出持保看涨期权策略可以在多个方向盈利，无论是上涨、横盘还是轻微下跌，都有可能盈利，这比那些只能单方向盈利的策略更能给人安全感。

9.5 卖出持保深度实值看涨期权（Deep In The Money Covered Call）

我们在前面探讨过卖出持保看涨期权策略，卖出持保深度实值看涨期权策略是从卖出持保看涨期权策略衍生而来的，但它们之间有重要的差别。卖出持保看涨期权策略是一个看涨的策略，股票上涨的时候可以获得最大收益，卖出持保深度实值期权策略是一个中性/波动率策略，该策略在标的股票价格横盘、上涨、下跌的时候都可能获得最大收益。

卖出持保深度实值看涨期权策略与卖出持保看涨期权策略最大的不同在于前者卖出的是深度实值期权，后者卖出的是虚值期权。这一点的不同导致了两个策略有本质的区别。

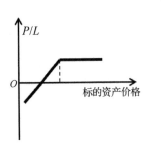

图9-4　卖出持保看涨期权策略的到期损益

传统的持保看涨期权策略卖出虚值看涨期权，导致该策略在股票价格上涨到所卖出的虚值看涨期权执行价格的时候取得最大收益，当股票价格下跌时，所收到的权利金对股票有保护作用，但在下跌到一定程度的时候，这些权利金也不足以抵消股票价格的下跌，这时候总体头寸就开始亏钱。其到期损益如图9-4所示。

在卖出持保深度实值看涨期权策略里，卖出的是深度实值的期权。因为深度实值看涨期权的Delta值近似为1，故与股票一起构成了一个Delta中性的头寸，也就是说，所卖出的看涨期权理论几乎对冲了全部的方向性风险。到期时，先前所卖出的深度实值看涨期权的时间价值就成了交易者的利润，当然，这个利润一般很小。另外，该策略也并不是没有任何方向性风险，若股票价格跌到所卖出的深度实值看涨期权的执行价格之下，则该策略也是会亏钱的，不过股票价格一般要跌很深才能跌到深度实值看涨期权的执行价格。该策略的到期损益如图9-5所示。

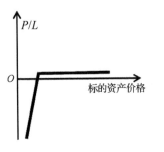

图9-5　卖出持保深度实值看涨期权策略的到期损益

对比图9-4与图9-5可以看出，传统的卖出持保看涨期权策略的潜在最大收益要比卖出持保深度实值看涨期权高，因为前者为股票留出了一些增值空间。另外，虚值看涨期权的时间价值往往要比深度实值的要大。策略没有最优的，尽管传统的卖出持保看涨期权策略收益空间大，但一旦股票价格下跌，传统的卖出持保看涨期权策略要比卖出持保深度实值看涨期权策略更早遭受亏损。

应该怎样选择呢？是要更高的获利空间，还是要更多的保护？保护程度越高，则获利空间越小；获利空间越大，则保护程度越低。类似的权衡在期权策略选择的过程中到处都是。

1. 卖出持保深度实值看涨期权对标的资产的保护作用

该策略最大的优势在于对标的资产的保护作用。在此提醒大家重视深度实值期权在锁定利润等方面的重大作用。

因为深度实值看涨期权的 Delta 值几乎为 1，股票价格上每一元钱所带来的权益变化几乎都能被深度实值看涨期权对冲掉，从而消除了总头寸的方向性风险。深度实值期权可以给股票提供多大程度的对冲？只要股票价格不跌破期权的执行价格，则总头寸就一直没有方向性风险。

> 举例：假设股票 ABCD 的当前价格是 29 元/股，其执行价格为 22 元/股的深度实值看涨期权价格为 7.30 元/股，Delta 值为 0.99，接近于 1。该期权的时间价值为 0.30 元/股，只要期权到期时股票价格不低于 22 元/股，则 0.30 元/股的时间价值就会变成利润，只有在股票跌破 22 元/股时总头寸才会亏钱，但这并不是容易的事，从 29 元/股跌到 22 元/股，跌幅要达到 24%才行。

在上面的例子中，0.30 元/股的时间价值收益有 24%的跌幅来保护，这几乎和套利没有什么区别，也不需要什么复杂的计算。你的核心任务是找寻深度实值，而且还具有不少时间价值的看涨期权。

2. 适用场景

如果交易者不愿预判行情方向，但想要获得一些低风险小利的时候，就可以使用该策略。

3. 怎样使用该策略

建立一个卖出持保深度实值看涨期权策略很简单，仅需要卖出与标的股票数量对等的深度实值看涨期权即可。

> 举个例子：假设你目前拥有7手股票ABCD，当前价格是29元/股，卖出7手1月到期执行价格为22元/股的看涨期权，就算是构建了一个卖出持保深度实值看涨期权策略。

在卖出看涨期权时应该怎样选择执行价格？有两个简单的标准：第一，需要看涨期权的Delta值不小于0.99，如此才能确保头寸没有方向性风险。第二，要打算卖出的期权应该还剩有不少的时间价值，我们要赚的就是这部分时间价值，所以时间价值不能太少，否则不足以抵消交易手续费。

4．该策略的潜在收益

在卖出持保深度实值看涨期权策略里，最大的收益就是所卖出看涨期权的时间价值。只要在期权到期时，股票价格不跌破所卖出期权的执行价格，就能获利，收益公式如下。

$$收益=看涨期权的时间价值-构建头寸所需的手续费$$

5．该策略的风险收益特征

最大收益：有限。

最大损失：无限（当股票价格跌破所卖出的看涨期权执行价格的时候发生亏损）。

6．该策略的损益平衡点

该策略的损益平衡点是指当股票价格跌到某个价格的时候总头寸开始亏损，其公式如下。

损益平衡点=所卖出看涨期权的执行价格-所卖出看涨期权的时间价值。

> 在上面的例子中，看涨期权的执行价格是22元/股，看涨期权的时间价值是7.3-(29-22)=0.30（元/股）。
>
> 损益平衡点是22-0.30 =21.70（元/股）。

7. 该策略的优点

- 只要股票价格在所卖出的看涨期权的执行价格之上，就可以盈利，这个概率不算小。

- 该策略可以为股票头寸提供很好的保护。

8. 该策略的缺点

最大的收益也不算大，甚至比较小。

9. 该策略在到期前的调整方法

如果股票价格在期权到期之前跌到所卖出看涨期权的执行价格，并且预期股价会反弹，则可以把卖出的看涨期权买回平仓，然后买入平值的看跌期权，这样就把原策略转换成了买入保护性看跌期权策略，若股价继续下跌，则会受到保护，若股价反弹，则可以盈利。

10. 对该策略的一些探讨

（1）必须先有标的股票才能使用该策略吗？

卖出持保深度实值看涨期权策略之所以比较安全，是因为没有方向性风险，所赚取的仅仅是看涨期权的时间价值。为了构建该策略，股票头寸是必要的，但这并不要求你事先就一定持有股票，买入股票与卖出实值看涨期权的操作完全可以同时进行。

（2）如果卖出的期权头寸被行权指派了怎么办？

几乎所有的实值期权在到期时都会行权，因为卖出的是深度实值的看涨期权，所以到期被行权几乎是必然的，但这并不是什么坏事，实际上越早被行权越好，因为被行权后，你的期权头寸与股票头寸就都不在了，剩下的时间价值就成了利润。

（3）指数期权也可以使用该策略吗？

卖出持保深度实值看涨期权策略可以使用任何工具，只要该工具有对应的期权即可。但对于指数来说，面临着一个拟合现货的问题。

下面以沪深 300 指数期权为例，我们的证券市场上已经存在的工具有沪深 300 股指期货、沪深 300 ETF。我们知道，沪深 300 指数本身是不能直接买卖的，沪深

300 指数期货与沪深 300 ETF 尽管在很大程度上与沪深 300 指数的走势一致，但沪深 300 指数期货与沪深 300 指数的波动情况有时并不一致，沪深 300 ETF 也不能完全无误地模拟沪深 300 指数。这就带来了一个问题：总头寸的 Delta 值可能也并不为 0，实际上，难以消除方向性风险。另外，即使我们用沪深 300 期货多头或沪深 300 ETF 代替了沪深 300 指数，我们在卖出沪深 300 看涨期权的时候还是要缴纳保证金的，这点与之前提到的卖出持保深度实值看涨期权不需要缴纳保证金的做法有重大的区别。

9.6　领口期权（Covered Call Collar）

领口期权策略是在卖出持保看涨期权策略的基础上进行的改进。我们知道，卖出持保看涨期权策略在标的资产价格下跌时潜在亏损是无限的，为了对冲这个风险，交易者可以在卖出持保看涨期权的基础上买入一个看跌期权。如此就不用担心标的资产价格下跌了，因为下跌时看跌期权的收益能够弥补标的资产的损失。该策略的头寸组成如图 9-6 所示。

图 9-6　领口期权策略的构成

在期权交易中，一个策略的对冲能力越强，或者说盈利风险越大，则其潜在最大收益往往越小。在领口期权策略中同样面临这样的权衡。可以把该策略理解为：用卖出虚值看涨期权所得到的权利金的一部分来买入看跌期权。

1. 适用场景

当交易者想要在标的资产价格上涨或横盘时有所获利，同时在其下跌时有所保护，则可以采用该策略。

2. 怎样构建该策略

该策略的构建并不复杂，卖出与股票数量相当的浅虚值看涨期权，同时买入相同数量的虚值看跌期权即可。

> 举例：假设你目前拥有 7 手股票 ABCD，当前价格是 44 元/股，你卖出 7 手 1 月到期执行价格为 45 元/股的看涨期权，同时买入 1 手 1 月到期执行价格为 42 元/股的看跌期权，就算构建了一个领口期权策略。

3. 该策略的潜在收益

当期权到期时，如果股票价格达到所卖出看涨期权的执行价格，则领口期权策略能取得其最大收益，其最大收益要比仅卖出持保看涨期权策略小一些，因为交易者已经拿出一部分用来购买虚值看跌期权了。

> 接着上面的例子：假设期权到期时，股票价格上涨到 45 元/股，你的股票每股有 1 元的收益，加上你卖出看涨期权得到的权利金，再减去你买入看跌期权所付出的权利金，就是你的总收益。

当然，期权到期时，股票价格并不一定恰好在你卖出看涨期权的执行价格，有可能更高，也有可能更低。

如果到期时股票价格横盘不动或者略微上涨，则卖出看涨期权所得权利金将全部转化为利润，股票略微上涨的部分也是利润。

> 接着上面的例子：假设期权到期时，股票价格上涨到 44.50 元/股，你的股票每股有 0.50 元的收益，加上你卖出看涨期权得到的权利金，再减去你买入看跌期权所付出的权利金，就是你的总收益。

如果到期时股票价格上涨超过了所卖出看涨期权的执行价格，则你的股票将会被行权指派。即便股票涨得更高，你的获利也不会比上面的情形更多，因为你卖出了看涨期权，相当于给收益封了一个顶。

> 接着上面的例子：假设期权到期时，股票价格上涨到 46 元/股，我们来看看你的收益情况。先前卖出的看涨期权所得权利金是一部分收益，先前买入虚值看跌期权所花费的权利金是一部分损失。你的股票会因为被行权而不得不以 45 元/股的价格卖掉，每股股票所得利润是 1 元（即 45-44），而不是 2 元（即 46-44）。

（1）如果到期时股票不被指派，则收益率公式如下。

收益率=（股票收益+卖出看涨期权所得权利金－
买入虚值看跌期权所花费权利金）/标的股票的期初价值

> 假设你以44元/股的价格买入了7手股票ABCD，以1元/股的价格卖出7手1月到期执行价格为45元/股的看涨期权，以0.35元/股的价格买入7手1月到期执行价格为42元/股的看跌期权。若到期时股票ABCD的价格为44.50元/股，则收益率= (0.50+1.00-0.35) /44≈2.61%。

（2）如果到期时股票被行权指派，则收益率公式如下。

收益率=（所卖出看涨期权的执行价格－标的股票的初期价格－初期买入虚值
看跌期权的价格+初期卖出看涨期权的价格）/标的股票的初期价格

> 假设你以44元/股的价格买入了7手股票ABCD，以1元/股的价格卖出了7手1月到期执行价格为45元/股的看涨期权，以0.35元/股的价格买入了7手1月到期执行价格为42元/股的看跌期权。若到期时股票ABCD的价格为46元/股，则收益率= (45-44-0.35+1.00)/44=3.75%。

（3）如果到期时股票下跌，但买入的看跌期权仍是虚值的，则收益率公式如下。

收益率=[初期所卖出看涨期权的执行价格－（标的股票的初期价格－到期时
股票价格）－初期买入虚值看跌期权的价格]/标的股票的初期价格

> 假设你以44元/股的价格买入了7手股票ABCD，以1元/股的价格卖出7手1月到期执行价格为45元/股的看涨期权，以0.35元/股的价格买入7手1月到期执行价格为42元/股的看跌期权。若到期时股票ABCD的价格为43.50元/股，则收益率= [1.00-(44-43.50)-0.35]/44≈0.34%。

（4）如果到期时股票价格跌幅不小，以至于你买入的虚值看跌期权变成了实值的，则收益率公式如下。

收益率=[初期卖出看涨期权的价格－初期买入虚值看跌期权的价格－
（标的股票的初期价格－到期时股票价格）]/标的股票的初期价格

假设你以 44 元/股的价格买入了 7 手股票 ABCD，以 1 元/股的价格卖出了 7 手 1 月到期执行价格为 45 元/股的看涨期权，以 0.35 元/股的价格买入了 7 手 1 月到期执行价格为 42 元/股的看跌期权。若到期时股票 ABCD 的价格为 42 元/股，则收益率为[1−0.35−(44−42)]/44≈−3.06%。

4. 该策略的风险收益特征

最大收益：有限。

最大损失：有限。

5. 该策略的损益平衡点

寻找损益平衡点的思路是：当股票下跌到那个点位时，总头寸开始亏损。损益平衡点公式如下。

$$损益平衡点=标的股票的初期价格−（初期卖出看涨期权的价格−$$
$$初期买入虚值看跌期权的价格）$$

仍以上面的例子为例，假设你以 44 元/股的价格买入了 7 手股票 ABCD，以 1 元/股的价格卖出了 7 手 1 月到期执行价格为 45 元/股的看涨期权，以 0.35 元/股的价格买入了 7 手 1 月到期执行价格为 42 元/股的看跌期权，则损益平衡点= 44−(1−0.35)=43.35（元/股）。

6. 该策略的优点

* 即使股票价格横盘不动，也会有收益。

* 如果股票价格下跌，则能够起到一定的保护作用。

* 即使标的股票价格剧烈下跌，损失也是有限的。

7. 该策略的缺点

* 如果想继续持有看涨期权空头头寸，就得继续持有股票，否则就要缴纳保证金。

- 如果标的股票价格上涨超过卖出的虚值看涨期权的执行价格，则有可能因为到期被行权而失去股票。

- 该策略损益平衡点要比只卖出持保看涨期权策略的损益平衡点近一些。

- 该策略的潜在收益要比只卖出持保看涨期权策略少一些。

8. 该策略在到期前的调整方法

- 如果在到期之前，标的股票价格已经上涨并超过卖出的看涨期权执行价格，则可以在到期之前就把看涨期权买回平仓，剩下的股票用于追求更大的利润。

- 还是上面的情形，除了上面所说的放任股票价格上涨外，还可以买入一个平值的看跌期权来规避股票价格回落的风险，从而把该策略转换成买入保护性看跌期权策略。

第 10 章

10

波动率

本章主要介绍波动率。波动率是影响期权合约价格的维度，也是期权定价的核心，其本身可以交易，几乎所有与期权相关的交易都存在波动率的影子。

在影响期权价格的众多因素中，标的资产价格、执行价格、剩余期限以及无风险利率都是可以根据当前的市场情况确定的，唯一难以把握的就是波动率。波动率是一个未知参数，也是期权定价的不可测参数，所以对波动率的选择与估计是期权定价中的关键。

期权价格是波动率的一个函数，可以认为，在某些特定的情况下，交易期权在很大程度上是在交易波动率。很多期权交易新手都没有真正认识到波动率在期权交易中的重要性，他们有可能学习了不少期权策略，但并没有弄懂波动率对策略的重要影响。

10.1 波动率概述

波动率是对标的资产投资回报率变化程度的度量，从统计角度看，它是以复利计算的标的资产投资回报率之标准差。

从经济意义上讲，波动率的产生主要有三方面原因：第一，系统风险，即宏观经济因素对某个产业部门的影响，即所谓的系统风险；第二，非系统风险，即特定的事件对某个企业的冲击，即所谓的非系统风险；第三，投资者心理状态或预期的变化对标的资产所产生的作用。标的资产的波动率不是一成不变的，而是一个变量。

1. 波动率与波动幅度的关系

很多人会把波动率和波动幅度（简称波幅）两者混为一谈。其实，两者之间是相关而不相同的两个概念。事实上，当行情出现大幅波动（无论涨跌）的时候，波动率也会被带动而上升。但是，同样的波动率在不同的情况下会出现波动幅度变动巨大的情况。波动幅度是波动率的信赖区间，当标准差发生变动的时候，即使波动率完全不变，波幅的变动率还是非常惊人的。对比图 10-1 中的两只股票可以看出，股票#2 的波动幅度较大，股票#1 的波动率较大。

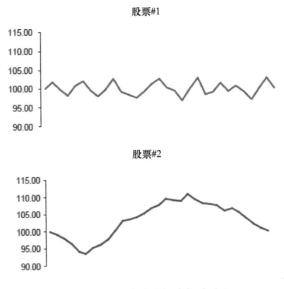

图 10-1　股票的波动幅度与波动率

这一点在实际应用中尤其重要。当你卖出宽跨式期权赚取权利金的时候，除了要注意在偏高的波动率情况下进场，还要注意检查过去几天的波幅是否安全，因为高的波幅往往会吸引另一个高的波幅，导致波幅扩大，行情涨跌超过卖出宽跨式策略的损益平衡点。

在实际操作中，可以把过去5、10、15、20、25、30、35、40、45、50天期权的最高价和最低价之价差做一个记录，用于比较所放空部位的损益平衡点，看看该部位的安全性如何，如果即将产生安全顾虑，则最好做一下部位调整，否则，部位调整是在浪费手续费、压缩获利空间。

2. 波动率的分类

下面介绍与波动率相关的几个重要概念。

（1）实际波动率

实际波动率又称为未来波动率，它是指对期权有效期内投资回报率波动程度的度量，由于投资回报率是一个随机过程，所以实际波动率永远是一个未知数；或者说，实际波动率是无法事先精确计算的，人们只能通过各种办法得到它的估计值。

（2）历史波动率

历史波动率是指投资回报率在过去一段时间内所表现出的波动率，它是标的资产价格过去一段时间的历史数据反映。如果说实际波动率是一个常数，它不随时间的推移而变化，则历史波动率就有可能是实际波动率的一个很好的近似。

（3）预测波动率

预测波动率又称为预期波动率，它是指运用统计推断方法对实际波动率进行预测得到的结果，其一般用于期权定价模型，确定期权的理论价值。因此，预测波动率是人们对期权进行理论定价时实际使用的波动率。这就是说，在讨论期权定价问题时所用的波动率一般是指预测波动率。需要说明的是，预测波动率并不等于历史波动率，人们对实际波动率的预测还可能来自经验判断等其他方面。

（4）隐含波动率

隐含波动率是指期权市场投资者在进行期权交易时对实际波动率的认识，而且这种认识已反映在期权的定价过程中，隐含波动率又可以理解为市场实际波动率的预期。

期权定价模型需要的是在期权有效期内标的资产价格的实际波动率。相对于当前时期而言，实际波动率是一个未知量，需要用预测波动率代替它，可以用定量分析与定性分析相结合的方法，以历史波动率作为初始预测值，根据定量资料和新得到的实际价格资料不断调整并修正，确定出实际波动率。

3. 波动率的重要性

在期权交易中，标的资产价格波动率之所以重要，是因为它几乎对任何一笔交易都有正面或负面的影响。

研究波动率对期权策略的影响有很多视角，其中之一是用它来确定期权价值的相对高低。在很多交易场景下，期权的价格都反映了人们对某个预期事件的看法，在这种事件交易中，我们应该先了解一下期权是相对被高估了还是被低估了，然后判定一些策略是否合适。一般地，股票与期货市场上传统的买低卖高的操作策略在期权交易里同样适用。

波动率分析在期权交易中的另一个重要应用是策略的选择。我们知道，每一个期权策略都有其相应的风险指标，也就是大家所说的希腊字母。除 Delta、Gamma、Theta 等重要风险系数外，每一个头寸都会有一个 Vega。正的 Vega 策略（比如买入期权、买入跨式期权等）在波动率上升的时候会表现较好，负的 Vega 策略（比如卖出期权、卖出跨式期权等）在波动率下降的时候会表现较好。

本章后面会介绍波动率倾斜的概念。同一标的、同一到期日、不同执行价格的期权所反映的隐含波动率可能并不一致。同一执行价格、不同到期月份的期权所反映出的隐含波动率也可能不一致。

另外，隐含波动率还可以作为标的资产价格的预测工具。如果隐含波动率太高或太低，则要警惕标的资产价格是否会止涨回落或者止跌反弹。如果隐含波动率无理由地出现离奇高的现象，那么标的资产价格可能要剧烈波动。

10.2　隐含波动率

前面已经给出了历史波动率与隐含波动率的概念，下面进行更深入的探讨。历史波动率是基于过去的数据统计分析得出的。

在股票市场中，历史波动率反映标的资产价格过去的波动。然而，由于股价波动难以预测，利用历史波动率对期权价格进行预测一般都不能保证准确性。

1. 历史波动率和隐含波动率的比较

在测算波动率时，历史波动率是使用过去的股价数据计算的波动率数值，而隐含波动率是将市场上的权证交易价格代入权证理论价格模型后，反推出来的波动率数值。

隐含波动率受市场买卖力量的影响，与历史波动率未必相同。某一个月份期货只有一个历史波动率，但其隐含波动率却有很多。不同执行价格的看涨期权、看跌期权的隐含波动率都不尽相同。在实际交易中，隐含波动率更受交易者的重视。

运用期权定价模型计算期权理论价格需要 5 个参数，在这 5 个参数中只有参数波动率是未知的。从这个角度看，做期权就是做预期的波动率。而历史波动率和隐含波动率都可以帮助交易者预测未来的波动率。

2. 隐含波动率的计算方法

隐含波动率最好通过 B-S 模型（即期权定价模型）来理解，如图 10-2 所示，我们可以看出，有 5 个输入变量，分别是历史波动率、股票价格、执行价格、无风险利率、距离到期时间，输出的是期权的理论价格。然而，在实际交易中，期权的价格是交易出来的，交易出来的这个价格大部分时间并不严格等于理论价格。

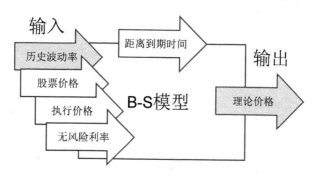

图 10-2　期权理论价格计算过程

图 10-3 与图 10-2 的区别在于，用期权市场价格代替期权理论价格，不是作为输出，而是作为输入，通过 B-S 模型推导出波动率，其中的波动率是输出变量，而不是输入变量，所得的这个波动率便是隐含波动率。具体的推导过程可以交由数学工具完成。在实际交易中，如果期权的市场价格高于理论价格，则说明市场交易者们预期标的资产的波动率要高于目前的标的资产历史波动率。隐含波动率与方向并无直接关系，如果把各个执行价格的买权、卖权看作小船，那么隐含波动率的升高能够起到水涨船高的效果。

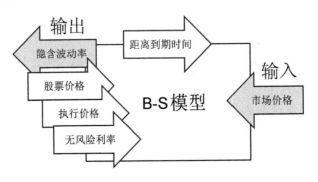

图 10-3　隐含波动率计算过程

3. 隐含波动率的陷阱

很多交易者愿意买进高 Beta 值的高科技股票的看涨期权，因为高 Beta 值的高科技股票有大幅走高的潜力，所以交易者们往往认为买入这些股票的看涨期权有可能获得高收益。但是这些股票的期权有一个特点，在有消息将要曝出时，即使股票价格本身不动，期权价格也有可能大幅波动。在这时，市场预期股价会大幅波动，隐含波动率往往很高，即使股价本身不动，期权的价格也有可能大幅走高。

当消息从传闻变成新闻，股票价格如预期一样走高时，看涨期权价格的走高程度却不尽如人意。这其中的重要原因在于隐含波动率的下降。在消息出现后，隐含波动率如气球泄气似的降低，以致于时间价值也快速消散。这时，先前买入看涨期权的那些交易者很可能会恼羞成怒，因为他们没有赚到钱，甚至亏了钱。

上面的例子说明了一个问题，交易者一定要弄清隐含波动率、期权价格、股票价格之间的关系，稀里糊涂地交易很难盈利。

10.3 用波动率进行估值

前面已介绍过波动率的两种表现形式：历史波动率与隐含波动率。本节将利用隐含波动率与历史波动率的关系来判断一个期权的价值是被高估了还是被低估了。

我们知道，一个期权的交易价格很可能不同于理论价格，或者说，实际的市场价格很可能与通过模型（比如 B-S 模型）推导出来的期权价格相背离。我们应该怎样利用这种"背离"呢？有些学院派致力于开发更好、更准确的模型，发掘一些对历史波动率的不同用法，但上述问题依然存在。

1. 比较隐含波动率与历史波动率

如果隐含波动率与历史波动率是用相同的方法得到的，这两个波动率就可以进行比较。

历史波动率与隐含波动率有时是很相近的，这就意味着实际期权交易价格所隐含的波动率与标的股票的历史波动率很接近。

有时候，历史波动率与隐含波动率严重背离，这正是发现期权估值过高/过低的基础。另外，通过将历史波动率或隐含波动率与它们各自均值进行比较，可以发现这两种波动率偏离均值的程度。有人说，判断标的资产波动率的方向要比判断其价格方向容易，通过合适的期权确实可以做到这一点。

2. 隐含波动率与历史波动率的峰值

隐含波动率的峰值代表非常高的隐含波动率水平，也就是说，期权价格是很贵的。历史波动率下降，意味着股票波动率也下降。

当隐含波动率大于历史波动率的时候，期权价格是被高估的。当隐含波动率的价格低于历史波动率时，期权价格是被低估的。

隐含波动率是对交易者预期波动率的一种度量，与期权当前价格直接相关。历史波动率是对标的资产价格历史波动情况的反映。历史波动率在价格模型中是输入变量，它直接影响着期权的理论价值。

3. 期权的定价误差

如果期权的实际交易价格高于价格模型所输出的理论价格，就要用隐含波动率来解释。这种定价误差或者偏高、或者偏低，偏高则是期权价格相对被高估，偏低则是期权价格相对被低估。

表 10-1 归纳总结了买入与卖出期权的理想条件。

表 10-1　买入与卖出期权的理想条件

名　　称	高隐含波动率	低隐含波动率	高历史波动率	低历史波动率
隐含波动率＞历史波动率	卖出期权	非理想条件	卖出期权	非理想条件
隐含波动率＜历史波动率	非理想条件	买入期权	非理想条件	买入期权

当隐含波动率与历史波动率都很高，而且隐含波动率比历史波动率还要高的时候，是卖出期权的好时机，这时买权与卖权的理论价值都很高，市场往往认为期权的价格还会再涨，所以愿意出更多的权利金去买入期权。如果隐含波动率与历史波动率都很低，并且隐含波动率比历史波动率还要低，这时期权很便宜。

10.4　波动率与期权策略的选择

无论是买入还是卖出期权，在建立一个期权策略的时候，没有经验的交易者经常会忽视波动率，这可能与其对波动率的认知不足有关。为了让读者更加明白波动率与期权策略的关系，有必要先解释一下 Vega 的概念。

Delta 是衡量期权对标的资产价格变动所面临风险程度的指标。Vega 是衡量期权价格对标的资产价格波动率敏感性的指标。这两个指标同时作用于期权的价格，有时相互抵消，有时相互叠加。在建立一个期权策略的时候，Delta 与 Vega 都需要仔细评估。这里假设其他条件不变，只讨论 Vega。

一个期权策略的 Vega 是有正负之分的，大家也可能听说过"做多波动率"或"做空波动率"的说法。如果一个期权策略有正的 Vega，就算是"做多波动率"；如果一个期权策略有负的 Vega，就算是"做空波动率"。如果你做多波动率，并且标的资产价格的隐含波动率真的上升了，则会有浮盈，但如果标的资产价格的隐含波动率下降了，就会遭受损失。

类似的，如果做空波动率，并且标的资产价格的隐含波动率真的下降了，则会有浮盈，但如果标的资产价格的隐含波动率上升了，就会遭受损失。这里再次强调，这个说法的一个前提是其他条件不变。实际情况肯定没有这么简单，毕竟期权价格还受其他希腊字母的影响，而非仅受 Vega 影响。

大多数时候说波动率交易并不是指具体的某些策略，而是在构建策略中必须考虑的一个思维视角，几乎在每一个策略里都能看到波动率的影子。在实际交易中，标的资产价格有可能瞬间发生大幅波动，在剧烈的行情里，隐含波动率与历史波动率也有可能在瞬间发生大幅变化，波动率完全有可能瞬间大幅高于或低于正常水平，然后最终回归均值。

如表 10-2 所示，买入看涨期权与买入看跌期权策略拥有正的 Vega 值，是做多波动率的策略；卖出看涨期权与卖出看跌期权策略拥有负的 Vega 值，是做空波动率的策略。

表 10-2　基本策略的 Vega 符号

名　称	Vega 符号	隐含波动率上升	隐含波动率下降
买入看涨期权	+	盈利	亏损
卖出看涨期权	-	亏损	盈利
买入看跌期权	+	盈利	亏损
卖出看跌期权	-	亏损	盈利

在期权定价模型里，波动率是重要的输入变量，波动率越高，则期权价格越高。这是因为在期权的生命周期里，标的资产价格的波动率越高，则标的资产价格大幅波动的可能性越大，期权买方获利的可能性就越大。所以，期权的买方总盼望着赶快发生什么大事情，而期权的卖方则总希望风平浪静，直至到期。

如果波动率下降了，则期权价格应该会降得更低。如果你买入并持有看涨期权或看跌期权，那么一旦波动率下降，期权价格就会下跌，这对投资者来说当然不是什么好事，因为投资者持有的看涨与看跌期权都可能会亏钱。反之，如果现在卖出看涨或看跌期权，一旦波动率下降，就会从中获利。我们在前面讨论了方向与盈亏问题，盈亏量的大小是由 Vega 来决定的。

什么决定了 Vega 的大小呢？简单地说，期权的权利金反映了 Vega 的大小，期权价格越高，Vega 就越大。

如果你所购买的期权距离到期还有很长时间，则说明 Vega 很大，一旦 Vega 有所变动，就可能给你带来很大的损失或收益。举个例子，比如你在股票下跌的末尾，买入了这只股票的看涨期权，然后股票价格反弹了，这时波动率水平往往会快速下降，期权价格也会下降。

图 10-4 给出的是标普 500 指数的周 K 线及其隐含波动率、历史波动率。通过对比，我们可以看出标普 500 指数与其波动率的关系。当标普 500 指数下跌时，其波动率上升，当标普 500 指数上涨时，其波动率下降。交易者在分析表 10-2 与表 10-3 中所列出的策略时，必须考虑这种关系。在一波下跌行情的末端，你不应该去做买入跨式、反向比例套利及其他正 Vega 的策略，因为标的资产价格的反弹会使波动率迅速下降，让你的策略陷入窘境。

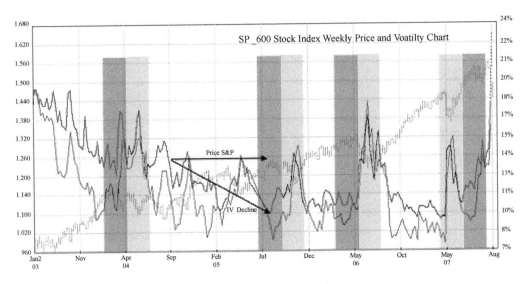

图 10-4 标普 500 指数的周 K 线及其隐含波动率、历史波动率

在图 10-4 中，竖条浅色区域指的是标普 500 指数下跌的同时历史波动率与隐含波动率上升的情况；竖条深色区域指的是标普 500 指数上涨的同时历史波动率与隐含波动率下降的情况。

表 10-3　常见策略的 Vega 符号

名　　称	Vega 符号	隐含波动率上升	隐含波动率下降
卖出跨式	−	损失	收益
卖出宽跨式	−	损失	收益
买入跨式	+	收益	损失
买入宽跨式	+	收益	损失
反向价差	+	收益	损失
比率价差	−	损失	收益
贷方价差	−	损失	收益
借方价差	+	收益	损失
蝶式价差	−	损失	收益
日历价差	+	收益	损失

本节分析了常见期权策略的波动率风险，说明了从 Vega 的角度来正确应用策略的重要性，尽管这种标的资产价格与波动率的关系在其他标的中可能并不明显，但投资者至少要先知道这些关系是很重要的。

10.5　波动率倾斜

对标的资产波动率的分析还有一个很有意思的角度：波动率倾斜。当我们用期权价格来计算标的资产隐含波动率的时候，用不同执行价格期权的市场价所计算出来的隐含波动率是不一样的。有那么多执行价格，我们应该选择哪个执行价格的期权呢？

在具体的股票中，往往用最近到期月份的近值期权（甚至平值期权）来计算隐含波动率，或者用所有的执行价格期权所得隐含波动率的加权平均值来作为总体的隐含波动率。我们这里要讨论的就是不同执行价格与对应的隐含波动率的关系，这种关系用图形表示出来就是所谓的"波动率倾斜"。

波动率倾斜分为横向倾斜与纵向倾斜，横向倾斜是指隐含波动率与不同到期日之间的关系；纵向倾斜是指隐含波动率与执行价格之间的关系。

1. 正向倾斜与反向倾斜

隐含波动率的纵向倾斜基本上可以分为正向倾斜与反向倾斜两种类型。所谓正向倾斜，是指执行价格越高，所得的隐含波动率越高；执行价格越低，所得的隐含波动率越低。所谓反向倾斜，是指执行价格越高，所得隐含波动率越低；执行价格越低，所得隐含波动率越高。

在商品期货市场里，一般执行价格越高，其对应的隐含波动率越高，隐含波动率是正向倾斜的。在商品期货市场里，商品价格往往会因为突如其来的供给冲击而产生剧烈上涨，市场资金也往往会追逐这样的行情，风险在价格冲高时积聚，较高的隐含波动率正是因为期权市场价已经把这种风险反映到了价格中。

2. 隐含波动率的横向倾斜

如图 10-5 和表 10-4 所示，是一个隐含波动率横向倾斜的例子，我们选取的是 2014 年 5 月 16 日执行价格为 1875 元的期权（2014 年 5 月 16 日标普 500 指数收盘为 1877.86 元）。下面主要看看跌期权，可以看到，2014 年 7 月到期的看跌期权的隐含波动率是 13%，2014 年 12 月到期的看跌期权的隐含波动率是 16%，前后相差有 3%。一般来说，任何一个月份的期权都有可能比其他月份对应更高的波动率，对商品和股票都是如此。这主要是因为潜在的新闻事件或者不利天气等因素有可能造成标的资产价格的大幅波动，期权价格要反映这些风险。随着潜在新闻事件的临近，这些波动率横向倾斜有可能快速兴起，而新闻一旦出现，这些波动率倾斜就可能快速消失。

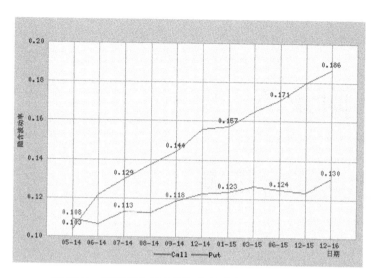

图 10-5 标普 500 指数期权的波动率横向倾斜示意图

表 10-4 2014 年 5 月 16 日执行价格为 1875 元的不同到期日期权所得隐含波动率

到期日	看涨期权隐含波动率	看跌期权隐含波动率	到期日	看涨期权隐含波动率	看跌期权隐含波动率
5 月 14 日	0.11	0.10	1 月 15 日	0.12	0.16
6 月 14 日	0.11	0.12	3 月 15 日	0.13	0.16
7 月 14 日	0.11	0.13	6 月 15 日	0.12	0.17
8 月 14 日	0.11	0.14	12 月 15 日	0.12	0.18
9 月 14 日	0.12	0.14	12 月 16 日	0.13	0.19
12 月 14 日	0.12	0.16			

大多数股票市场指数以及构成这些股指成分股的隐含波动率是反向倾斜的。

附录 A

常见策略简表

常见的期权策略表及其特点如下表所示。

策略名称	适用场景	风险	收益	头寸组成与到期损益
买入看涨	看涨	有限	无限	
买入看跌	看跌	有限	无限	
卖出看涨	震荡，看跌	无限	有限	
卖出看跌	震荡，看涨	无限	有限	
牛市看涨期权价差	小幅上涨	有限	有限	
牛市看跌期权价差	小幅上涨	有限	有限	
看涨期权比率价差	上涨到某个压力位	下跌时风险有限，涨幅过大时有无限风险	有限	
空头看涨期权比率价差	大幅上涨，下跌不亏钱	有限	无限	
看涨期权梯形价差	不会发生爆发性的上涨	下跌时有限，涨幅过大时有无限风险	有限	
合成类标的多头	上涨	无限	无限	

（续表）

策略名称	适用场景	风险	收益	头寸组成与到期损益
合成类标的空头	下跌	无限	无限	╲ + ╱ = ╲
熊市看跌期权价差	小幅下跌	有限	有限	╲ + ╱ = ╲
熊市看涨期权价差	小幅下跌	有限	有限	╲ + ╱ = ╲
看跌期权比率价差	下跌到某个支撑位	上涨时风险有限，跌幅过大时有无限风险	有限	╱╲
看跌期权比率价差	下跌到某个支撑位	上涨时风险有限，跌幅过大时有无限风险	有限	╲╱
熊市看跌期权梯形价差	不会发生爆发性的下跌	上涨时风险有限，跌幅过大时有无限风险	有限	╱╲
买入跨式期权	发生大幅度波动，不能确定方向	有限	无限	╲ + ╱ = ╲╱
买入条形跨式	发生大幅度波动，不能确定方向，更有可能向下	有限	无限	╲ + ╲ + ╱ = ╲╱
买入带形跨式	发生大幅度波动，不能确定方向，更有可能向上	有限	无限	╲ + ╱ + ╱ = ╲╱
买入宽跨式期权	发生大幅度波动，不能确定方向	有限	无限	╲ + ╱ = ╲╱
买入带形宽跨式	大幅度波动，不能确定方向，更有可能向上	有限	无限	╲ + ╱ + ╱ = ╲╱
买入条形宽跨式	大幅度波动，不能确定方向，更有可能向下	有限	无限	╲ + ╲ + ╱ = ╲╱
买入飞碟式期权	发生大幅度波动，不能确定方向	有限	无限	╲ + ╱ = ╲╱
卖出跨式	很小的范围内波动	无限	有限	╱ + ╲ = ╱╲
卖出宽跨式	很小的范围内波动	无限	有限	╱ + ╲ = ╱╲
卖出飞碟式	很小的范围内波动	无限	有限	╱ + ╲ = ╱╲

（续表）

策略名称	适用场景	风险	收益	头寸组成与到期损益
卖出条形跨式	在很小的范围内波动，即便突破也会向上突破	有限	无限	⌐ + ⌐ + ⌐ = ∧
卖出带形跨式	在很小的范围内波动，即便突破也会向下突破	有限	无限	⌐ + ⌐ + ⌐ = ∧
卖出条形宽跨式	在很小的范围内波动，即便突破也会向上突破	有限	无限	⌐ + ⌐ + ⌐ = ∧
卖出带形宽跨式	在很小的范围内波动，即便突破也会向下突破	有限	无限	⌐ + ⌐ + ⌐ = ∧
看涨期权水平价差	短期窄幅波动，长期向上突破	有限	有限	∧
看涨期权对角价差	短期不动或小幅上涨，长期向上突破	有限	有限	∧
看跌期权水平价差	短期窄幅波动，长期向下突破	有限	有限	∧
看跌期权对角价差	短期不动或小幅下跌长期向下突破	有限	有限	∧
卖出看涨期权水平价差	短期内将有所突破，并且向上突破与向下突破的可能性一样大	有限	有限	∨
卖出看涨期权对角价差	短期内将有所突破，并且向下突破的可能性比向上突破的可能性大	有限	有限	∨
卖出看跌期权水平价差	短期内将有所突破，并且向下突破与向上突破的可能性一样大	有限	有限	∨
卖出看跌期权对角价差	短期内将有所突破，并且向上突破的可能性比向下突破的可能性大	有限	有限	∨
蝶式价差	窄幅波动/借方	有限	有限	⌐ + ⌐ = ∧
秃鹰式价差	窄幅波动/借方	有限	有限	⌐ + ⌐ = ⌓
信天翁式价差	相对较宽幅区间的波动	有限	有限	⌓
铁蝶式价差	窄幅波动/贷方	有限	有限	⌐ + ⌐ = ∧

（续表）

策略名称	适用场景	风险	收益	头寸组成与到期损益
铁鹰式价差	窄幅波动/贷方	有限	有限	
铁信天翁式价差	相对较宽幅区间波动/贷方	有限	有限	
看涨期权折翅蝶式价差	窄幅波动，即便突破也只可能向下突破	有限	有限	
看跌期权折翅蝶式价差	窄幅波动，即便突破也只可能向上突破	有限	有限	
看涨期权折翅秃鹰式价差	窄幅波动，即便突破也只能向下突破	有限	有限	
看跌期权折翅秃鹰式价差	窄幅波动，即便突破也只可能向上突破	有限	有限	
卖出蝶式价差	要么大幅上涨，要么大幅下挫	有限	有限	
卖出秃鹰式价差	要么大幅上涨，要么大幅下挫	有限	有限	
卖出信天翁式价差	能够上演很大幅度的突破	有限	有限	
反向铁蝶式价差	快速向上或向下突破/借方	有限	有限	
反向铁鹰式价差	快速向上或向下突破/借方	有限	有限	
反向铁信天翁式价差	上演很大幅度的突破行情/借方时	有限	有限	
买入保护性看跌期权	股票上涨时需要保护已获利润的时候	有限	无限	
领子期权	上涨或横盘时有所获利，同时在其下跌时有所保护的时候	有限	无限	

附录 B

波动率交易策略的特征

波动率交易策略及其特征如下表所示。

策略类型	初始 Delta	初始 Gamma	初始 Theta	初始 Vega	大幅波动	隐含波动率上升（下降）	时间流逝的影响
看涨期权反向价差	0	+	−	+	有利	有利（不利）	不利
看跌期权反向价差	0	+	−	+	有利	有利（不利）	不利
看涨期权比率价差	0	−	+	−	不利	不利（有利）	有利
看跌期权比率价差	0	−	+	−	不利	不利（有利）	有利
买入跨式	0	+	−	+	有利	有利（不利）	不利
卖出跨式	0	−	+	−	不利	不利（有利）	有利
买入宽跨式	0	+	−	+	有利	有利（不利）	不利
卖出宽跨式	0	−	+	−	不利	不利（有利）	有利
买入蝶式	0	−	+	−	不利	不利（有利）	有利
卖出蝶式	0	+	−	+	有利	有利（不利）	有利
买入时间价差（1:1）	0	−	+	+	不利	有利（不利）	有利
卖出时间价差（1:1）	0	+	−	−	有利	不利（有利）	不利

附录 C

选择期权策略的思路框架

选择期权策略的思路框架如下表所示。

名称		隐含波动率			
		预期隐含波动率上升		中性	预期隐含波动率下降
标的资产价格方向	下跌	买入看跌期权		卖标的/卖出类合成标的	裸卖出看涨期权
		熊市垂直价差： 买 ATM Call & 卖 ITM Call 熊市看跌期权价差（买 ATM Put & 卖 OTM Put）			熊市垂直价差： 买 ITM Put & 卖 ATM Put 熊市看涨期权价差（买 OTM Call & 卖 ATM Call）
		买入实值看涨期权日历价差/买入虚值看跌期权日历价差			卖出虚值看涨期权日历价差/卖出实值看跌期权日历价差
		卖出虚值看涨期权蝶式价差/卖出实值看跌期权蝶式价差			买入实值看涨期权蝶式价差/买入虚值看跌期权蝶式价差
	横盘	反向价差		观望	比率垂直价差
		买跨式/宽跨式			卖跨式/宽跨式
		买入平值 Call / Put 日历价差			卖出平值 Call / Put 日历价差
		卖出平值 Call / Put 蝶式价差			买入平值 Call / Put 蝶式价差

（续表）

名称		隐含波动率			
		预期隐含波动率上升		中性	预期隐含波动率下降
标的资产价格方向	上涨	买入看涨期权		买标的/买入类合成标的	裸卖出看跌期权
		牛市垂直价差： 买 ATM Put &卖 ITM Put 牛市看涨期权价差（买 ATM Call &卖 OTM Call）			牛市垂直价差： 买 ITM Call &卖 ATM Call 牛市看跌期权价差（买 OTM Put &卖 ATM Put）
		买入虚值看涨期权日历价差/买入实值看跌期权日历价差			卖出实值看涨期权日历价差/卖出虚值看跌期权日历价差
		卖出实值看涨期权蝶式价差/卖出虚值看跌期权蝶式价差			买入虚值看涨期权蝶式价差/买入实值看跌期权蝶式价差

注：ITM=实值，ATM=平值，OTM=虚值。